大学生财经素养教育

主　编　徐玖平

副主编　牛永革　应千伟　李小平

科 学 出 版 社

北　京

内 容 简 介

财经素养是个体财经生活中必备的财经知识、理财技能、财富观念与信念等的基础修养，关系到个人、家庭、社会的可持续发展与稳定。《大学生财经素养教育》是我国专注大学生现代财经素养教育的第一本教材，共计十四个章节。本书围绕大学生在生活学习中可能面临的消费、储蓄、信贷和投资的各个关键环节，系统介绍了大学生必备财经素养的常识、理念和基本方法。作为给在校大学生开设的财经教育方面的通识课程，大学生财经素养教育旨在帮助学生树立理财意识，保持清醒的财经意识，防范风险；提高财经素养，掌握必要的财经知识，更好地面对未来的各种财经机遇和挑战。

本书适用对象为全体在校大学生，可作为普通高等学校各专业学生的课程教材。

图书在版编目（CIP）数据

大学生财经素养教育 / 徐玖平主编. —北京：科学出版社，2021.12

ISBN 978-7-03-067369-5

Ⅰ. ①大… Ⅱ. ①徐… Ⅲ. ①财政经济－素质教育 Ⅳ. ①F810

中国版本图书馆 CIP 数据核字（2020）第 253904 号

责任编辑：方小丽 / 责任校对：贾娜娜

责任印制：张 伟 / 封面设计：蓝正设计

科学出版社 出版

北京东黄城根北街 16 号

邮政编码：100717

http://www.sciencep.com

北京中石油彩色印刷有限责任公司 印刷

科学出版社发行 各地新华书店经销

*

2021 年 12 月第 一 版 开本：787×1092 1/16

2023 年 8 月第三次印刷 印张：16 1/4

字数：385 000

定价：68.00 元

（如有印装质量问题，我社负责调换）

《大学生财经素养教育》编写组

主　　编　徐玖平

副 主 编　牛永革　应千伟　李小平

编写人员　卢　毅　刘海月　张　攀
　　　　　鲁　力　吴邦刚　孟致毅
　　　　　贾西猛　胡知能　吴　鹏
　　　　　郑洪燕

序

习近平在党的十九大报告中专门论述了青年工作，强调“青年兴则国家兴，青年强则国家强。青年一代有理想、有本领、有担当，国家就有前途，民族就有希望”①。建设社会主义现代化强国，需要大批青年人才，高校是教育培养青年人才的重要园地，财经素养（financial literacy）是青年人才的核心素养、必备品格和关键能力。新时代高校育人，需要开展大学生现代财经素养教育。

一、现代财经素养的概念内涵

20 世纪 90 年代以来，无论在西方发达国家，还是新兴发展中国家，人们参与财经活动的广度和深度都与日俱增。特别是全球金融危机以来，“财经素养”作为一个新兴学术概念、一种现代生活能力，备受学界、业界、政府乃至联合国的关注。

（一）概念界定

受英国国家教育研究基金会资助，Schagen 和 Lines 对 2000 多名 15 岁以上的英国年轻人和成年人进行了财经素养的系统调查，并对已经就业的 16～21 岁年轻人、高校学生、单亲家庭、租房家庭等特殊群体的财经素养特点做了重点分析。在这项调查中，财经素养被认为包括财经计划、财经问题解决、财经决策三个核心能力。

Huston 在一篇“财经素养”的权威综述中，对 1996 年至 2008 年间发表的 71 项财经素养研究的文献计量学分析表明，72%的研究没有对财经素养进行概念界定，只有 13%的研究提供了关于所测量概念的严格的理论定义。然而，各个研究的概念界定不够统一、定义模糊不清，导致研究的深入性、结果的可比性不够。从综述可知，大多财经素养的研究是在英国、美国进行的，由一些经济学家、银行和基金会推动。

2012 年，经济合作与发展组织（Organisation for Economic Cooperation and Development，OECD）给“财经素养”的定义是：对财经概念和风险的知识及理解力，以及应用这些知识和理解力的技能、动机和信心。财经素养使个体在各种财经情景下能做出有效决策，提高个人和社会的经济利益，并能够参与经济生活。剖析 OECD 对财经素养的定义，可细分为两个层次：第一个是理解财经知识，掌握财经技能，这是基础；第二个是做好财经决策，过好财经生活，这是目的。

---

① 《习近平：决胜全面建成小康社会 夺取新时代中国特色社会主义伟大胜利——在中国共产党第十九次全国代表大会上的报告》，http://www.gov.cn/zhuanti/2017-10/27/content_5234876.htm[2021-07-01]。

至此，我们再回到本原，对概念做解读。财经素养这个术语，无论是中文还是英文，都是一个偏正结构的词组，指代财经方面的素养。为此，先说何谓“财经”，再论何谓“素养”。

英文中，“financial”一词翻译为“金融”，即资金之融通。金融活动主要解决资源的有效配置问题，通过金融市场进行。广义的金融市场包括证券市场、货币市场、保险市场、银行基金等，参与者包括个体、企业、政府及各种金融机构。中文里，“财经”是“财政”和“经济”两个词的组合，意义更为宽泛，涵盖包括金融活动在内的各类财政与经济活动。因此，学者普遍认可的翻译为“财经素养”而非“金融素养”。

中文里，“素养”一词最早见于《汉书·李寻传》：“马不伏历，不可以趋道；士不素养，不可以重国。”这里“素养”，指平日的训练、长期的修养。《现代汉语词典（第七版）》将“素养”解释为“平日的修养”，强调的是后天习得和养成的品行、能力或素质。英文单词“literacy”，指识字、文化、教养，其内涵与中国文化对“素养”的界定相去甚远。“素养”不仅包括认知能力，更强调个体品德与人格特质。

综合欧美学者的研究、OECD的定义，以及中英文词义的解构，结合现代社会发展趋势，我们将财经素养界定为人们拥有的有助于个体处理财经事务、确保财务安全、实现财富增值的知识、能力和价值观的综合体。必须指出的是，“财经素养”讨论的仅仅是个体的财经活动，而非经济学、金融学等专门的财经学科所研究的专业内容。现代财经素养，是在合理的财经价值观引导下，理解和运用正确的财经知识，研究和解决个体生活及工作中财经决策问题的能力。也即，一个具备现代财经素养的人，不仅要了解财经领域的概念、知识，更要具有运用这些知识进行财经决策的能力，而这一切都要建立在正确积极的财经价值观基础上。

（二）内涵解析

现代财经素养，是世界公民素养的核心组成部分。有一项国外研究显示，在相对富裕人群和相对贫困人群当中，有40%的收入差距来源于财经素养的差距。拥有高财经素养的人，往往更加懂得利用一些金融工具和致富途径，获得更多的财产性收入，从而更有可能获得财经福祉，享受现代生活。

根据定义，现代财经素养不能仅局限于知识、技能、实操的掌握，更需拓展态度、动机、信心、责任感、金钱观等人格特质。为此，结合大学生的需求和特质，本书提出大学生现代财经素养的三环结构。三环结构由外至内、环环递进：外环为财经知识与信息，中环为财经能力与方法，内环为财经意识与观念。

（1）外环：财经知识与信息。大学生对于财经知识的学习认知、信息的接收反馈，是获得财经能力，掌握财经方法，形成财经意识、态度、价值观的途径。

（2）中环：财经能力与方法。财经能力是大学生进行财务活动的一种本领，财经方法是完成财务任务的手段。有了能力和方法，才能识别财经问题、做出财经决策。

（3）内环：财经意识与观念。财经素养的高低并不完全在于财经知识的多寡、理财能力的强弱。一个人即使拥有丰富的财经知识、高超的理财能力，也不能代表其拥有正确的财富观念。意识、态度、价值观才是财经素养的核心。

从财经素养概念的内涵看，财经意识、态度、价值观的形成，是大学生财经素养的最终指向；财经能力，是形成大学生财经素养的关键要素；财经知识学习，是形成大学生财经素养的基本途径。反过来看，掌握财经知识是前提，包括理财微观知识、市场运行和宏观调控的基本原理等；具备财经分析和决策能力是关键，即将知识运用到解决实际财经问题中去；树立正确财经价值观则是为人处世的根本，包括金钱观、义利观、财富观等。

其中，知识和能力，都是财经认知层面的因素，相对容易讲授与学习。对财经事务的态度、动机、价值观属于个性倾向或人格特质，则是财经“非认知”层面的因素，不易改变，值得关注。

二、财经素养教育的时代需要

现代财经素养是新时代青年人才的重要标尺和基本素质。当前，“网络理财”陷阱、“校园贷”恶性案件时有发生，开展财经素养教育，引导大学生掌握财经知识，提高财经技能，树立正确的财经价值观，养成强烈的财经责任感，势在必行，刻不容缓。

（一）时代新人

网络时代，互联网技术广泛地应用到了实际生活之中。依托大数据、云计算、区块链等新兴技术的创新驱动，“互联网＋”环境下B2B（business to business，企业对企业电子商务）、B2C（business to consumer，企业对顾客电子商务）、C2C（consumer to consumer，顾客对顾客电子商务）等新型商业模式不断涌现，消费升级，支付多样，给人们生活带来了极大便捷。与此同时，网上交易、线上支付，相比传统商业模式，对经营者和消费者都提出了更高的财经素养要求。

目前在读和刚刚入学的大学生，基本都是“00后”，是互联网的“原住民”。他们善于利用网络平台获取信息，习惯通过网络平台消费购物。阿里研究院、淘宝头条于2016年联合发布的全国重点大学网购排行榜显示，全国重点大学大学生年均网购额为1100元，人均年收到的包裹数为16.2个。华东政法大学新媒体数据研究院发布的《2018中国大学生网络生态和消费行为报告》显示，2018年中国高校校园市场总规模达到9449.98亿元，大学生消费正在形成消费品牌国产化、消费渠道多元化、移动支付主流化的趋势。《2018中国大学生网络生态和消费行为报告》显示，有56.84%的大学生人群用过消费金融，其中六成以上用过蚂蚁花呗。这份报告收集了全国33个省级行政区、191座城市、1312所高等院校的35 104份样本，得出的一个重要结论是：较强的消费欲望与较弱的赚钱能力构成了大学生的消费困境。

作为互联网的“原住民”，当代大学生思想敏锐、接受力强，但社会阅历有限、辨认能力较差，很容易受到网络不良信息的影响，被社会上一些不正确的财富观念迷惑。由于网络传播速度快、内容繁杂、互动性强，“拜金主义”“享乐主义”“消费主义”等各种错误的价值观念，大量涌入大学生头脑中，对他们的价值观造成冲击。有些禁不住诱惑的大学生，对物质世界产生莫名其妙的渴求与躁动，形成急功近利的价值取向、享乐至上的价值观念。

在这种情势下，大学生群体快速成为商家竞相抢夺的“大蛋糕”。各类网络借贷、分期付款的平台大量涌现，引诱大学生陷入过度超前消费的泥潭，造成近年来高校“校园贷”等事件时有发生，由此引发的各种培训贷、求职贷、暴力催收等违法现象也时有发生；更有甚者，不少大学生一边拿着助学金，一边用着高档手机打游戏，甚至存在多门课程不合格的问题。这些问题的背后，透露出大学生财经素养的严重缺失，折射出财经素养教育的严重缺位。

2016 年 5 月，由清华大学媒介调查实验室联合相关机构完成的《中国青年财商认知与行为调查报告》显示，“90 后”大学生存在四方面财商特征：财商观念存在明显误区；消费社会化和消费无计划性并存；理财意识勃发和财商素养欠缺；互联网金融接受度高但风险甄别能力不足。研究结果表明，大学生群体对提升财经素养的需求非常迫切。

（二）立德树人

教育是国之大计、党之大计。2017 年 10 月，习近平在党的十九大报告中指出：“要全面贯彻党的教育方针，落实立德树人根本任务，发展素质教育，推进教育公平，培养德智体美全面发展的社会主义建设者和接班人。”[①]教育的本质就是育人，其直接目的是满足人的生存、发展、享受等各方面需要，根本目的是促进人的全面发展，培养和塑造“整个的人”。

立德树人，是教育之根本任务、大学之首要目标。2018 年 9 月，习近平在全国教育大会上强调：“要在加强品德修养上下功夫，教育引导学生培育和践行社会主义核心价值观，踏踏实实修好品德，成为有大爱大德大情怀的人。”[②]大学，旨在传承文明、求索真理，创造新知、引领社会，传授知识、铸造能力。大学育人之真谛，即“培养健全人格”，将当代大学生培养成具有宽广国际视野、渊博科学知识、深厚人文底蕴、强烈创新意识的现代公民。

财经素养教育，是立德树人的需要，既是智育，更是德育。2016 年 12 月，习近平在全国高校思想政治工作会议上明确强调：“做好高校思想政治工作，要因事而化、因时而进、因势而新。”[③]现代财经素养是新时代大学生必备的核心素养。从某种意义上讲，在网络时代，大学生现代财经素养的欠缺，不仅标示着其知识技能欠缺，更意味着其价值观有待完善。对高校教育工作者而言，必须研究互联网的新课题，分析校园贷的新趋势，把握大学生的新特点，系统设计、大力开展大学生财经素养教育，提高大学生对财经概念和风险知识的理解力，加强大学生在网络财经背景下运用财经知识做出有效决策的技能、动机和信心，引导大学生树立正确健康的价值观、积极向上的人生观，以适应新时代对社会主义建设者和接班人的新要求。

三、财经素养教育的实践探索

财经素养教育是指教育者有目的、有计划地教授受教育者财经领域的概念和知识，使其形成正确的财经素养观，并运用财经知识进行决策的活动。国际上普遍认为，培养个体的财经素养是 21 世纪教育的基本要求。加强财经素养教育，对于个

---

①《习近平：决胜全面建成小康社会 夺取新时代中国特色社会主义伟大胜利——在中国共产党第十九次全国代表大会上的报告》，http://www.gov.cn/zhuanti/2017-10/27/content_5234876.htm [2021-09-15]。

②《习近平出席全国教育大会并发表重要讲话》，http://www.gov.cn/xinwen/2018-09/10/content_5320835.htm?tdsourcetag=s_pcqq_aiomsg[2021-09-10]。

③《习近平在全国高校思想政治工作会议上强调：把思想政治工作贯穿教育教学全过程 开创我国高等教育事业发展新局面》，http://dangjian.people.com.cn/gb/n1/2016/1209/c117092-28936962.html[2017-09-20]。

人发展、家庭幸福、社会稳定乃至国家安全都有着重要意义。为此，受到世界各国的高度重视。

（一）国外实践

推动财经素养概念普及的力量主要来自教育实践。尽管财经素养作为一个学术概念是20世纪90年代才提出的，但是旨在改善个体财经决策能力的财经教育100年前就已出现。

财经素养教育最早起源于20世纪初的美国公民教育。1916年始，美国全国教育协会中等教育改造委员会陆续发布《中等教育的基本原则》（*Cardinal Principles of Secondary Education*）等报告，讲到公民应该学习一些财经方面的知识，以获得在社会上生存和发展的能力。美国联邦政府于1949年设立了经济教育联合委员会（Joint Council on Economic Education，JCEE），推动中小学阶段经济学教育，将很多经济学的内容纳入课程体系。20世纪五六十年代，美国很多州要求在基础教育课程中必须包含个人金融、经济学知识、消费者教育等方面的内容。2002年，美国财政部设立财经教育办公室，负责为所有美国公民提供实用的财经知识；同年10月，财经教育办公室颁发了《融入财经素养教育于学校课程》（*Integrating Financial Education into School Curriculum*）的白皮书，要求将财经素养教育按照一定的国家标准渗透到学校教育之中，在课程、考试、教材和师资培训等方面都要有所体现。

继美国之后，英国、瑞典、德国、意大利、荷兰、日本等国家也以不同的形式，将国民财经素养教育提高到国家层面。但真正掀起财经素养研究国际热潮的是国际学生评估项目（Program for International Student Assessment，PISA）。该项目是由OECD发起的一项国际比较研究，用于评估刚完成基础教育的15岁学生是否拥有投身社会所需的知识、技能及终身学习能力。

PISA在2000年首次举行，而后每三年举行一次，每次评估的侧重点均不一样。2012年的PISA测评，首次引入“财经素养”概念，并将其作为测评内容，在全球18个国家或地区进行了测试，中国的上海亦位列其中。这是财经素养第一次出现在大型国际教育测评项目中，引起了各国教育领域的研究者、决策者和实践者的关注。由此，财经素养教育也在我国开始了实践探索。

（二）中国实践

在我国，社会各界日益重视财经素养教育。财经素养教育政策相继出台，财经素养教育研究推广机构竞相成立，财经素养教育标准制定提上日程。

财经素养教育相关政策逐步推进。2006年，教育部和中国保险监督管理委员会（以下简称保监会）联合发布《关于加强学校保险教育有关工作的指导意见》；2013年，中国人民银行会同中国银行业监督管理委员会（以下简称银监会）、中国证券监督管理委员会（以下简称证监会）、保监会研究制定了《中国金融教育国家战略（草稿）》；2015年，国务院发布《关于加强金融消费者权益保护工作的指导意见》和《推进普惠金融发展规划（2016—2020年）》。这些政策都直接或间接地推动了财经素养教育在学校和公民层面的开展。

财经素养教育研究机构初具规模。2014年10月，北京师范大学整合教育、心理、金融等领域跨学科研究团队，成立“财经素养教育研究中心”，主要研究内容包括：互联网金融、投资者情绪指数和财经素养教育等。2016 年 3 月，北京师范大学中国教育创新研究院联合上海百特教育咨询中心成立了“青少年财经素养教育研究中心”。2016 年 11 月，中国教育科学研究院协同财经类院校、科研院所、行业企业等多家单位，成立了“中国财经素养教育协同创新中心”，旨在搭建财经素养教育研究与实践的交流平台、完善研制财经素养教育标准、编制财经素养教育实验方案、参与推动国民财经素养教育的普及与传播。

财经素养教育标准框架形成雏形。2018 年 1 月，中国财经素养教育协同创新中心也组织研制并发布了国内第一份系统并且覆盖大学、高中、初中、小学、幼儿园五个学段的《中国财经素养教育标准框架》。这一标准的发布，有助于推动各地机构更加有效、有序地开展财经素养教育，改变当前我国财经素养教育活动碎片化、浅层化、质量难以保障、水平参差不齐的局面。

2005 年，OECD 通过对多个国家的试点实践，提出“财经教育应从学校开始”；并指出，学校财经教育是广泛提高下一代财经能力最有效和最公平的方式之一。由于我国各地经济发展程度差异较大，各地对财经素养教育的重视程度也不同，不同学校开展财经素养教育的时间有早有晚、形式也各异。就高校来说，四川大学已经开设了专门的全校通识课，由教授任专门的授课教师，通过组建专业社团、开展省级竞赛等多种形式，开展财经素养教育，并在中西部高校、中学主办流动课堂，开设人文讲座，开展经验交流，推广现代财经素养理念，引导大学生、青少年在财经生活中提高财经素养，提升人生境界。

四、财经素养教育的主要内容

教育是对人的教育，教育的本质就是对人性的洞察和尊重。财经素养教育不但是知识和技能的学习，而且是思维意识和行为习惯的养成，以及价值观念和人格特质的塑造。批判性吸收“经济人”假设，从“多元人性论”的视角，提出大学生现代财经素养教育的主要内容。

教育源于人性，教育的终极目的是解放人性；教育最大的危险是，教育者对人性一无所知。1776 年，经济学之父亚当·斯密（Adam Smith）出版《国富论》，提出“经济人”假设，“经济人”假设包含两层意思：第一，经济决策主体是理智而精于计算的，其行为是理性的；第二，在经济活动中，个体都是利己的，经济活动的目标是自身利益最大化。以这一基本假设为逻辑起点来推演理财层面的财经素养，个体应该充分学习财经知识，达到完全的决策理性，从而提高财经能力，来追求自身财富最大化。也即，强调财经素养是获得金钱、创造财富的知识和能力，显然忽视了价值观的引领和导向作用。

在当前以经济活动为中心的社会中，个体要获得财务安全、财经福祉，的确需要具备充足的财经知识和财经能力。然而，现代社会的人类，不仅追求物质财富，还要有精神财富。事实上，亚当·斯密早在 1759 年就出版了《道德情操论》，强调同情、仁慈、正义等人性美好的部分。来自心理学、社会学、管理学的研究也表明，人性具有多样性。结合 OECD 给“财经素养”的权威定义，以及我们对现代财经素养的概念界定和内涵解析，提出大学生现代财经素养教育的主要内容：财经知识、财经能力、财经价值观。

（一）财经知识

财经知识是指大学生通过教育或者经验了解和掌握的、涉及财经领域的、与个人生活息息相关的重要概念和原理。学习什么样的财经知识，就会形成什么样的财经思维，它是财经素养教育的基础部分。美国国家经济教育委员会（National Council on Economic Education，NCEE）认为，一个具备财经素养的人不仅应该了解关键的经济术语，还必须熟悉基本经济原理和金融理财等知识。据此，财经知识的内容框架应该以大学生的个人财经生活为基础，既包含需求弹性、成本曲线、边际效用等经济学知识，也包含收入、消费、储蓄等从日常生活经验中获得的知识，更应该有虚拟货币、网贷平台、移动支付等互联网金融知识。

通过对财经知识的学习，大学生应能充分了解每一种常见投资理财方式背后的收益和风险，以及两者之间的权衡关系，形成恰当的投资理念和风险意识，更合理地配置自己和家庭的金融资产，更恰当地分散和管理可能面临的投资风险，从而更健康地实现财富的保值增值和财务自由。

（二）财经能力

财经能力是个体在意识到可能财务后果的情况下，获取、理解并评估相关信息，做出决策的能力，具体包含理解并操作货币的能力，在不同情景下运用财经知识的能力，并能考虑到财经决策对个人、家庭和社会的后果及价值。财经素养教育的意义并不只是学习知识，更重要的是财经能力的培养，即运用财经思维，收集和筛选财经信息，识别和分析财经问题，自信理性地进行消费、储蓄、借贷和投资等财经决策，形成一种良好的财经行为习惯，为适应未来的社会环境提前做好准备。

财经能力的养成，应该让大学生在获得财经知识的基础上，更好地认识个人与家庭、个人与社会、个人与国家的关系，培养财经责任感，提高解决现实财经问题和应对未来不确定性的能力，在日常生活、储蓄、消费和投资理财活动中，能够根据自己的财经实力和客观环境做出理性的决策和选择，减少随波逐流式的盲目性财经行为，积极乐观地面对生活。

（三）财经价值观

财经价值观就是指个体对待金钱、财富的观念。正确的财经价值观，既要重视理财，但又要不为财物所困，对金钱和财富要“取之有道”“用之有德”，符合道德伦理规范。财经知识和财经能力能确保个体理性地选择以实现自身利益最大化，而财经价值观则代表了个体理性选择的价值取向。PISA 已开始重视“人格特质”的测试，包括财经方面的满足感、责任感、风险偏好、价值观等。其中，价值观是最核心的、对行为最有预测作用的因素。

马克思主义认为，财富不仅仅是国内生产总值（gross domestic product，GDP）的增加和收入的提高，而且是创造美好生活、实现人的发展的工具。马克思主义财经素养教育与一般意义上的财经素养教育的最大区别在于，要融入社会主义核心价值观，帮助大学生养成正确的金钱观、消费观和财富观，不以财富占有为价值追求，不沦为金钱的奴隶，而成为金钱的主人。从这个角度讲，马克思主义财经价值观的培育是高校教书育人的重要任务。

五、财经素养教育的教材导读

本书是我国专注大学生现代财经素养教育的第一本教材。本书分为两部分，共14章，系统涵盖了财经生活规划中从消费、储蓄、信贷到投资各个关键环节所必备的常识、理念和基本方法。本书第一部分，从第1章至第10章，主要讲授与个人独立生活密切相关的主题，如独立生活、预算的学问、信用、信贷、储蓄与银行理财、购买房屋、购车与贷款、恋爱经济学、消费者意识与权益、财务困境等。本书第二部分，从第11章至第14章，重点讲授个人投资方面的内容，具体包括投资风险与收益、股票与基金投资、外汇投资、保险与保值。

本书充分体现了国际视野和人文关怀，有机融入了我国优秀的传统文化与社会主义核心价值观，全面关照到个人与家庭、个人与社会、个人与国家的关系，充分考虑了不同专业大学生当前身心发展特点和未来发展目标，兼顾了学生认知发展规律和教育教学规律，循序渐进、重点突出、特色鲜明，并且具有很强的可读性和可操作性。具体总结为“五个导向”。

一是目标导向。大学生现代财经素养教育，既是专业通识课，也是思想素质课。本书遵循“培养德智体美劳全面发展的社会主义建设者和接班人”的人才培养总体目标，以引导大学生树立马克思主义财经价值观为导向，传授系统的财经知识，拓展财富的内涵及外延，将追求物质财富和精神财富结合起来，培育具有财富道德与信仰的社会主义劳动者。

二是问题导向。本书提出和回答了四个问题：怎样才能赚更多的钱？为什么要挣那么多钱？赚来的钱可用于什么？如何去体现财富价值？每一章解决一个核心问题，同时在每章各小节中，又将核心问题细分为若干小问题分别加以阐述和解决。可以帮助大学生认识金钱的作用和局限，理解货币的时间价值和风险价值，更合理地做出财务预算，更恰当地规划自己的消费、储蓄和借贷。

三是学生导向。考虑到大学生来自全国各地，财经素养初值差异大、分布广，本书尝试从注重知识点传授的“以教为中心”向“知识＋思维＋想象力”并重的“以学为中心”教学模式转变。尊重大学生的主体性，按“问题导向—案例解析—教学测评”的基本逻辑开展，鼓励学生自己发现问题、分析问题、解决问题，真正实现以学生为中心的教学。

四是应用导向。大学生的财富观念、财经知识、理财能力养成，除了依靠课堂教学传授，更需要通过将财经知识与实际具体场景相结合，以了解消费市场、参与财经生活。本书设计的话题均来源于“00”后大学生当下和未来要面临的生活及工作，整体上分为生活教育和创业教育两个部分，对应财经素养的两大类场景，即生活和职场。

五是效果导向。财经知识情景化、财经语言生活化，调动大学生学习的积极性。每一章由课程目标、课前小测、正文讲解、课后测试等组成。通过课前小测和课后测试，让学生更清楚地了解自己的财经素养现状和课程学习目标达成情况。本书将财经素养课程与现代信息技术相结合，有利于引入互动教学、情景仿真、模拟训练等教学方法，增加教学的贴近性、互动性和实效性。

我们相信，《大学生财经素养教育》能给中国高校带来一股清新的空气，让大学生获得财经类的基础知识和技能，掌握不同情景下制定恰当财经决策的方法，树立马克思主义财经价值观。在步入社会后，在多元丰富的财经环境中，大学生能做出正确决策，采取有效行动，获得个人收益，稳定家庭财富，繁荣国家经济，为建设富强民主文明和谐美丽的社会主义现代化强国做出更大的贡献。

徐玖平

2021 年 11 月

目录

第 1 章　独立生活 …… 1
1.1　大学生的自主生活能力 …… 2
1.2　独立生活的开始——租房 …… 6
1.3　案例阅读 …… 10
第 2 章　预算的学问 …… 15
2.1　目标 …… 16
2.2　预算 …… 20
2.3　案例阅读 …… 26
第 3 章　信用 …… 30
3.1　信用简述 …… 31
3.2　征信 …… 37
3.3　个人信用报告 …… 39
3.4　社会信用体系 …… 42
3.5　案例阅读 …… 43
第 4 章　信贷 …… 46
4.1　信贷的内涵与分类 …… 47
4.2　个人消费信贷 …… 49
4.3　学会合理负债 …… 50
4.4　网络信贷骗局与防范 …… 59
4.5　案例阅读 …… 60
第 5 章　储蓄与银行理财 …… 62
5.1　储蓄 …… 63
5.2　银行理财 …… 70
5.3　案例阅读 …… 80
第 6 章　购买房屋 …… 83
6.1　购房流程 …… 84
6.2　购买二手房流程 …… 87
6.3　申请房贷的资格 …… 92

6.4 个人住房贷款类型 …… 93
6.5 购房贷款的流程 …… 94
6.6 按揭贷款 …… 96
6.7 房屋出售 …… 99
第 7 章 购车与贷款 …… 101
7.1 购车流程 …… 102
7.2 贷款购车 …… 106
7.3 二手车交易 …… 109
7.4 机动车辆车险 …… 114
7.5 汽车租赁 …… 119
第 8 章 恋爱经济学 …… 122
8.1 恋爱中经济学原理 …… 123
8.2 爱情和金钱的关系 …… 125
8.3 婚前经济事务 …… 129
8.4 婚后家庭的经济事务 …… 133
第 9 章 消费者意识与权益 …… 138
9.1 消费者决策 …… 139
9.2 消费者权益 …… 143
9.3 电信诈骗 …… 149
9.4 消费者维权实用案例 …… 152
第 10 章 财务困境 …… 154
10.1 了解财务困境 …… 155
10.2 后期的信用修复 …… 167
10.3 大学生如何避免财务困境 …… 171
第 11 章 投资风险与收益 …… 174
11.1 投资的基本概念 …… 174
11.2 时间价值 …… 175
11.3 风险与收益 …… 181
11.4 案例阅读 …… 186
第 12 章 股票与基金投资 …… 190
12.1 股票发展简史 …… 191
12.2 股票与股票市场的基本概念 …… 192
12.3 股票投资中的收益与风险 …… 194
12.4 股票投资的基本原则 …… 194
12.5 有效市场假说 …… 196
12.6 基金投资 …… 200
12.7 基金定投 …… 201

第 13 章　外汇投资 …… 205
13.1　外汇基础知识 …… 206
13.2　外汇的魅力及风险 …… 208
13.3　外汇投资理念 …… 213
13.4　外汇投资要点 …… 214
13.5　外汇交易的分类 …… 216
13.6　外汇交易指南 …… 218
第 14 章　保险与保值 …… 222
14.1　风险的基本特征与分类 …… 223
14.2　风险管理的基本方法 …… 223
14.3　保险的基本常识 …… 225
14.4　保险合同 …… 227
14.5　常用的金融衍生工具 …… 229
跋 …… 238

第1章

独立生活

课程目标

- □了解自主生活能力包含哪些内容
- □学习如何培养自主生活能力
- □习得必要的技能和知识来理解及评估租约与租赁协议

小时候的我们是在家人的呵护和关爱下成长的。当我们遇到困难时，会有人帮忙解决；当我们遇到不开心的事情时，会有人过来安慰；当我们遇到挫折时，会有人真心鼓励。然而，假如我们在遇到问题时，这些以前经常帮助、安慰和鼓励我们的人不在身边，这时候我们应该怎么办？是静静地等待别人来帮忙，还是自己想办法解决呢？我们不可能永远依靠家人的力量生活下去，所以我们必须独立面对生活。

一位美籍华人曾谈起他在美国的一段经历。在儿子读高中的时候，这位美籍华人将儿子送到一所离家很远却十分著名的高中学校去读书。这个16岁的少年每天需要历时三个多小时才能到达学校，期间需要换乘三次公交车、两次地铁，同时还需要穿越纽约最豪华和最肮脏的两个街区。值得注意的是，乘坐纽约地铁其实存在一定的安全隐患，地铁上抢劫等不安全的事件时有发生。那为什么这位美籍华人舍近求远为儿子选择了离家很远的学校，还让儿子置身在各种危险中呢？一方面这位美籍华人想让儿子就读于最好的高中进而考上美国最好的大学，另一方面则是这位美籍华人思想中的独立自主观念使然。在美国，16岁的孩子应该是具有独立人格和精神的个体。这位美籍华人这样认为：在人生的旅途上，每个人都要有穿越这样危险地带的经历，否则就难以在这错综复杂、险象环生的环境中生存下去。他告诉儿子：人生的道路更危险，因为人生只有去，没有回。人生道路是只能走一次的路线，迈出去的每一步都是自己不曾熟悉的道路，若一步稍有不慎，那整个人生都将遭到打击或挫折。他也在给儿子的信中语重心长地写道：“年轻人，你渐渐会发现，当你个人独行的时候，你会变得格外聪明，当你离开父母的时候，你才会知道父母是对的。”年轻人应该养成独立生活的思维和习惯，并且用这种思维和习惯去应对世界、应对生活中的一切。

随着年轻人的成长，面临的共同挑战就是要离开与他朝夕相处的家人开始独立生活。独立生活最基本的条件是拥有自主生活能力及与家人分开居住。

对一名在校的大学生而言，首先要清楚自主生活能力包含哪些内容，其次也要清楚通过什么样的方法能培养自主生活能力。

同时，大学生也要为大学生活结束后的独立生活考虑，即居住问题。大学毕业是真正的独立生活的开始，真正的独立生活的分水岭就是与家人分开居住。大学生由于刚毕业，收入比较少，仅靠自己的实力难以买房，因此需要租房居住获得安全感。有了居住的安全感，人们才会把精力和时间投入工作和事业的发展之中。我们在开始选择短租房时，要考虑许多因素，如在哪里居住、付多少房租、是否与室友合租，以及签什么类型的租约等。

很多人可能没有意识到租赁涉及的事项。在本章中，我们将讨论公寓租赁的各种信息和条款。这些材料可以帮助我们在签署租赁合同（或其他合同）之前提高谨慎意识。

课前小测

（1）有一个宿舍，住着六名大一的学生，晚上关灯后，漫无目的地聊天成了大家的习惯。有的时候，遇到大家感兴趣的话题，室友的热情度就会比较高，甚至还会形成针锋相对的辩论，你一句，我一句，不知不觉中时间过得很快。通常情况下，夜里一两点钟睡觉，甚至讨论热烈的时候，凌晨三四点钟睡觉，因此，上课迟到、逃课、课堂上打盹，成为这个宿舍同学习以为常的事情。第一学期的期末考试，这个宿舍的同学都考得非常糟糕。如果你是这个宿舍的一名成员，你应该如何处理这件事情？

（2）假设你是一位来自贫困家庭的学生，你周围的同学过生日请大家到饭店里面吃饭已经成为一种风气，每请一次饭，大约要花掉一名贫困生一个月的生活费。在这样来回请来请去的循环中，也轮到你过生日了。此种情景下，你如何请大家过你的生日？

（3）假设你和你的女朋友大学毕业后都到一个陌生的城市工作，各自工作的单位仅提供三个人合住的 18 平方米的房间。在这个房间里，仅能睡觉，不能洗澡，没有卫生间，也没有厨房。对你而言，你是和女朋友分别居住这样的房间，还是到外边租一间功能齐备的公寓？如租一间公寓，你应该考虑哪些要素？

1.1 大学生的自主生活能力

1.1.1 大学生自主生活能力的内容

新生进入大学后，衣食住行等个人生活问题都需要自己处理和安排。因此，自主、自立、自律就成了大学生活的主旋律。同学们应该适应这种生活方式的变化，自主而合理地处理好个人生活方面的问题，注重培养独立生活能力。总体而言，大学生的自主生活能力主要包括如下八个方面。

1. 学会学习

学会学习，最重要的是具备内省（introspection）的能力。内省包括对自己过去做得好和做得不好的反思、归纳及总结；保持做得好的，纠正做得不好的；放在时间轴上规划今天和明天的行动，并实现既定的目的；由外而内进行思考，即观察他人和外部环境，根据他人和外部环境的变化，做出更有利于自己未来发展的决策。内省最重要的条件是要有勇气面对过去，尤其要敢于面对过去的错误。好多年轻人，不敢面对过去的错误，也就失去了内省的能力，这样就会重复过去的错误。

大学里有着大学生很多可以充分利用的资源，如图书资料、实验设备、优秀的师资、广泛的同学关系等，这个时候就体现出“师傅领进门修行在个人”的重要性。大学提供更多的可能性，大学生应该在这种条件下广泛涉猎，发现自己的目标和确定今后发展的道路。

2. 自主学习的能力

在大学中新生可能会发现，除了上课很难见到任课教师，具体的学习和工作都需要自己完成，因此，相比高中时期老师的严格监督而言，学生一时难以适应这种学习方式。但是，这就是大学专业教育的特点，学生必须适应这种学习方式，培养自主学习的能力。自主学习，就是在没有督促、没有责备、没有表扬的环境下学生依靠自己的智力，在较少的帮助下，获得对知识的理解和应用的能力，具体表现为学生在听一节课程之前，需要提前预习，发现本节课的知识重点和难点，在课堂上认真关注这些知识点，倾听老师的讲解，如果没有听懂，课堂上、课间或者课后主动询问老师，同时，课后要养成延展阅读和深度思考的习惯，这就要求学生充分利用图书馆馆藏资料和数据库，加深对关注知识点的理解和应用能力。总而言之，自主学习主要是依靠学生自己的能力完成学习任务。

自主学习具体体现为如下八个维度。

第一，学习时间管理。大学生活，可自由支配的时间比较多，学生需要合理地安排好这些时间，除了正常的锻炼身体和休闲娱乐之外，还要去除惰性和依赖性，加强时间观念和行为自律，不要在其他与学习无关的事情上浪费宝贵的时间，应把各项学习任务编制在时间轴上，在规定的时间段内完成学习任务。

第二，制定学习目标。除了合理利用和管理自己的时间之外，制定短期（如每周）学习目标和每日学习目标，是学生自主学习的一个重要指征。目标是行动的方向和驱动力，学习目标就是学习的方向和驱动力，也就是学习的内在动力。

第三，执行学习计划。按时有效自觉地执行学习计划，不找借口，不拖延，这是自主学习过程的行为保证。

第四，营造学习环境。人不可能在周围环境嘈杂的背景下完成学习任务，要到适合的地方去学习，如教室和图书馆。有的人喜欢在宿舍里学习，如果宿舍人多，那么就选错了地方，因为宿舍是同学们休息的地方，也是同学们交流的地方，而不是适合学习的地方。在这样的环境中学习不仅不能提升学习效率，反而会打消学习积极性。所以，为了保证学习效果，大学生应该置身于合适的环境中静心学习。

第五，保持积极主动的学习态度。积极主动的学习态度主要体现在如下三个方面：①专注力，即专心致志做一件事——学习。比如，自己在学习中是否专注、是否走神、是否想其他与学习无关的事情，有则改之。②控制情绪。在学习中，需要管理和克制好自己的情绪，不要在学习过程中出现心烦意乱、带情绪、发脾气或故意捣乱的行为，否则，将会导致学习效率低下。③要有坚定的意志力。在学习过程中，如果只有三分钟热度，遇到难的问题就放弃思考和钻研，没有独立思考和探究的精神及意愿，则需要加强自我意志力锻炼。积极主动的学习心态是自主学习的关键因素。

第六，选择合适的学习方式。学习方式是指学习者在完成学习任务过程中的基本行为、态度、意识、习惯和认知取向，是学习者在学习自主性、探究性和合作性等方面的基本特征，学习方式涉及学习习惯、学习意识、学习状态、学习态度、学习品质等内在心理因素。比如，性格外向、善于表达的学生在学习过程中更偏向于合作交流、共同探究的学习方式，而性格内向，不善交流的学生在学习过程中可能更偏向于独立思考、自主探究的学习方式。学生选择适合自己身心发展特点的学习方式是提高自主学习效率的主要途径。

第七，充分使用图书馆资料。我国大学图书馆有着丰富的书籍、期刊和数据库，有些大学有着与全球一流大学同步更新的数据库，大学生要充分利用这些资料，拓展自己的知识视野和知识深度。

第八，深度学习。对自己感兴趣的知识一定要深度学习，不可浅尝辄止。深度学习，就是把某个知识点挖掘下去，了解和掌握知识背后的原理、适用条件、应用技巧及它的局限性。

3. 同学关系的适应

无论何时何地我们都需要和同学及周围的人和谐相处，只有学会理解和宽容、互助互爱、彼此尊重、理解他人，我们才能在这个过程中得到尊重、理解和帮助，也才能在互相的关爱和协助中圆满度过我们的大学生活。但相对而言，由于人们的人生目标不同、生活阅历不同、性格不同，对同一个问题的理解和看法也不同，因此人和人之间存在各种矛盾和冲突是正常的，大学生不要恐惧人和人之间的矛盾和冲突，应正确理解、合理调节。

4. 在自由的选择中不要迷失自己

当代社会生活节奏越来越快，形形色色的诱惑层出不穷。浮躁的环境下更体现出决心的重要性。高中阶段，老师引领着学生前行，学生围绕高考这个指挥棒转，目标单一，生活单调。在进入大学之后，学生没有了严格管束，与社会的交融更多，难免会在选择和诱惑中难以坚定自己。所以我们需要在进入大学之后，领略它的自由色彩的同时做好自律，坚定自己的目标，一步一步成为想象中的自己。

5. 承受压力的能力

进入大学后，压力的来源比较多，有经济比较上的压力，如别的同学家庭富有，给的生活费比较充裕，经常买昂贵的消费品等；有学习成绩比较上的压力，如别的同学看起来很轻松就考了高分，拿上了奖学金；有浩瀚的知识与自己的智力比较上的压力，如面对复杂的知识，感觉自己的智力不足，一时难以学懂学会。总之，大学时期的压力来源要远远多于高中阶段。因此，同学们需要清楚地认识到压力的来源和性质，不要惧怕、正确认识、合理解决。比如，别的同学购买奢侈品，自己没有钱去购买，就不要自寻烦恼，不要做这种无谓的比较，把精力都用在培养自己的专业能力上，等到将来有钱再去购买。

6. 适应外部环境的变化

进入大学后，所学的专业都是为社会服务的，因此，大学生必须关注社会对人才的需求和要求，不要把自己封闭在象牙塔里。而我们知道，外部环境在多种因素的交织下呈现出变化性，因此，对专业人才的要求也呈现出变化的特性。大学生需要了解多种信息，把握环境变化的方向和规律，积极参加社会实践活动，提高自己的环境适应能力。大学是人们完成人生系统性学习任务的最后一站，离开了这一站就要走向社会。因此，在大学期间有意识地锻造自己适应环境的能力，将为快速成功地融入社会提供必要的准备。

7. 自己的事情自己做

明确界定自己的事情，然后凭借自己的智力和体力独立完成它。搞好自己的身体卫生、洗衣服、打饭、学习等，都是自己的事情，需要自己独立做好。一个连自己的卫生都做不好的人，复杂的事情也是做不好的。

8. 正确决策的能力

大学生需要根据自己的能力和外部环境的变化，正确认识自己的优势和劣势；正确识别外部环境出现的机会和威胁，然后在此基础上做出正确的决策。大学生要习惯于运用 SWOT 分析[①]方法做出合理的决策。

1.1.2 大学生如何提高自主生活能力

1. 提升专业能力和文化素养

学生进入大学后，学校会针对其所选专业制订专门的培养计划，分为专业必修课程和选修课程。这是大学生培养专业能力和扩展专业视野的最直接途径，应当用心学习。同学们可以在这些专业课程中选择自己喜欢的领域进行钻研，这样，既有专业的宽度，也有专业的深度。在此之外，还有很多的自由支配时间，同学们可以多看点哲学、历史、社会、人文等方面的专业书籍，围绕专业能力提高文化素养。专业能力让自己拥有谋生的本事，文化素养让自己的人生有意义。在大学期间培养的专业能力不一定是未来从事的职业所需要的能力，如学习材料工程的同学毕业后也可能从事市场营销工作，也就是说，好多人在毕业后从事的工作与大学所学的专业无关，这就意味着在大学期间仅仅学习专业课程是不行的，是难以全面发展的，因此，大学期间应该多看些与文化素养关联的书籍，这样有助于培养综合能力。主要原因在于，文化素养可帮助大学生认识自己和外部环境，有助于为专业之外的工作赋予人生意义。

2. 管理好自己的情绪

大学生每天面对许多挑战，有些来自学习方面，如选修课、考试、写论文；还有些是来自人际关系、家庭生活等方面，从而产生不同的情绪，包括积极的和消极的情绪。因此大学生要充分地了解自己、认识自己的情绪，并以适当的方式来处理情绪，管理好自己的情绪，不要成为情绪的奴隶。不要情绪好的时候就放纵自己，更不要情绪不好的时候就自暴自弃。

3. 由自主迈向相互帮助

作为大学生，独立学习和自己承担责任是十分重要的。在学会独立的同时，也要学

---

① SWOT 分析是指企业在战略选择时，对企业内部条件的优势与劣势及外部环境的机会与威胁进行综合分析，据此对备选战略方案做出系统评价，最终选出一种适宜的战略的分析方法。S 代表 strength（优势），W 代表 weakness（弱势），O 代表 opportunity（机会），T 代表 threat（威胁），其中，S、W 是内部因素，O、T 是外部因素。

会如何相互帮助，如何相互包容、友善相处。因为每个人的行为都会影响自己和他人，在某些情况下更需要做出牺牲让步以达成共识。而这会让你更受别人尊重和欢迎，同时更利于你以后的事业和生活。

4. 发展成熟的人际关系

与别人建立关系，对大学生的生活有很大的影响。在建立人际关系和发展人际关系的过程中，既要容忍和欣赏别人与自己的不同，又要有能力与别人发展亲密关系。维持这样一种亲切融洽的关系，需要认识自我、认识他人，建立人际交往的自信心和沟通能力。拥有好的交际能力，就能拥有广阔的交际圈，认识更多的优秀的人。交际能力通俗一点就是“好的口才和让人信服的处事方式的结合”，这些东西永远不可能与生俱来，我们需要做的是在平常生活中对这些方面多加留意和改正，并且要抓住和珍惜可以表达自我的机会，把自己的想法说出来让别人知道。

5. 处理零花钱的能力

进入大学后自由时间充足，充满诱惑，就免不了和形形色色的消费项目接触。但是由于绝大多数大学生都没有经济基础，都是靠父母或者从监护人那里获取生活费。这就要求大学生要学会合理规划自己的零花钱，并且在保证基本生活费充足的同时合理分配余下资金，不要本末倒置。这不光受用于大学生活，在今后真正独立走进社会之后，理财能力也将会成为一个人众多优秀的品质之一。

6. 不盲目跟风

很多人在自己想做一件事时，看见别人都没做，就会找各种理由或者借口不去做。当他发现别人也去做的时候，就会忍不住跟风。或者说自己本来没有打算做某一件事，看见别人都在做，自己也忍不住跟着去做。这些都是不可取的。大学生要有自己做事的主见和原则，不要盲目地跟随别人，要制定自己的目标，做自己应该做的事情。

7. 建立与专业对应的素养

建立与专业对应的素养意味着同学们要干一行、爱一行、专一行。比如，同学们选择了市场营销专业，就要修炼这个专业对应的素养和人格。根据我们的经验，我们总结市场营销专业的素养就是“两会”：会做人、会做事。会做人，体现在诚、信、义、礼、智、勇方面，为自己营造良好的外部发展环境；会做事，体现在有想法，有办法，把自己锻造为有成就感的人。市场营销专业人格体现为“五实”，即真实、诚实、朴实、踏实、务实。四川大学商学院市场营销专业在培养学生的过程中，坚决反对精致利己主义者，其做法是让这类人没有生存空间，无立足之地。素养和人格的修为是一辈子的事。做好，未来就好。

1.2 独立生活的开始——租房

1.2.1 租房的考量因素

大学毕业以后，要想生活稳定，就必须拥有一个住所。这个住所可以是单位的宿舍，可以是自己租住的房屋，也可以是自己购买的房子。一般而言，刚毕业的大学生，收入比较低，所得的工资可能仅能维持自己的基本生活费用，买房子往往是比较困难的。另外，现在绝大多数企业不提供宿舍。这就意味着刚毕业的大学生大多数情况下是租房居住。

租房子其实最主要的是要考虑我们居住的地方是否很安全，要注意周围的环境、治安状况，一些脏乱差的地方尽量不要选择。

我们租房子的时候，要根据自己的工作情况而定。因为我们的首要目的其实是在工作之余提供给自己一个休息的地方，因此租住的房屋第一是需要离自己的工作地点较近或者是临近地铁站和公交站。第二是房子本身的软设施，如采光度。当面临工作压力时，回到家，良好的采光对我们身心的愉悦有很好的辅助效果。第三是房子内部的硬设施。因为我们租房子以后需要用水和用电，所以这间房子的水电设备是否完善和方便，便是一个关键的问题，需要我们多加留意。第四是根据自己的经济情况决定是否租用此房。第五是物业。很多人一开始都会忽视这一点，但是一个房子的价值不仅仅体现在它本身，还体现在周边环境及小区布局和绿化与其余设施的完善程度上。这些因素与物业息息相关。我们在选择时，需要综合物业的工作情况和收费标准做一个较为仔细的考量。

总的来说，在最终选择的时候，我们应该综合以下几个要点来对在选择范围内的2～3个备选房进行比较，以选择最适合我们的租住房。

（1）位置：主要考虑工作地点、学校、购物、公共交通和娱乐等因素。

（2）建筑物外部：主要考虑建筑物的状况、运动场地、停车地和娱乐设施等因素。

（3）建筑物内部：主要考虑出口、安全性、大厅维护、电梯状况、邮箱等因素。

（4）公寓布局和设施：主要考虑状况、面积、壁橱、地毯、电器、热水类型、空调、管道、水压、存储区、房间大小、门、锁、窗户等因素。

（5）财务方面：主要考虑房租金额、租赁期限、租房押金、水电煤气费、其他费用等因素。

课中测试

根据所附的格式化租赁合同回答下列问题。

1. 出租人会支付哪些水电煤气费用（如果有的话）？

2. 如果你在公寓里从一段湿滑的楼梯上跌下来摔断了腿，你能否让出租人对你的医疗费用负法律上的责任？

3. 如果你违反租约的条款，出租人有什么办法追究你的责任？

4. 如果你选择在租赁期满后继续租住，有什么条款和条件可以适用？

5. 如果出租人改变（或放弃）租约中的任一条款，其他条款会受到什么影响？

6. 如果你想让出租人知道你准备搬出，你应该怎么办？

7. 在这份租约中你有什么要更改的吗？

8. 你想在此租约中增加一些条款吗？

9. 看完这份合同后，你会签订这份租赁合同吗？为什么？

租 赁 合 同

缔约方/双方当事人：

本合同由王刚（此处称“出租人”）和沈波（此处称“承租人”）于 2018 年 8 月

27 日签署。出租人现租赁给承租人一处位于四川省成都市武侯区科华路的一处住房（下文统称“房产”）。

租期：

本租约期限自 2018 年 9 月 1 日开始，至 2019 年 9 月 1 日截止。

房租：

承租人需在每月第一天向出租人支付 1500 元的房产租金。承租人应按照出租人以书面形式向承租人指定的地址支付租金，无须出租人另行通知或索要。

水电煤气等费用：

承租人应支付所有煤气、暖气、照明、电力、电话和其他公用设施服务的使用费用，以及所有的接线费用。

免受损害协定：

承租人应确保，出租人不因承租人对房产的使用或居住承担任何索赔。除非出租人故意或有严重过失行为，否则承租人承担房产周围或房产内人员的财产损失或人身伤害的风险。

违约：

如果承租人不履行合同义务并违反合同条款，那么出租人在给予法律规定的适当通知后，可以重新进入房产，令房产内任何财产和人员移出。签名的承租人，不论是否实际占有该处房产，对本租赁合同规定的所有义务承担连带责任。

租赁期满后继续租住：

承租人在租赁期满后如果想继续租住本房产，须经出租人同意。租赁期满后继续租住，则租赁转为逐月租赁，承租人须按照此前一个月的房租金额支付租金。承租人在搬离房产前必须至少提前 30 天向出租人发出书面通知。其他规定保持不变。

放弃权利：

出租人对本协议任何条款的放弃不得视为放弃其他任何条款。

出租人签字：　　　　　　　　　　　　承租人签字：

1.2.2 租赁合同

租赁合同（lease contract）是指出租人将租赁物交付给承租人使用并获得收益，承租人支付租金的合同。提供物的使用或收益权的一方为出租人；对租赁物有使用或收益权的一方为承租人。租赁合同是诺成合同，租赁合同的成立不以租赁物的交付为要件。

适用范围：凡是当事人需要取得对方标的物的临时使用、收益而无须取得所有权，并且该物不是消耗物的，都可以适用租赁合同。

租赁物须为法律允许流通的动产和不动产。租赁合同包括房产租赁合同、融资租赁合同、租赁合同范本、房屋租赁合同、汽车租赁合同、厂房租赁合同、土地租赁合同、商铺租赁合同等。

房屋租赁合同，是指房屋出租人和承租人双方签订的关于转让出租房屋的占有权和使用权的协议。其内容是出租人将房屋交给承租人使用，承租人定期向出租人支付约定的租金，并于约定期限届满或终止租约时将房屋完好地归还给出租人。

房屋租赁合同按用途分为两大类，居住用和商用。签订居住用房屋租赁合同，以是否适合居住为原则。签订商用房屋租赁合同，则以是否更适合办公为原则。

租赁是日常生产生活中常见的法律行为，为了尽可能避免在租用过程中产生不必要争议，在签订合同时应注意以下相关事项。

1. 承租方需要了解出租人和出租物的基本情况

（1）作为承租方，应先审查租赁物是否存在法律法规禁止出租的情形，如未依法取得租赁物的相关证件、共有租赁物未取得共有人同意的、权属有争议等。

（2）作为承租方，为了预防欺诈，应在合同中约定，如果出租方是租赁物的所有人，必须提供相关的证明文件；如果出租方不是租赁物的所有人，则必须拥有转租权。

（3）为了避免争议，在合同中对租赁物的基本信息应进行明确约定，如租赁物的规格、质量、数量等。

2. 租赁合同之租期条款

在合同中，应约定租赁物的租赁期限，明确租赁的具体起止日期，如承租方超过租赁期使用租赁物，应支付给出租方超时使用的租金。

3. 租赁合同之租金条款

（1）在合同中，应明确约定租金的支付方式，明确约定以现金支付还是通过银行转账（采用银行转账需写上户名、银行账号）；实行按月支付、按季支付还是年支付等。

（2）在合同中，明确约定租金支付时间，应于每月的具体日期支付租金。如果承租方在一定宽限期内没有按期支付，应支付迟延租金或违约金或出租方可解除合同。

4. 租赁合同之保证金条款

在租赁物租赁合同订立时，合同双方当事人都应尽量避免风险，预防欺诈，承租方应在合同订立前交给出租方一定的保证金或押金，应根据实际情况在租赁物价值范围内决定保证金或押金的数额。同时对于保证金或押金退还的条件，应进行明确约定。

5. 租赁合同之转租条款

在合同中明确约定承租方是否可以转租。

（1）作为承租方，经过出租方的同意，可以将租赁物转租给第三人，出租方和承租方原有的租赁关系不因转租而影响。

（2）承租方未经出租方同意，擅自将租赁物转租给第三人的，出租方可以解除租赁合同，因转租造成租赁物损坏的，承租方还应承担赔偿责任。

6. 租赁合同之妥善保管责任条款

应在合同中明确约定，承租方在租赁期间，应妥善保管租赁物，如果未尽妥善保管义务，造成租赁物及配套设施损毁、消失的，应承担赔偿责任。例如，应爱护并合理使用租赁物，造成损坏的还应承担修复或赔偿责任。

7. 租赁合同之维修责任条款

在合同中，应对维修责任进行明确约定，出租方应确保租赁物符合约定用途，但也可以约定由承租方承担维修义务。

8. 其他事项

在合同中，建议根据实际情况对双方权利义务、违约责任、诉讼管辖地等进行清楚约定，以降低合同履行风险和保证合同顺利履行，并尽可能保障双方的合法、合理利益。

1.2.3 案例应用

亮亮最近完成了高中学业。暑假他在做全职工作，晚上和周末在当地一个驾校学车。为了学车和上班方便，现在亮亮想要租住一个公寓。请问亮亮在租房的时候，应该考虑哪些因素？并解释原因。

1.3 案例阅读

2020 年 4 月，某公司（甲方）与熊某（乙方）签订了一份“房屋租赁合同”，合同约定：甲方将位于某地新溪桥东一路综合楼 1 号店面（建筑面积约为 45 平方米）租赁给熊某使用，租赁期限为一年，自 2020 年 5 月 1 日起至 2021 年 4 月 30 日止；房屋租金为 2600 元/月。合同同时约定，如果承租方擅自转租、转借、转让或调换的，甲方有权收回房屋。合同签订后，甲方将店面交给了熊某。合同履行期间，甲方也收到了全部租金。合同到期后，某公司欲收回该店面另行招拍，却发现店面的实际经营者为张某某，张某某系某商店的个体经营业主，占用该店面经营眼镜钟表。某公司之后多次要求张某某将店面腾空交付给某公司，同时也发函通知了张某某。可张某某拒不同意搬出。综上，某公司为维护自己的合法权益，特提起诉讼：①判令张某某将其占用的位于某地新溪桥东一路综合楼 1 号店面交还给某公司；②判令张某某向某公司支付非法占用店面期间的占用费 15 600 元（按月租金 2600 元计算，自 2021 年 5 月 1 日起至 2021 年 10 月 31 日，其余算至归还店面之日止）；③判令本案诉讼费用由张某某承担。请求法院支持某公司的诉请。

张某某辩称：①某公司称是 2021 年 4 月 30 日合同到期后才知我是店面实际承租人，与事实严重不符。首先，我自 2003 年 12 月起就与熊某签订了房屋租赁合同，承租了某地新溪桥东一路综合楼 1 号店面，至今已近 19 年。该店面所在大楼位于某公司办公大楼对面，某公司每天都有相关人员经过店面。并且我也曾就店面装修相关事宜向该公司主要领导进行过请示。另外，2020 年 8 月，我在进行店面内部重新装修时，某公司也有办公人员到达现场。上述事实完全可以证明该公司是完全清楚我是店面实际承租人的。所以，原告称 2021 年 4 月才知道我是店面实际承租人，明显与事实不符。根据《最高人民法院关于审理城镇房屋租赁合同纠纷案件具体应用法律若干问题的解释》第十六条：出租人知道或者应当知道承租人转租，但在六个月内未提出异议，其以承租人未经同意为由请求解除合同或者认定转租合同无效的，人民法院不予支持。②作为实际承租人，我应享有同等条件下的优先承租权。2020 年 12 月，我到某公司询问店面合同一事，该公司领导曾来我店具体询问过我和熊某关于店面合同租期、租金问题，并问我如果一样的租金我是否愿意直接与公司签订合同，我当场表示愿意，该公司领导明确让我

2021 年 4 月在某公司和熊某的合同到期后再去找他签订合同。于是，2021 年 4 月，在该公司与熊某合同到期后，我立即找到某公司提出承租店面，此时，该公司却不再同意与我签订租赁合同了。从 2021 年 4 月起，我多次到该公司表达我要续租的意愿，并多次主动要求缴纳店租，但该公司都不知道什么原因不接收。从承租人对租赁物享有占有、使用、收益的权利和现实情况进行考虑，既然是继续出租，承租人又愿意以同等条件承租，对出租人利益完全得到保证的情况下，保护承租人优先承租权是合理的。后来 8 月份、9 月份我去某公司找他们谈续租的事情时候，他们也曾明确表示同等条件下，我作为实际承租人有优先租赁权。③某公司私下与他人签订租赁合同。某公司在我不知道的情况下，进行招投标。前期没有通知我有关招投标的相关事项，只在投标当天上午通知我，我来到公司询问投标详情，他们却把我赶出来，造成我无法参加投标。

经审理查明：2006 年 4 月 30 日，丙公司将包括位于某地新溪桥东一路综合楼 1 号店面（建筑面积约为 45 平方米）在内的若干资产移交给某公司经营管理。2020 年 4 月，某公司（甲方、出租方）与熊某（乙方、承租方）经协商签订了一份“房屋租赁合同”约定：甲方将位于某地新溪桥东一路综合楼 1 号门面（使用面积约为 45 平方米）租赁给乙方使用，承租日期自 2020 年 5 月 1 日起至 2021 年 4 月 30 日止；房屋租金为 2600 元/月；乙方将房屋擅自转租、转借、转让或调换的，甲方有权收回房屋或每月按约定租金额的二倍收取房租；本合同期满后，乙方有优先承租权。熊某将店面承租来后，又将该店面转租给了张某某。实际上张某某及家人自 2003 年 11 月 28 日起就在熊某这里一直承租了该店面，其中 2020 年 12 月熊某（甲方）与张某某（乙方）签订的“店面租赁合同”约定：甲方将某地新溪桥东一路 145 号店面出租给乙方经营使用，租期为一年，从 2020 年 12 月 28 日起至 2021 年 12 月 27 日止；乙方每月向甲方缴纳租金为人民币 4200 元；合同期满后，乙方有优先续租权。熊某与张某某及家人在 2003 年、2006 年、2008 年、2010 年、2013 年、2014 年签订的协议书及合同中出租店面均为某地新溪桥东一路综合楼 1 号店面，该新溪桥东一路 145 号店面即为某地新溪桥东一路综合楼 1 号门面（建筑面积约为 45 平方米）。某公司与熊某签订的“房屋租赁合同”于 2021 年 4 月 30 日到期后，双方未再续签合同。熊某与张某某签订的“店面租赁合同”于 2021 年 12 月 27 日到期后，双方也未续签合同。某公司曾于 2021 年 11 月向张某某邮寄了一份通知函载明，公司欲收回该店面重新招标竞拍，请张某某在接到通知后五日内将该店面腾空交付给公司，并缴纳占用期间的使用费及水电费，张某某于 2021 年 11 月 5 日收到该通知函，但张某某至今仍占用该店面。张某某交该店面租金至 2021 年 4 月。

判决：

一、张某某自本判决生效之日起三十日内将位于某地新溪桥东一路综合楼 1 号店面（建筑面积约为 45 平方米）腾退给某公司。

二、张某某自本判决生效之日起七日内支付某公司房屋占有使用费共计人民币 15 600 元及自 2021 年 11 月 1 日至张某某腾退房屋日止按 2600 元/月计算的房屋占有使用费。宣判后，双方当事人均未上诉，判决已发生法律效力。

判决理由

《中华人民共和国民法典》（以下简称《民法典》）第七百三十三条规定：“租赁期限

届满，承租人应当返还租赁物。”本案中某公司与熊某签订的“房屋租赁合同”于2021年4月30日到期后，双方未再续签合同；熊某与张某某签订的“店面租赁合同”于2021年12月27日到期后，双方也未续签合同；且某公司向张某某邮寄了通知函明确表示要收回该店面，解除租赁关系，故张某某应当返还租赁物。关于张某某提出的优先承租权，《民法典》第七百三十四条规定：“租赁期限届满，承租人继续使用租赁物，出租人没有提出异议的，原租赁合同继续有效，但是租赁期限为不定期。租赁期限届满，房屋承租人享有以同等条件优先承租的权利。”本案中在合约到期后，张某某仍在使用该店面，某公司也未提出异议，表明原租赁合同有效，但租赁期限为不定期。所以在合约到期后的2021年11月某公司明确通知张某某要收回该店面时，某公司有权收回该店面。另外，优先承租权中所提到的同等条件是多种因素的综合，不仅仅是租金价格，还包括支付方式、支付时间等，其中只要有一条不符就不能算是同等条件，张某某亦未证明某公司与第三人订立租赁合同而未让其以同等条件订立。因此其抗辩理由不能成立。

案例思考：

读了这份材料，你有什么感想？请写下来。

课后测试

一、选择题

1. 常见的与租房相关的灵活支出有______。

A. 租房押金　　B. 公寓保险

C. 电费　　D. 房租

2. 押金指的是______涵盖公寓里可能造成的损坏的钱。

A. 保洁　　B. 保证

C. 电话　　D. 公用事业费

3. 一般来说迁入成本包括______。

A. 首付　　B. 房屋保险

C. 房地产税　　D. 保证金

4. 一个长期目标是______。

A. 租一套公寓　　B. 买一套公寓

C. 搬到更大的公寓　　D. 购买更多的家具

5. 承租人与出租人之间的合同是______。

A. 租房押金　　B. 抵押贷款

C. 租约　　D. 契据

二、判断题

1. 电费通常被认为是一项固定的生活开支。
2. 租房押金含搬入公寓时第一个月的房租。
3. 与室友合租可能会减少租住公寓的经济负担。
4. 存钱付首付买房子通常被认为是一个短期目标。
5. 租约旨在保护承租人和出租人的权利。

三、简答题

根据下面的格式化租赁合同回答下列问题。

1. 除紧急情况外，出租人在进入你的公寓前必须提前多长时间通知你？

2. 如果你想对公寓做改动，你该怎么办？

3. 在什么情况下出租人可以不退回你的租房押金？

4. 在你搬出公寓之后，出租人必须在多长时间内退回你的租房押金（假设你离开时公寓干净，状态良好）？

5. 如果你没有经过出租人的事先同意转租公寓，出租人有什么办法（如果有的话）？

6. 你和一位朋友合租公寓，你们俩都签订了租赁合同。然后你决定搬出去但没有通知出租人。后来你原来的室友拖欠了房租。出租人能追究你的法律责任吗？

7. 在这份租赁合同中有什么你能改变的吗？

8. 在这份租赁合同中有什么你想要补充的吗？

9. 读完这份合同之后，你会签这份合同吗？为什么？

租赁合同（按月计算）

本合同于2018年1月23日由范伟“业主”（出租人）和李莎“居住者”（承租人）之间签订。

考虑到其共同承诺，双方达成如下协议。

1. 业主出租给居住者、居住者从业主处租用位于四川省成都市双流区川大路的一处房产，仅用于居住之目的。

2. 从2018年2月的第一天开始，房租将在每个月的第一天之前到期，每月1100元。如果在到期日之后的五天或更多天内任何房租到期未付，或者居住者违反了本合同包含的任何其他条款，则业主可以根据自己的选择依法终止租赁。

3. 业主有权为了以下目的进入或检查公寓。

（1）在紧急情况下。

（2）为进行必要的维修或改善，提供必要的服务，或向潜在的或实际的买主、租户或承包商展示居住单元。

（3）承租者弃约离开住所。除紧急情况或者不切实际的情况外，如业主打算进入房屋，应当提前通知居住者。比较合理的是需要提前24小时通知。

4. 未经业主的书面许可，不得将宠物、烧烤架或危险物品放置在房屋里或房屋周围。

5. 未经业主事先书面同意，居住者不得对房屋做任何更改或装饰。为改善房屋而添加的任何东西在租期结束时都将成为业主的财产。

6. 居住者对房屋的任何部分、公共区域、家具、固定设施、电器造成的毁坏，或对他人造成的人身伤害，均应予以赔偿。

7. 如果有的话，居住者应支付由居住引起的所有公共事业费（水电煤气费等）、服务费和行政收费，每月水费和垃圾费用除外。

8. 居住者应当交给业主2000元作为租房押金。业主可以从租房押金中索赔及扣除如下居住者违约造成的损失。

（1）支付房租。

（2）在租赁终止后，修理房屋的损坏部分。在居住者离开房屋后的两周内，业主应向居住者提供一份书面陈述，说明从租房押金中扣除的各项金额及扣除的缘由，并将剩余部分退还给居住者。

9. 未经业主书面同意，居住者不得转让或转租本房产或其任何部分，也不得以其他方式允许他人占用公寓。本条款是本合同的特别注意事项，违反本条款将导致本合同终止。

10. 下列签名的居住者，不论是否实际占有房屋，对本租赁合同中的所有义务承担连带责任。签名的居住者承认已阅读并理解上述内容。

出租人签字：　　　　　　　　　　　　承租人签字：

四、应用题

编写一本租房指南。

1. 采访你的家人和朋友：

（1）租一套公寓要花多少钱？

（2）如何在室友之间划分费用？

（3）与室友合租的好处和不好之处。

（4）如何阅读和解释租约？

（5）布置公寓要花多少钱？

（6）建立并坚守预算。

2. 整理你的发现并编写一本指南。

第2章

预算的学问

课程目标

□确定个人财务目标，并排出优先顺序
□确定实现目标需采取的步骤及所需资源
□确定并检查你目前的消费习惯和消费模式
□了解编制预算的意义，并明确需执行预算的原因
□编制并执行一个可以帮助你实现个人财务目标的预算

个人预算是关于如何分配未来收入，用于开销、储蓄和债务偿还的一项财务计划。“钱都去了哪儿？”是许多个人与家庭在预算和理财过程中面临的常见困境。良好的理财效果需要依靠循序渐进的节流与开源。财务目标应当切实可行、明确而具体、包含清晰的时间表，并隐含需要采取的行动。本书将鼓励学生花时间和精力制定他们自己的财务目标和预算。学生们将在本章学习中监控他们的消费习惯（以书面形式）并最大限度地发挥他们现有资金的价值。

我们还将证明，通过仔细权衡需求与欲望，一个人或一个家庭将可以在保持适当生活开销的前提下开展储蓄和投资活动，实现长期的财务安全。

课前小测

1. 你的目标是什么

列出你在教育、社会、财务、家庭、健康/身体、休闲娱乐方面的目标，如表 2.1 所示。在某些方面，你的目标可能多于 6 个；而在另一些方面，你的目标可能少于 6 个。

表 2.1　你的目标

教育	社会	财务	家庭	健康/身体	休闲娱乐

2. 哪些是最重要的目标

从每一个方面选取 2 个对你来讲重要的目标。明确每一个目标的期限，是短期（1～4 个月）目标、中期（5～12 个月）目标，还是长期（1 年以上）目标。

3. 给目标排序

挑选 6 个对你来讲最重要的目标，并按重要程度排序，如表 2.2 所示。在每一个目标后面注明你为实现这一目标目前可以采取哪些行动，以及实现这一目标所需的资源（如果需要的话）。

表 2.2　目标排序

实现目标的条件	重要程度　　大　→　小		
	目标 1	……	目标 6
我目前可以做些什么			
实现这一目标需要哪些资源			

2.1 目标

目标是对活动预期结果的主观设想，是在头脑中形成的一种主观意识形态，也是活动的预期目的，可以为活动指明方向。目标的订立为个体提供了行动方向，有助于人们把资源、时间和精力投入前后一致的活动中。同时，目标也是一种激励个体成员的力量源泉。个体成员在明确行动目标后，能挖掘潜能，尽力而为，创造最佳成绩。

不光是现在（在大学校园中），每个人的一生都是由一个个目标组成的。生而百载，同样的时间里不同的人绽放出的光彩是完全不同的。有了清晰的和适合自己的目标，才会让我们每一个充满活力的青年更坚定和快速地创造属于自己的精彩人生。

2.1.1 目标的类别划分

1. 按内容划分

从个人的人生规划和发展来看，人生的目标可以体现在教育、社会、财务、家庭、健康/身体、休闲娱乐六个方面。

1）教育目标

教育目标是一个人希望通过学校的系统化学习获得知识和技能及对应的学历和学位，或者通过培训机构、自我学习获得知识和技能。知识包含基础知识、专业知识和文化知识。

小学至高中的学习，可帮助人们获得生活中常用的必备知识，如汉语的汉字、词组、成语，以及汉语的说明文、记叙文和议论文。

大学学到的知识是专业知识。专业知识，即为了有效完成某种工作岗位的任务所建立的系统性知识。比如，四川大学商学院的市场营销专业致力于培养具有深厚的人文底蕴、宽广的国际视野、强烈的创新意识和竞争意识，适应社会主义市场经济发展需要，具备管理、经济、法律等方面的基础理论知识，具备扎实的现代市场营销专业知识与专业技能，能够在各类企业、事业单位和政府部门从事营销战略规划、市场研究、品牌管理、销售管理、整合营销传播、网络营销、电子商务、城市营销等工作的应用型、复合型管理人才。专业培养课程包括市场营销、营销战略、营销策划、品牌管理、市场调查、销售管理、消费者行为分析、营销工程与应用、营销研究方法与运用、整合营销传播、客户关系管理、计量经济学、商业数据挖掘、管理学原理、管理运筹学、管理沟通、商务谈判与推销、电子商务、城市营销等。课程内容既涵盖了基础的工商类管理学知识，又包括专业性强的市场营销理论；既有系统的商学理论体系，也有前沿的市场营销应用技术。学生通过学习经济管理基础理论、市场营销理论、数据分析与数据挖掘等方法，将具备市场调查与分析、营销策划和营销策略制定、渠道管理和销售管理等能力。

文化知识，即基础知识和专业知识之外的知识，包括逻辑学、美学、哲学、中国和世界名著、政治学等，是学校教育规定的课程之外可提升自己综合能力的知识，需要通过一以贯之地阅读和实地考察获得。文化知识有助于提高自己的涵养，以及认识自己和外部世界的能力。

2）社会目标

社会目标是在社会交往、社会活动中所确立的目标，在马斯洛需求层次体现为归属的需要（爱、友谊、他人的接受）、自尊的需要（声望、地位、成就）。大学期间的社会目标主要表现为自己与同学的关系质量、高质量同学关系的多少、参加学校社团活动并担任负责人角色、参加志愿者活动、和教授建立良好的关系并进行有效的沟通、在学习和生活上帮助他人、获得奖学金、组团参加学术或创业项目比赛并获得荣誉等。

3）财务目标

财务目标是在计划期内合理运用自己掌控的资金，在保证日常生活开支后，可以购买的有意义的商品和参与的有意义的休闲娱乐活动，原则上保持收入和支出的平衡。

4）家庭目标

家庭目标指的是和原生家庭成员保持良好的沟通，同时，选择情投意合的异性建立恋爱关系。人的成长必须支付成本，就像我们到超市买一瓶矿泉水要花钱一样。来自家庭的成本就是批评和自我批评；来自社会的批评就是惩罚。接受不了家庭的成本，那就去痛快地忍受社会的惩罚。不想忍受社会的惩罚，就来虚心地接受家庭的批评。这也就是说，年轻人要虚心接受父母长辈的批评，只有这样，才能顺利茁壮成长。另外，在上大学期间，要克服自卑感，大胆地追求你喜欢的异性同学，相互珍惜、相互尊重，在相互关心和支持中把学习成绩搞好。我们坚决反对在恋爱中游戏人生，玩弄他人感情。

5）健康/身体目标

健康/身体目标，即每天养成锻炼身体的习惯，如每天花一个小时跑步、打篮球、游泳、健身等，使自己保持健康的体魄。在大学里，各类体育设施和场所比较齐备，同学可以在这些项目中选择一两项自己喜欢的项目，天天坚持运动。体育运动的好处是不言而喻的，除了保持健康的体魄外，还可以让自己精力充沛，投入艰巨的学习任务当中。

6）休闲娱乐目标

休闲是指一个人在做选择的时候，自己可以自由支配的时间，或者自己拥有的随意的时间。它是没有义务的时间，即摆脱对生理或社会需求的预先承诺。大学校园及周边环境提供了锻炼身体和调整情绪的空间。研究发现，在绿化程度高的环境里散步，可以放松身体，建立积极的情绪，快速恢复注意认知能力。上述提到的是随意性休闲（casual leisure）。其实，在生活中还存在严肃性休闲（serious leisure），它是指在非工作状态下休闲活动参与者有系统地从事业余、嗜好或志工的活动，他们投入如事业一般的专注，并借此机会获得及展现特殊的技巧、知识及经验。娱乐通常表现为享受、消遣、快乐，简而言之就是“玩”（fun）。娱乐是人类生活的核心构成要素，它以个人兴趣和周围的社会结构为基础自然而形成不同的形式。娱乐活动可以表现为群体或个体、主动或被动、户外或室内、安全或危险、对社会有利或不利。娱乐活动的清单是无止境的，它几乎囊括了人类的所有活动，如读书、看电影或电视、业余爱好、体育、旅游。公共空间，如公园和海边，是很多人开展娱乐活动的场所。

2. 按时间的长短跨度区分

根据大学生的学习规律，可以从时间跨度对目标进行分类。

（1）短期目标。短期目标是指 1～4 个月时间可达到的目标，短期目标要求全面而又具体。

（2）中期目标。中期目标是指一个学期或一学年可达到的目标。

（3）长期目标。长期目标是指一年以上要达到的目标。

2.1.2 目标设定的原则

从我们大学生自身出发，目标的设定应遵循以下原则。

（1）可行原则，即就个人的能力和特点而言，实现这个目标是现实的、可能的。

（2）可信原则，即真的相信自己能完成这个目标，对自己的能力非常有信心，相信自己能够在设立的时间之内完成。

（3）可控原则，即对一些可能会最终影响到你实现目标的因素的控制能力。

（4）可界定原则，即目标必须是普通人都能理解的口头语言或书面语言。

（5）可量化原则，即目标尽量以一种能够用数字加以衡量的方式来表达，而不要用宽泛的、一般的、模糊的或抽象的形式。

（6）明晰原则，即只陈述某一特定的目标，并且在一段时间之内只集中于这一个目标。同时，这个指导原则也要求个人非常慎重地遣词造句。

（7）适己原则，即制定的目标应该是自己真正想去做的事情，而不是别人强加的。

（8）促长原则，即目标应该是对自己和他人均无伤害性的或破坏性的。

知识拓展——小故事阅读

哈佛大学有一个十分著名的关于目标对人生影响的跟踪调查。对象是一群智力、学历、环境等条件都差不多的年轻人。调查结果发现：27%的人，没有目标；60%的人，目标模糊；10%的人，有清晰但比较短期的目标；3%的人，有清晰且长期的目标。

25 年的跟踪研究发现，他们的生活状况及分布现象十分有意思。那些占 3%的有清晰且长期的目标者，25 年来几乎都不曾更改过自己的人生目标。25 年来他们都朝着同一个方向不懈地发奋努力，25 年后，他们几乎都成了社会各界的顶尖成功人士，他们中不乏白手创业者、行业精英、社会精英。

那些占比 10%的有清晰但比较短期的目标者，大都生活在社会的中上层。他们的共同特点是，自己的短期目标不断被达成，生活状态稳步上升，成为各行各业的不可或缺的专业人士，如医生、律师、工程师、高级主管等。

占比 60%的目标模糊者，几乎都生活在社会的中下层，他们能安稳地生活与工作，但都没有什么突出的成绩。

剩下 27%的是那些 25 年来都没有目标的人群，他们几乎都生活在社会的最底层。他们生活都过得很不如意，常常失业，靠社会救济，并且常常都在抱怨他人，抱怨社会，抱怨世界。

调查者因此得出结论：目标对人生有巨大的导向性作用。

案例思考：

你对这份调查结果的看法。

2.1.3　个人财务目标

1. 财务独立

财务独立指一个人有足够的个人财富，在不需要工作的情况下，单纯依靠自己所拥有的资产所产生的收入（如银行存款利息、股票股息、债券利息、放债利息、出租房子的租金等）就足以在余生维持自己生活的金钱所需。一个人如果能收取稳定的退休金，并且该金额足够维持自己余生生活所需，也属于财务独立。

2. 财务自由

财务自由是指人无须为生活开销而努力赚钱工作的状态。简单地说，一个人的资产产生的被动收入至少要等于或超过他的日常开支，如果进入这种状态，就可以称为财务自由。

财务自由仅仅适用于少量人口，如果绝大多数人都试图达成财务自由，那么该系统将不可避免地崩溃。该理论认为财务自由所依赖的被动收入，来源于其他人的主动收入。

课中测试

1. 回答以下问题，并在课上讨论。

（1）列出你目前的收入来源。

（2）未来短期内你的收入来自哪里？

（3）你对财务独立和财务依赖有什么看法？

2. 根据你 1 个月的消费情况，回答以下问题。

（1）从你自己的消费习惯中，你能看到什么消费模式？

（2）你是如何决定购买对象的？

（3）你认为哪些因素影响你的购买决定？

2.2 预算

2.2.1 认识预算

如果将“预算”输入各类百科中，得到的结果几乎清一色地指向了“企业预算”，这是因为预算本身就是一个很大的范畴。

预算是要预计未来的活动吗？预算是预计未来的金钱流动情况吗？预算是规划未来的财务结构吗？可能有些人觉得这三个议题乍一看并没有什么区别，可它们实际上却指向了三条分支，不妨举例来看。

王国庆和李小红是一对勤勤恳恳工作的夫妻，生活在二线城市的他们不仅工作认真，还有金融头脑，所以在赚取丰厚的工资之余，还在股市里赚了不少钱，在二线城市中过着衣食无忧的小康生活。

但是随之而来的购房选择让他们有了以下预算问题。

（1）要不要把存款拿来买房（未来在经济上有什么活动）？

（2）用多少存款来买房（这项经济活动涉及多少金钱流动）？

（3）要不要卖了股票加上存款买大一点的房（这项经济活动有没有必要改变现有的财务结构）？

这三个问题其实就是企业预算中的三大预算分类：经营预算、财务预算和资本预算。当然了，个人预算远没有企业预算复杂，但是总体原理是一样的。所以，对于个人财务预算的定义，我们可以这么理解：将未来的可支配收入分配至各项合理消费活动的财务规划。

1. 做预算的原因

（1）满足我们更高的需求。

（2）应对突发财政状况的发生。

（3）保证收入支出合情合理不至于陷入财务困境。

可能有人问，如果我特别有钱，是不是就不用做财务预算？这个想法是错误的，不同经济背景的人有不同的消费水平，所以，不同经济背景的人所需要做的财务规划是不同的。

上小学的时候，我们考虑的是少吃多少个可乐糖可以买一个可爱多，而现在我们可能考虑的是少吃几次大餐能换个新 iPhone 或对其他事情的规划，不断变化的恩格尔系数就是很好的说明。

恩格尔系数是食品支出总额占个人消费支出总额的比重。19 世纪德国统计学家恩格尔根据统计资料，对消费结构的变化得出一个规律：一个家庭收入越少，家庭收入中（或总支出中）用来购买食物的支出所占的比例就越大，随着家庭收入的增加，家庭收入中（或总支出中）用来购买食物的支出比例会下降。推而广之，一个国家越穷，每个国民的平均收入中（或平均支出中）用于购买食物的支出所占比例就越大，随着国家的富裕，该比例呈下降趋势。

所以，为了不让自己陷入财务窘境，提早做好财务规划是很有必要的。这个规划可细可宽，（工资–固定开支）/30，得到的每天可用金额就是一种最宽泛的财务规划方式，只是由于太过宽泛，所存在的变量也就相对来说较多。

在消费之前做一个涉及细节的财务计划，能尽可能地规避这种变量（不确定因素）的影响，接下来，我们就来谈谈如何进行财务规划。

2. 怎么做预算

首先，最核心的两个要点就是明确预算类别和预算金额。

不同的记账习惯，反映到记账中就是不同的支出类别和分类层次，不想麻烦的人往往只有一个记账层级：餐饮、交通、购物、日常生活等。

追求细节的，或者说有强迫症的人通常会再进行细分：①餐饮，如用餐、饮料、餐厅、零食；②交通，如公共交通、出租车、油费、定期保养；③购物，如服饰、数码产品、软件、图书；④日常生活，如水电费、房租、网费、手机账单等。

那么问题就来了，在预算类别的范畴下，每个人的不同习惯将会影响预算的计划，这可怎么办？其实确定预算类别的起点不是你记账中的一个个项目，而是项目的优先级。

用 GTD[①]的人应该不会对这个词陌生，因为在使用 GTD 的过程中，解决“一天中有多个任务，不知如何下手”的最好办法就是事先确定任务的优先级，在发生的当天只要按照优先级去做就好。类似的理念同样也可以用在预算制定上，可将预算项目按照时间与必要性划分为四小项：长期且必要、短期但必要、长期但非必要、短期且非必要（图 2.1）。

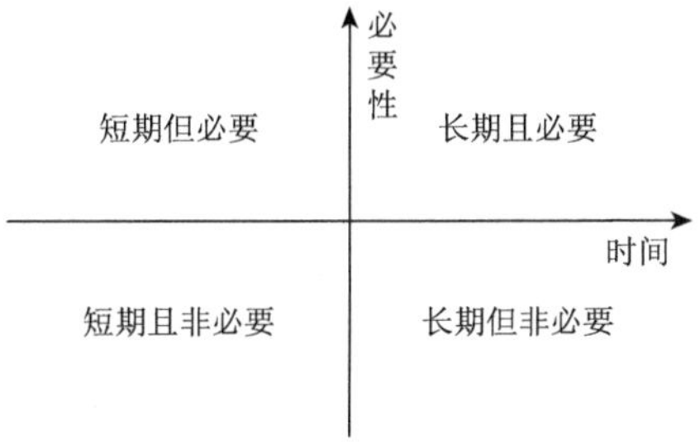

图 2.1　预算项目的划分

这样分类的好处是，每个人可以先通过这四个分类制定整体方向，再根据自己的习惯列出小分类，从而消除记账类别的差异性。那么接下来的问题就是，如何将这四个优先级项目细分下去。

1）长期且必要

这个项目通常包括的是我们生活中的必需品，长期需要的并且必须满足的支出，如最基本的衣食住行。

（1）衣：定期必要的服装购置。

（2）食：日常必需的食物，以及在规划之内的外出就餐。

（3）住：房租、水电费、网费和电话费等。

（4）行：日常出行需求等。

① GTD 即 getting things done，中文含义为把需要做的事情处理好。

虽然恩格尔系数只囊括了“食”这一单项，但长期且有必要的整体思路与恩格尔系数一致，反映了我们最基本的生活需求，所以“长期且有必要”也是四项中最重要的一部分。

2）备用金（短期但必要、长期但非必要）

如果不想因为是“月光族”而关键时刻要借钱才能活下去的话，我们都会或多或少存一些备用金以备不时之需，短期但必要的备用金优先级要高于长期但非必要，道理很简单，因为它是必要支出。为了满足短期的需求，这类支出在备用之时要放在随时可用的账户中。

短期但必要的备用金最常见的用途就是意外支出，我们难免会碰到一些突发状况不得不用钱，而且和短期且非必要相比，这笔钱是不得不支出的，如钱包丢了后的损失和各种卡的补办费用、朋友间的份子钱等，这些都是我们不得不提前备好逢用必能取出来的备用金，所以被归纳为短期但必要。

除了上述备用金，还有一类是无须准备为随时提取的状态，可称为长期但非必要的备用金，那么什么项目属于长期但非必要呢，主要是长期投资、保险等，这类属于投资的项目通常不只是一两次能完成的，并且在能力不足的情况下无须优先考虑该项。

这里的长期投资不仅仅是金钱上的投资，还可以理解为你对自己的投资。

（1）爱好：旅游、烹饪、舞蹈等。

（2）个人提升：英语课、编程课、第二学位等。

3）短期且非必要

短期是指不受控制的突发事件，比如说：你原本计划一段时间后（如半年）准备购入一台 3D 电视机，但在其上市之时在网上的一个购物平台上的另一款大屏幕电视大幅降价，质量和评价都属于上乘。经过思考，你认为 3D 电视放置家中的性价比并不高，所以快速入手了这款降价的大屏幕电视。

在这个例子中，这块大屏幕电视并不是在计划范围内的，所以不是必要的，并且因为自身和外部原因产生了短期购入行为，所以属于短期且非必要的支出。

2.2.2 预算设置

1. 分配比例

在理清楚如何分配预算金额之后，接下来要考虑的就是如何分配预算金额。曾经有学者提出过个人的“理财金三角”，即日常生活：投资理财：风险管理＝6：3：1

这个“理财金三角”确实有一定局限性，因为这个过于固定的6：3：1并不能适用于所有人，并且也不能填入上文中的四项分类。因此我们可以自己在此基础上进行一定的修改，如按照优先级进行分配。

长期且必要（40%～60%）：在这项最基础的支出上，不同经济水平的人会体现出较大的差异性——这也是为什么会用恩格尔系数来反映人们的消费层次。

备用金（20%～30%）：作为第二个优先级的项目，备用金应该其次考虑，20%～30%的备用金占比可以满足大部分人的需求。而在这之中短期但必要和长期但非必要的比例则因人而异，通常情况下，如果经济条件较好，则可以适当提高后者，也就是投资项目的比例；若条件欠佳（如经济来源较少的学生），则应该将重点放在前者，也就是应急事件。

短期且非必要（20%～30%）：它突发和不重要的性质表示了如果经济状况较好，可以多分配一定比例。

在这里需要提醒的是，有些人的工资并不固定，或者经常有偶然所得，在这种情况下，在分配长期且必要的支出时最好仅以固定收入为基数；当有偶然所得时，去调整备用金和短期且非必要的支出。也就是说，在计划好长期且必要的支出的前提下，灵活应对突发情况并调整支出。

在分配到单项类别的时候，曾经有记账习惯的人可以将历史数据调出，算出平均值，然后审查每个单项的平均值，以此判断消费是否合理。在平均值的基础上进行调整，以此作为各单项的初始预算。没有记账习惯的人则较难开始。推荐的方法是：将你所有能想到的可能支出列入 Excel 或 Numbers，越详细越好，或者使用“强制”记录收入支出类型的软件，或者使用微信或支付宝，记录每月消费账单。在初次分配时需要花一定时间来规划，将所有的可支配收入按照你的预期规划至每一个细节，然后按照该规划连续记账 3 个周期以上，进行不断的调整，最终确定出最佳单项类别预算。

在计划预算的过程中还有两个需要考虑的方面，第一个是以什么时间周期规划最合适，第二个是接下来我们该怎么调整。

2. 预算的时间周期

预算的时间周期可分为三个层级：周、月和季度。月永远是最佳的、也是最基础的时间周期；但是对于有些琐碎的、几乎每天都会发生的事情，用月份来规划则太过宽泛，所以用周划分更合适；而对于那些偶尔才会发生的，但你又知道一定会发生、只是不确定时间的支出，就需要用季度，放大范围。

（1）以周管琐事：用餐（原材料购置）、水果零食、咖啡饮料、公共交通等。

（2）以月为基础：房租、各项杂费、私人交通、日用品等。

（3）以季度灵活掌握：外出聚餐、服装、护肤品、家装及电器、医疗保健等。

3. 预算的后续调整

最初的预算金额只是起点，在接下来的使用过程中是要对其进行不断调整，但这并不意味着预算一定需要调整，通常情况下建议在以下两种情况下对预算进行调整。

1）定期收入变动

我们在生活中难免会遇到升职加薪、离职减薪、生活费增加等情况。在这种情况下首先你应该对总预算进行调整，再分布至单项详细预算。在改变预算的过程中，需要注意的是具体类别的改变比例。举个例子，工资增加了 50%后如果将用餐（原材料购置）也提升 50%显然是不合适的。所以，在总预算大幅提升的情况下花费一定时间对单项预算进行的调整可以看作二次预算制定。

2）连续三个月大幅偏离

如果某个单项连续三个月都与预算有着较大的差距且差距是同一个方向（都增加/都减少）时，你就有很大的必要进行重新调整。以用餐（原材料购置）为例：如果该项的花销连续三个月都上涨了 20%，那么应该按照以下顺序审查。

第一步：确定是购买数量的上涨还是购买单价的上涨导致总量增加。这里引入的其实就是管理会计中的弹性预算概念——通过固定一个变量来审查另一个变量，从而确定实际发生额与预算之间产生差异的根源。

第二步：这种上涨在将来还会不会发生。如果是因为数量的上涨导致的，那么这个上升有没有控制的可能性，如这个数量的增加是否有必要；如果是因为单价引起的上升，同样地，考虑有无改变的可能性。

第三步：如何调整。如果确定了数量/单价不可变，那么有没有可能通过改变单价/数量来恢复到预期；如果两者都不行，那么该预算在当前条件下的不合理性就显而易见了，要做的就是调整该单项的预算金额至合理范围内。

4. 总结

在规划预算的时候，我们要先考虑预算类别，类别可以按照优先级划分成：①长期且必要；②备用金（包括短期但必要、长期但非必要）；③短期且非必要。

其次，在算出总可支配收入后，我们将预算金额按照 40%～60%、20%～30%和 20%～30%分别分配至这三项。分配完之后，我们将考虑具体单项的分配金额和周期，有记账习惯的人可以按照历史平均值来分配金额，没有记账习惯的只能重新规划。分配的时候需要考虑周、月和季度哪个时间周期最合适。在使用一段时间后要对规划进行调整，如在定期收入有变动或者预算持续偏离预期水平时进行调整，并且这个调整是持续不断进行的，只有这样才能保证达到最佳预算规划效果。

2.2.3 编制并执行个人预算

1. 利用以下表格编制个人预算

完成预算规划后，尝试在 1 个月内执行这一预算。月底时，记录你的实际收入和实际开销。计算预期收入和实际收入之间的差额；计算预期开销与实际开销之间的差额，如表 2.3 和表 2.4 所示。

表 2.3 收入计算

收入	预算/元	实际/元	差额/元
来源 1			
来源 2			
月收入总计			

表 2.4 开销计算

开销	预算/元	实际/元	差额/元
三餐花费			
零食、饮料花费			
日用品花费（洗漱用品等）			
购物花费			
学习花费（书本工具等购买）			

续表

开销	预算/元	实际/元	差额/元
寝室花费（水电网络）			
医药费			
休闲娱乐			
路费			
其他（请备注）			
月开销总计			

2. 修改预算

使用后面所附的其中一份预算表（表 2.5）帮助王明编制并实施预算。然后，用另一份表格修改王明的预算，以符合你的个人生活方式。

王明分别在一家火锅店和一家礼品店做兼职。前者的每月收入为 1800 元，后者的每月收入为 800 元。

表 2.5　王明的预算

开销	预算/元	实际/元	差额/元
三餐花费	900	850	
零食、饮料花费	150	95	
日用品花费（洗漱用品等）	100	60	
购物花费	250	400	
学习花费（书本工具等购买）	200	500	
寝室花费（水电网络）	100	100	
医药费	50	15	
休闲娱乐	200	210	
路费	260	300	
其他（请备注）	150	120	
月开销总计			

现在看来他的预算情况怎么样？

（1）王明的计划开销和实际开销之间的差距有多少？

（2）他在哪些方面超支了？

（3）他在哪些方面的花销比预期的少？

（4）他月末还有多少钱可自由安排？

3. 假设这是你的预算

（1）使用后面附的预算表编制你自己的预算（表 2.6）。以王明的收入为起点，并记住你自己的财务目标。

（2）你对预算有什么改变？

（3）你想每月存多少钱来实现你的个人目标和财务目标？

表 2.6　你的预算

开销	预算/元	实际/元	差额/元
三餐花费			
零食、饮料花费			
日用品花费（洗漱用品等）			
购物花费			
学习花费（书本工具等购买）			
寝室花费（水电网络）			
医药费			
休闲娱乐			
路费			
其他（请备注）			
月开销总计			

2.3　案例阅读

【案例一：大学生陷入过度超前消费泥潭】

“这个月又没钱了。”“双 11”当天，大二学生于衡一边喊着穷，一边坐在电脑前点击鼠标，准备趁着这个特别的消费时点再买点东西。

于衡的账单显示，他经常使用“分期付款”购物。这意味着，在未来 1 年多时间里，他都需要为自己现在的超前消费买单。

与此同时，各大购物网站正在极力促销，在这个特殊的日子里争取数以亿计的订单量和上百亿的消费额。阿里巴巴官方微博宣布，在 2015 年 11 月 11 日 12 分 28 秒，交易金额已经达到 100 亿元，截至 11 月 11 日 17 时 32 分，天猫再次宣布交易额超 719 亿元，超过 2014 年全国社会消费品单日零售额。随后，另一购物网站京东商城宣布下单量超过 2000 万单。

一路飙升的订单量和消费额背后，购物网站纷纷联手推出分期付款、打白条、在线融资等业务，可以超前消费的商品包括数码产品、运动装备、食品饮料、家具家电等。

商家之间激烈的市场争夺战，带给大学生的是越来越多的超前消费渠道，以及更低门槛的超前消费机会。

【案例二：面对分期诱惑，难以把控消费欲望】

一家数据调查机构 2015 年 10 月发布的《2015 大学生分期消费调查报告》显示，61%的在校大学生已经倾向于使用网络分期购物。这个热爱新鲜事物的群体快速成为商家竞相抢夺的“大蛋糕”。为了解决现阶段没有足够支付能力的问题，为大学生提供各类借贷、分期付款的平台，成为许多购物网站重点提供的“服务产品”。

于衡进入大学伊始，就被这样的“服务”砸中了。他接到了一张广告单，上面写着“大学生购物，电脑手机 12 期免息轻松拿”。

大学生可以分期购物，真有这么好的事？这是于衡最初的想法。

于衡带着半信半疑的态度登录了分期网站，注册用户，成为会员。一天后，分期网站的工作人员走进于衡的宿舍，为他办理了分期的相关手续。

“当时拿到了 1 万元的额度，第一笔买了块 1000 多元的手表。”于衡回忆起自己的分期经历说，“当时没有想太多，只是沉浸在‘今天购物，明天付款’的喜悦中”。

他很快就开始在分期付款的购物过程中把握不住自己的原则。

1000 多元的手表分 6 个月付清，平均每个月就 200 多元，于衡感觉每个月的还款压力并不算大。这笔还款开始两个月后，他又看中了一款刚刚上市的平板电脑，面对“买还是不买”的选择题，于衡有了新的权衡：以前手里没有这么多钱，看中的东西要想买就只能求助于父母，但现在有了购物分期付款，心里的感受完全不一样了。

就这样，于衡一次次通过分期付款购买自己喜欢的电子产品，尽管每次都说“再买剁手”，可还是不忍放下手中的鼠标。“当一个没有收入能力的人开始有了和他收入不匹配的消费欲望，那将是一场可怕的灾难。”王凯总结说。这个经济学专业大四学生已经找到了实习单位，但他还在为他欠下的近 3 万元分期付款账单担忧。“很多时候，大学生购物消费都是冲动消费，没有考虑这件东西好不好、需不需要。”王凯说，仅仅是因为大家都在买，也就跟风买了，电脑、手机、衣服、电子产品是主要的消费品。

王凯总结，对于大多数大学生来说，购物网站“全面”的借贷、分期服务是巨大的诱惑，很难抵御，有了第一次分期基本就会有第二次、第三次。

【案例三：受到资本市场的青睐，借贷触角伸入大学生寝室】

以“大学生分期购”为关键词进行百度搜索，搜索结果前 15 页中，可以找到至少 25 家专门针对大学生群体的分期付款购物网站。

记者随手点击并进入其中一家网站，网站自我简介的内容显示，这家网站是深受中国大学生喜爱的分期购物商城，服务全国大学生。网站显示“凭学生证即享手机电脑、平板相机等分期服务。品质保证，全网商品均可分期，首付随意选，超低月供轻松还。根据分期信用评级，优质用户最高可借 5000 元到支付宝”。

2014 年 12 月 2 日，这家网站宣布：已完成了一笔高达 1 亿美元的融资，估值已到 5 亿美元左右，这是其 8 个月内的第三笔融资。其竞争对手也在随后曝出获得巨额 B 轮融资的消息。

受到资本市场的青睐，购物网站有了充足的底气开展线下推广，借贷业务的触角悄然伸入了大学生的寝室。

小张是一名在校大学生，除了“网购者”的身份外，他还是一家分期网站的校园代理。在很多这样分期付款购物者的背后，小张正因为他们的消费而获利。

每个月为各大分期服务商发放广告宣传单，吸纳新用户，为新用户签约，发展新的校园代理是小张的日常工作。很多工作在校园里就可以完成，每个月能拿到一笔数目不小的工资，只要能寻找到新的签约用户，就能够获得相应的报酬。

目前，小张发展了近 10 个同学加入代理行列。随之而来的，是每个月上百个注册签约的新用户，这些新用户都是在校大学生。小张的收入，也从最初的 3 位数上升到如今的 4 位数。

小张介绍说，分期付款购物的条件很简单，只要你是高校在校学生，提供学生证和身份证，完成网站的认证就可以成为会员，还可以使用分期付款购物网站提供的额度自由购物。“我们只负责发展新用户，为新用户提供购买签约服务，不用评估签约人是否具有偿还能力。”小张说，对学生采集的信息包括身份证、学生证、学籍信息、学生家长信息，最后双方会签署一份服务合同。“很少有人会不还款。”小张说，现在是信用时代了，只要信用记录受到影响，以后很多事情都会有影响。

大一学生赵伟（化名）也为自己能获得信用分期的资格感到高兴。1 个月以前，一位学长来到赵伟的宿舍，向大家推荐了“大学生分期购”的办理手续。在该学长的指导下，赵伟和几个室友都办理了购物分期付款的申请手续。

赵伟和室友决定，在这个“双 11”体验一把“剁手”的感觉。

【案例四：谁来承担难以偿还的风险】

在小张看来，这样发展大学生用户的过程有着不少漏洞和缺陷，“授信额度方面的漏洞就是一个很大的问题”。

他说，很多办理分期业务的大学生都有顾虑，不愿意被父母知道，而规定又要求这样的授信必须核实清楚学生和家长的关系，所以有的网站会以咨询“出国留学”信息的名义，给学生家长打电话核实双方关系。

有的签约内容也存在严重问题。一些网站规定，如果没有按时还款，违约一方需要缴纳几十倍的服务费，如果学生无法偿还，就需要学生家长偿还。

一位分期付款购物网站的工作人员表示，现在分期付款购物网站都有自己的不良信用记录信息库，未来一定会接入整个信用体系，如果大学期间过度超前消费导致不良信用记录进入信用系统，将对今后的生活、工作造成重大影响。“这东西有点像高利贷。”小张说。

随着“双 11”的到来，各大分期付款服务商又推出了新的活动，一系列富有吸引力的宣传带来的新用户让小张和他的同行又开始忙碌起来。

小张也担心，这些引导超前消费的模式会让大学生不顾自己的还款能力，一时冲动造成大量花费，导致逾期或者断供，非常危险。虽然做代理，也认证获得了 1 万元的额度，但小张还是不愿意在分期网站上购物，他觉得，分期太多还不上等于是给自己找麻烦。

在“咬着牙”还完 11 月分期账单后，于衡在朋友圈上写下一段话：还完欠款，回归理性消费，这段经历也是一种成长。

案例思考：

通过阅读以上资料，同学们有什么感想呢？请把你的想法写下来。

课后测试

一、选择题

1. 编制预算的最后一步是______。

A. 设定个人目标和财务目标　　B. 比较预算和实际花销

C. 审查财务进度　　D. 监控目前的开销模式

2. 以下属于长期目标的是______。

A. 年假　　B. 退休储蓄

C. 购买二手车　　D. 在未来 6 个月内完成大学学业

3. 清晰明朗的财务目标应当是______。

A. 为接下来 4 年的大学学费存钱

B. 在 12 个月内还清信用卡账单

C. 投资国际共同基金，为退休做储蓄

D. 在 18 个月内攒下一笔 4000 元的应急资金

4. 以下属于固定开销的是______。

A. 服装　　B. 汽车保险

C. 电费　　D. 教育花销

5. ______通常被认为是灵活开销。

A. 房租　　B. 还房贷

C. 房屋保险　　D. 休闲娱乐

二、判断题

1. 预算编制过程从监测当前支出开始。
2. 大部分短期目标应基于未来 2～3 年的活动。
3. 新生儿的父母为孩子将来的大学学费做储蓄，是一种常见的长期目标。
4. 房租是固定开销。
5. 每月的灵活开销基本上是一样的。

第3章

信　　用

课程目标

□了解、比较信用的道德伦理内涵和经济学内涵
□掌握征信的相关概念
□掌握个人信用报告的正确查询途径和方法
□区分消费信用、商业信用、银行信用等信用形式
□了解我国社会信用体系的结构组成

我们常说，在当今社会，没有信用的人将寸步难行。这个信用既包括个人诚信的品质，也包括经济社会中的信用记录。本章将着重介绍经济学中的信用概念，包括知晓其内涵、功能、形式等；明确个人信用的价值，掌握维护个人信用的途径和方法，为建立良好的个人信用记录打好基础。读者还将学习到我国征信业以及社会信用体系的结构组成，了解国外征信体系的发展，对信用在整个经济社会中的功能有更深刻的认识。

课前小测

1. 信用是______。
   A. 买卖行为　　B. 赠予行为
   C. 救济行为　　D. 借贷行为
2. 信用以______为条件。
   A. 偿还和支付利息　　B. 债权债务关系
   C. 时间的间隔　　D. 信用工具
3. 征信的内容包括______。
   A. 收集和整理信用信息　　B. 提供信用报告
   C. 信用评估和信息咨询　　D. 以上都是
4. ______是征信市场的支柱。
   A. 政府　　B. 征信数据
   C. 征信机构　　D. 社会信用体系
5. 以下不属于查询个人信用报告途径的是______。

A. 本地的中国人民银行支行　　B. 本地的中国人民银行征信分中心

C. 支付宝芝麻信用　　D. 微信公众号

6. 以下哪项不会造成个人信用报告中的不良记录______。

A. 付款后多次申请退货退款　　B. 贷款未及时还清

C. 信用卡未缴纳年费　　D. 为他人做担保，被担保人未及时还款

7. 消费信用针对的消费者群体是______。

A. 个人　　B. 企业

C. 银行　　D. 个人和企业

8. 如果说把消费信用简单理解成银行和消费者个人之间的信用，那么商业信用是指______之间的信用。

A. 金融企业　　B. 个人与银行

C. 非金融企业　　D. 银行与企业

9. 银行信用是商业银行等金融机构以______形式与企业和个人之间发生的借贷活动。

A. 货币　　B. 商品抵押

C. 货币或商品抵押　　D. 赊销

10. 以下不属于社会信用体系构成的选项是______。

A. 个人信用体系　　B. 企业信用体系

C. 国际信用体系　　D. 公共信用体系

3.1 信用简述

3.1.1 信用的内涵与功能

在日常生活中，信用是个十分常见的词语，通常指的是信任、说话算数。从道德伦理角度理解“信用”，它实际上是指遵守诺言，能够履行跟人约定的事情而取得信任。

在经济学中，信用指的是一种体现特定经济关系的借贷行为，这种借贷行为以偿还和付息为条件，是价值运动的特殊形式。

信用由三个要素组成。①债权债务关系。任何信用要得以成立，必须至少有两个当事人：一方是借入的债务人；一方是贷出的债权人。债务是将来偿还价值的义务，债权则是将来收回价值的权利。②时间的间隔。与买卖关系一手交钱、一手交货、钱货两清不同，信用关系中的债务人先获得借入的资金，再在约定的时期内归还。③信用工具。口头确定的信用关系尽管有简便、灵活的特点，但容易引起争执，难以维护债权人应有的权利。因此，通过书面签约，借助信用工具来建立和转移信用关系，是当代经济社会中的普遍现象。

信用在经济社会的众多方面发挥了重要的积极作用。

（1）信用促进资金优化配置，提高资金使用效率。通过借贷，资金可以流向投资收益更高的项目，可以使投资项目得到必要的资金，资金盈余单位又可以获得一定的收益；通过信用调剂，让资源及时转移到需要的地方，使资源得到最大化利用。

（2）信用加速资金周转，节约流通费用。信用能使各种闲置资金集中并投放出去，使大量原本处于相对静止状态的资金运动起来，对于加速整个社会的资金周转具有巨大作用，并且利用各种信用形式，还能节约大量的流通费用，增加资金生产投资。

（3）信用加速资本积聚和集中。信用是促进资金集中的有力杠杆。信用制度使社会闲散资金集中到了少数企业中，使企业规模扩大。

（4）信用有效地调整着国民经济。信用调节经济的职能主要表现在国家利用货币和信用制度来制定各项金融政策和金融法规，利用各种信用杠杆来改变信用规模及其运动趋势，从而调整国民经济。

知识拓展——信用对经济危机的双重效应解析

凯恩斯主义将信用体系和信贷制度当作摆脱经济萧条及维持经济繁荣的基本工具，但哈耶克等奥地利学派学者却将信用体系和信贷制度视为经济危机的根源——“近来人们大力鼓吹消费者贷款，以此来挽救经济萧条，这个方法，在事实上会发生完全相反的结果，消费者对货物需求的相对增加，只可能把事情弄得更糟。至于生产用途的贷款带来的影响则不是这样简单。在危机的尖锐阶段，当资本化的生产结构缩减至比最后证明所必要的程度更甚的时候，扩张生产者信用或许会有良好的结果……但增加生产贷款只有这样做才行，即把贷出款项的数量加以调节，使其恰能够抵消消费者货物相对价格的最初的过分的上涨，并且能够采取措施，在消费者货物相对价格下跌时及在消费者货物供给和中间品供给之间的比例应该适应于两者需求之间的比例时，把增发的贷款收回。”

一方面，从理论上说，信用制度在生产中所扮演的角色并非破坏性的。其实，上段话已经表明信贷扩张对经济的实际效果通常依赖于社会情势，而奥地利学派学者认定信贷扩张导致生产结构扭曲的重要原因就在于他们将这一论断建立在“充分就业”的基础上，进而也就将消费品生产和资本生产视为替代性的。但问题是，任何时代、任何社会都不可能完全做到“充分就业”。相应地，一个社会的经济状态离“充分就业”越远，信用制度对生产的积极作用也就越显著。很大程度上，凯恩斯主义的经济政策所针对的正是远离“充分就业”的萧条状态。这意味着，在是否应该且能够运用信贷扩张来应对经济困境时，我们需要辨识社会情势。

另一方面，尽管信贷扩张可以成为缓解和摆脱经济萧条的一个重要举措，但无论如何，我们都不能以信用或信贷扩张来推动经济增长作为常态。究其原因，持续的经济增长根本上依赖于资本积累这一物质基础，这一资本积累必须是实实在在的，根本上来自没有消耗掉的储蓄；相反，由信贷扩张带来的“资本”则是虚假的，它只是货币数字所产生的幻觉，缺乏实际物质的基础。此外，信用制度和信贷扩张所滋生出的收入幻觉效应往往还会激发出人们更趋非理性、非计划及无节制的消费，从而降低维持经济增长的资本积累。

因此，尽管信用体系和信贷制度已经成为现代社会中的枢纽型经济制度安排，但是我们还是必须充分认识到其作用的双面性，由此也就可以更清晰地认识并预防其对经济危机的助长和激化。

3.1.2 信用的产生和发展

“信用”一词最早起源于拉丁文“crdeo”，原意为信托、信誉、相信，后被引入英文——credit，具有赊欠、债权、存款的含义。人类进入原始社会末期就有了简单的信用活动。剩余产品的出现、私有制的产生、贫富的分化是早期信用产生的客观基础。人们在进行物物即期交换的同时就有了物物跨期买卖，即实物借贷。在以自然经济为主的奴隶社会和封建社会，产品商品率不高，货币化程度也不高，实物借贷便是主要的借贷形式。后来，随着生产力的发展，商品化、货币化程度提高，货币的支付手段职能在物物跨期交易中得到了发挥，信用活动便逐步演进为借实物还货币、借货币还货币的借贷活动。

在信用活动早期历史研究中，高利贷信用尤为引人注目。公元前 18 世纪的《汉谟拉比法典》里就有这样的规定：贷谷的利息达本金的三分之一，贷银则达五分之一。我国最早反映放债取息活动的记载是在春秋战国时期。《管子・轻重篇》记载：一家放债，高的谷千钟，钱千万，少的谷六七百钟，钱六七百万。利率高的达十分，低的达二分。

继高利贷资本之后的借贷资本运动是资本主义信用的主要表现形式。资本主义信用除了满足购买需要和支付需要外，更多的是将借贷资本当作生产要素以获得货币增值。在社会经济发展的历史中，为什么形成和出现资本主义信用，马克思曾从多方面进行分析。

（1）资本主义信用是对高利贷资本的扬弃，马克思认为：“信用制度是作为高利贷资本的反作用而发展起来。”[①]他认为，一方面由于高利贷债务的重负，生产者不可能进行正常的生产。高利贷像寄生虫一样紧紧地吸在生产方式身上，使它虚弱不堪，进而破坏和瓦解了那些所有制形式，因而在资本主义制度产生以前，高利贷是剥削已有的生产方式，而不是创造这种生产方式。另一方面由于高利贷在生产资料分散的地方把货币财富集中起来，高利贷本是资本的一个产生过程，所以在历史上是重要的，它为资本主义生产方式的产生提供了大量的货币和劳动力，它对产业资本的形成是一个有力的杠杆。信用制度的发展表示高利贷资本要服从资本生产方式的条件和需要。区别只是在于，这种资本执行职能的条件已经变化，从而和贷款人相对应的借款人的面貌也完全改变，得到贷款的只能是资本家或潜在的资本家。即使得到贷款的产业家或商人是没有财产的人，那也是由于贷款人相信他们会用借来的资本执行资本家的职能，占有无酬劳动。

（2）资本主义信用是货币运动的结果，与货币经营业联系在一起。信用是从属于商品交换和货币流通的一种经济关系。当商品通过赊销而让渡，货币执行支付手段职能时，信用随之产生。当然，赊销必须有货币支撑，信用不是简单或抽象地等于信任、相信，或者仅仅是文化或伦理的观念，一个人实际拥有的和公众认为他拥有的货币，才是信用这个上层建筑的基础。信用制度按其本性是永远不能脱离货币这个基础的。

（3）资本主义信用是随着资本主义生产方式的不断发展而建立起来的，信用制度以社会生产资料在私人手里的垄断为前提，是包含“资本本身扬弃的”资本的运动。随着

---

① 资本论（第三卷）[M]. 北京：人民出版社，1975：678.

商业和只着眼于流通而进行的资本主义生产方式的发展，信用制度的这个自然基础也在扩大、普遍化和发展。一方面生产资料不转化为资本，信用本身就不会有什么意义，信用就是资本运动，是资本主义生产方式固有的方式；另一方面只有当资本私有制对个别资本的再生产运动的制约，要求资本相互合作时，才产生信用形式，创造出同再生产相独立的信用制度，因而，固有的信用理论以积累、竞争和积聚为媒介项，信用制度扬弃了资本的私人性质，它是促使资本主义发展到它所能达到的最高和最后形式的动力。

3.1.3 信用形式

现代信用消费于 18 世纪、19 世纪在英国、美国等国家起步，第二次世界大战以后得到迅速发展，成为重要的消费方式之一。

1. 消费信用

消费信用是工商企业和银行等金融机构向消费者个人提供的信用，是直接满足消费者生活消费需求的信贷活动。对高档耐用消费品的需求增加、解决家庭收支在时间上不匹配的需要和消费观念的转变是消费信用存在的重要原因，有许多人将其俗称“用明天的钱，圆今天的梦”。

1）消费信用的形式

根据使用方式的不同，消费信用分为赊销、分期付款、消费贷款形式。

（1）赊销：即延期付款，是指零售商对消费者提供的短期信用，多借助信用卡等开展，消费者凭卡在预定商户购物或支付劳务费，定期结算清偿。

（2）分期付款：指零售商对消费者购买高档耐用消费品提供的中长期信用，由于信贷期限较长，消费者需分次清偿。

（3）消费贷款：指银行等金融机构对消费者提供的信用。它具体又分为买方信贷和卖方信贷两种方式。买方信贷是指银行直接对消费者放贷，用于购买消费品；卖方信贷（俗称“按揭”）是指银行、消费者及出售消费品的三方共同签署合同，约定在企业出售消费品给消费者后，以消费品（或分期付款单证）作抵押，由银行对企业发放贷款，尔后由消费者逐步偿还银行贷款。

在实践中，根据用途的不同，消费信用又可分为住房消费信贷、汽车消费信贷等形式。

2）消费信用对经济社会的作用

（1）刺激生产，引导企业加快技术改造，促进产品升级换代。消费信用以刺激人们消费为目的，如果人们的消费因之增加，必然带动厂商生产扩容。并且，由于人们是否愿意消费还要看是否有合适的商品，因此，消费信用可以通过消费市场的导向作用，引导企业的生产方向。

（2）提高消费效用。借助于消费信用，可以满足人们现在迫切需要消费而货币不足的消费需求。同时，可以指导人们把消费时间先后做最适当的安排，引导消费趋向，实现更为合理的消费结构。

（3）促进商业银行调整信贷结构，分散风险，寻求新的利益增长点。就我国来讲，个人信用环境一直较好，商业银行以抵押为担保或面向有稳定收入人群发放消费贷款，是风险较小的资产业务。增加“个贷”在贷款结构中的比重，将帮助商业银行抑制不良债权的滋生，增强贷款的营利性。

（4）发挥刺激内需、拉动经济增长的作用。在社会总供求平衡中，供给和需求都是可以作用的变量。消费信用可以通过刺激消费需求引导投资需求，从而扩张总需求，使产业结构调整中供大于求的状况得到改善，促进经济持续增长。

2. 商业信用

如果把消费信用简单理解为银行和消费者个人之间的信用，那么商业信用就是指非金融企业之间的信用。商业信用的具体形式有很多，包括赊销、分期付款、委托代理、预付、按工程进度付款等。商业信用的产生与产业资本的循环周转密切相关，社会再生产的一方在销售商品的时候遇到需求商品的一方缺乏现款时，需求方就会向供给方提出赊销的要求。赊销其实是一种共赢的方式，它不仅使需求方解决了现款不足对商品生产的限制，而且使供给方降低了库存商品的成本，存货周期加快，并且赊销使供给方在竞争中处于有利地位。

商业信用内含了两种同时发生的经济关系，即买卖关系和借贷关系。买卖商品是商业信用的出发点和目的，借贷关系从属于买卖关系，是买卖关系凭借的形式。因此，商业信用与其他信用都不同，它既不是实物借贷，也不是货币借贷，它是信用形式下的商品交换，是与特定商品交易联系在一起的信用活动。

1）商业信用的主要特点

（1）商业信用的债权人都是企业从事生产和流通活动的经营者，其债权关系是商品交易采用信用形式而产生的，所交易的商品用于企业生产或流通。

（2）商业信用中的商品资本的价值形态并未脱离产业资本循环过程。贷出的商品是处于流通中拥有特定价值的商品，这种借贷行为并不能独立于企业再生产，属于社会再生产过程中的一个环节，它直接为商品流通服务，促进资本循环与周转顺利进行。

（3）商业信用的规模与产业资本的动态是一致的。经济繁荣时期，社会商品生产与流通的规模扩大，商业信用的规模一般也随之扩张；反之，经济萧条时期，商业信用规模则随社会生产与流通规模的缩小而缩小。

（4）商业信用是解决买方或卖方企业流通手段不足最便利的手段之一。买方企业，在能够取信于卖方企业的条件下，采用赊销等商业信用形式解决资金不足问题。同样，作为卖方企业，在能够取信于买方企业的条件下，采用预付等商业信用形式解决资金困难问题。

2）商业信用的局限性

商业信用的特性，使它的存在和发展有明显的局限性。

（1）商业信用的成立受限于企业的信用能力。买卖双方的资信能力是商业信用成立的前提条件。一方状况不能被另一方接受，商业信用就不能成立，它就需要寻找担保或需要银行信用的介入，否则商品买卖关系不能成立。

（2）商业信用规模受限于企业现有资本的数量。商业信用是在工商企业之间进行的，从赊销角度看，其贷出的资本是处于产业资本循环阶段上的个别商品资本；从预付角度来看，其贷出的资本是处于产业资本循环阶段上的个别暂时闲置的货币资本。所以，企业现有的资本数量使得商业信用规模不可能得到数倍扩张。

（3）商业信用的期限受到限制。商业信用贷出的资本是企业再生产总资本的一部分，尚未独立于企业再生产之外。企业要使再生产得以顺利进行，便不能将资本长期借出，所以，商业信用只适用于短期借贷。

（4）商业信用的授信对象有严格限制。商业信用的借贷关系从属于商品买卖关系，授信者提供的商品必须是受信者所需要的商品时，受信者才会提出赊销的要求；同样，授信者只有是商品的需求者时，才能向供给该商品的受信者预付贷款。这就决定了企业只能与和自己有商品交易关系的企业发生商业信用，只能从一个特定方向授信或受信。

3. 银行信用

银行信用是商业银行等金融机构以货币形式与企业和个人之间发生的借贷活动。银行信用是在商业信用基础上产生和发展起来的。一方面，银行将在社会再生产过程中游离出来的暂时闲置的货币收集起来，形成巨额资金；另一方面，银行又通过贷款、贴现等方式将筹集的资金投放出去，满足社会对资金的需求。

银行信用与商业信用相辅相成，与商业信用相比银行信用有以下特点。

（1）银行信用是以货币形态提供的。银行贷放出去的已不是在产业资本循环过程中的商品资本，而是从产业资本循环过程中分离出来的暂时闲置的货币资本，它克服了商业信用在数量规模上的局限性。

（2）银行信用的借贷双方是货币资本家和职能资本家。由于提供信用的形式是货币，因此克服了商业信用在使用方向上的局限性。

（3）在产业周期的各个阶段中，银行信用的动态与产业资本的动态往往不相一致。

（4）银行信用的实质是银行作为中介使货币资本所有者通过银行和职能资本之间发生的信用关系。

4. 政府信用

政府信用是指以财政为主体的信用，是政府同其他信用主体之间发生的信用关系。它既包括政府以信用方式筹集资金、增加财政收入，也包括政府以信用方式运用资金，提高财政资金的使用效率。在这种借贷活动中，信用主体是政府，具体包括各级财政及财政部门。在有偿筹集资金时，政府及其代表者是债务人。

政府信用是一种特殊的财政分配形式，它依据的是借贷原则，与依据国家政治权利和财产权利参与一部分社会产品或国民收入分配的财政形式（如税收和上缴国有资产受益等）有着严格的划分。尽管政府信用依据的是借贷原则，但它具有财政分配最基本的属性，其有偿筹资和有偿使用的资金仍是财政属性的资金，以实现财政职能为目的。

5. 国家信用

国家信用是指以国家为主体进行的一种信用活动。国家按照信用原则以发行债券等方式，从国内外货币持有者手中借入货币资金，因此，国家信用是一种国家负债，指以国家为一方所取得或提供的信用。国家信用的基本形式是发行政府债券，包括发行国内公债、国外公债、国库券等。国家信用的产生是由于通过正常的税收等形式不足以满足国家的财政需要。

国家信用是一种特殊资源，政府享有支配此种资源的特权，负责任的好政府绝不能滥用国家信用资源，政府利用国家信用负债获得的资金应该主要用于加快公共基础设施的建设，以及为保障经济社会顺利发展并促进社会公平的重要事项，以向社会公众提供更多的公共物品服务，并实现社会的和谐与安宁。国家信用应当由国家的法律予以保障。

6.国际信用

国际信用是国际的借贷关系，债权人与债务人是不同国家的法人。国际信用体现的是国与国之间的债权债务关系，直接表现为资本与国际的流动。

国际信用有国际商业信用和国际银行信用两种形式。前者是发生在国际商品交易过程中的，以远期支付方式由卖方提供的信用；后者是银行以货币形态向另一国借款人提供的信用。但国际商业信用往往要借助于国际银行信用，这种信用方式又称国际信贷。

国际信贷的方式有银行信贷、出口信贷、项目贷款、政府贷款、国际金融机构贷款、国际债权发行等货币形态的信贷和补偿贸易、国际租赁等商品资本形态的信贷。国际信贷按期限划分为短期、中期和长期三种。短期信贷是国际信贷中的主要部分，期限一般不超过1年，主要用于原料、粮食、半制成品和消费品的国际贸易中；中期信贷期限多为1～5年，但有延长趋势；长期信贷一般是10年左右，有时甚至长达50年。中、长期信贷通常用于增加固定资本、购买机器设备、创办企业等。

3.2 征信

3.2.1 征信的概念和功能

征信是指依法收集、整理、保存、加工自然人或法人及其他组织的信用信息，并对外提供信用报告、信用评估、信用信息咨询等服务，帮助客户判断、控制信用风险，进行信用管理的活动。

我国征信业的发展，自1932年第一家征信机构——“中华征信所”诞生算起，已经有了90年的历史。但其真正得到发展，是从改革开放开始的。

20世纪80年代后期，为适应企业债券发行和管理，中国人民银行批准成立了第一家信用评级公司——上海远东资信评级有限公司。同时，为满足涉外商贸往来中的企业征信信息需求，对外经济贸易部计算中心和国际企业征信机构邓白氏公司合作，相互提供中国和外国企业的信用报告。1993年，专门从事企业征信的新华信国际信息咨询有限公司开始正式对外提供服务。此后，一批专业信用调查中介机构相继出现，征信业的雏形初步显现。

2003年，国务院赋予中国人民银行“管理信贷征信业，推动建立社会信用体系”职责，批准设立征信管理局。同年，上海、北京、广东等地率先启动区域社会征信业发展试点，一批地方性征信机构设立并得到迅速发展，部分信用评级机构开始开拓银行间债券市场信用评级等新的信用服务领域，国际知名信用评级机构先后进入中国市场。

2004 年，中国人民银行建成全国集中统一的个人信用信息基础数据库，2005 年银行信贷登记咨询系统升级为全国集中统一的企业信用信息基础数据库。2013 年 3 月，《征信业管理条例》正式实施，明确中国人民银行为征信业监督管理部门，征信业步入了有法可依的轨道。

那么征信的存在又有什么意义呢？实际上，征信在促进信用经济发展和社会信用体系建设中发挥着重要的基础作用。

（1）防范信用风险。征信降低了交易中因参与各方的信息不对称而带来的交易风险，从而起到风险判断和揭示的作用。

（2）扩大信用交易。征信解决了制约信用交易的瓶颈问题，促成信用交易的达成，促进金融信用产品和商业信用产品的创新，有效扩大信用交易的范围和方式，带动信用经济规模的扩张。

（3）提高经济运行效率。通过专业化的信用信息服务，降低了交易中的信息收集成本，缩短了交易时间，拓宽了交易空间，提高了经济主体的运行效率，促进了经济社会发展。

（4）推动社会信用体系建设。征信业是社会信用体系建设的重要组成部分，发展征信业，有利于维护良好的经济和社会秩序，促进社会信用体系建设的不断发展完善。

3.2.2 征信机构与征信数据

征信机构是指依法设立的、独立于信用交易双方的第三方机构，专门从事收集、整理、加工和分析企业及个人信用信息资料工作，出具信用报告，提供多样化征信服务，帮助客户判断和控制信用风险等。征信机构是征信市场的支柱，在现代市场经济条件下扮演着至关重要的角色，是信息不对称情况下扩大市场交易规模的必要前提。如果没有征信机构承担的社会功能，社会信用很难充分发挥作用。征信机构通常分为三大类，分别是企业征信机构、个人征信机构、财产征信机构。

征信机构采集的信用信息资料形成征信数据，征信数据的内容涵盖所有判断借款人信用风险的信息。一般来说，征信机构采集的借款人信息主要包括以下四个方面：一是身份识别信息，如单位名称或个人姓名、身份证号码、出生日期、地址、就业单位等；二是负债状况和信贷行为特征信息，即借款人的当前负债状况、担保状况和还款的历史信息；三是判断企业和个人还款能力的信息，如企业的各项财务指标、个人的收入状况、资产与负债状况等；四是特殊信息，如法院民事判决信息、税务部门已公告的欠税信息、缴纳电信等公共事业费用信息、缴纳各类社会保障费用和住房公积金信息、个人学历信息、个人职业信息等。

征信机构按所有权性质的不同，可分为公共征信机构、私营征信机构和混合征信机构；按信息主体的不同，可分为个人征信机构、企业征信机构、信用评级机构及其他信用信息服务机构。公共征信机构以德国、法国为代表，美国是典型的私营征信机构模式，日本是典型的混合征信机构模式。

在技术创新和金融市场自由化的激励下，征信机构不断发展，其趋势主要体现在以下四个方面：一是征信行业集中度迅速提高；二是产品经营日益多元化；三是商业化、互惠合作模式的适应性更强；四是对征信立法的重视程度不断提高。

知识拓展——国外征信体系的发展

英国和美国的个人征信市场兴起于19世纪末，经过近80年的发展，到20世纪80年代，征信公司数量达到高峰，大约有2200家，从1980年开始，征信业进入大规模并购阶段，经过整合，2005年，英美征信公司的数量减少至400家左右，降幅达82%。至21世纪初，个人征信领域的市场格局形成了相对稳定的三大巨头：Experian、Equifax和Transunion。剩下的区域性征信公司要么与三巨头紧密合作，要么形成个性化利基市场。企业征信市场则始终以邓白氏公司为主。

美国个人征信的监管体系分为行政监管、司法监管和行业自律。美国联邦贸易委员会（Federal Trade Commission，FTC）负责监管个人征信公司、信用报告业协会、消费者信用提供者和使用者；美国联邦储备系统（The Federal Reserve System）负责监管银行机构；联邦或州法院根据相关法案对银行机构实施司法监管。从市场深度和广度来看，美国三大征信巨头收集几乎所有关于个人活动的信息，并已全面覆盖美国成年人口，市场规模巨大。以Experian为例，日均提供信用报告数量约为350万份，年报告提供量约为8.75亿份，根据其收入结构50%在美国推测，美国本土年报告量约为4.38亿份。若按美国信用报告查询均价62元计算，查询收入约为272亿元。

德国、法国、意大利、西班牙等欧盟成员国，均采用以央行建立的中央信贷登记系统为主体的社会信用管理模式，主要用于金融监管和服务商业银行的风险控制工作。央行负责建立信用信息局并搭建全国数据库；所有银行根据统一接口，依法强制向信用信息局提供征信数据。

日本征信体系最大的特点是会员制。银行、信用卡公司、其他金融机构、企业、零售商店等都可以成为信用信息中心的会员，通过内部共享机制实现中心和会员之间的征信信息互换。会员有义务向中心提供客户个人征信数据，中心也仅限于向会员提供征信查询服务。目前日本共有三大个人信用信息中心（信用信息中心、株式会社日本信用信息中心、全国银行个人信用信息中心）和两大企业征信机构（帝国数据银行、东京商工）。

印度、韩国等亚洲国家结合欧洲公共征信机构主导的经验，以及英美私营征信机构发达的经验，采用混合发展模式。

3.3 个人信用报告

3.3.1 个人信用报告的含义与作用

个人信用报告是全面记录个人信用活动，反映个人信用状况的文件，是个人信用信息基础数据库的基础产品。个人信用报告由信用报告名称和信用报告内容组成。信用报告内容包括信用报告头、信用报告主体、信用报告说明三个部分。

个人信用报告除了找银行申办房贷、办信用卡等有借款性质的业务以外，还在多个领域有重要作用。信用记录几乎涉及个人每一项重大经济活动，如果没有良好的个人信用记录，很多事可能都办不成。

1. 找工作

一些单位招聘时，已经把政审材料改为个人信用报告，尤其是银行、保险、证券等行业，大多数在招聘时都要求提供个人信用报告。部分企业在招聘财务人员时，也要求应聘者提供个人信用报告。在国内许多地区，个人信用报告已成为求职材料中不可缺少的内容。以湖北为例，湖北出台《湖北省个人信用信息采集与应用管理办法（试行）》以后，不仅部分人找工作要提供个人信用报告，有时评先进个人也需要提供个人信用报告。

2. 开账户

股指期货投资者在申请开户时，也要求提供个人信用报告。知情人士称，金融期货交易所已要求期货公司对股指期货自然人投资者进行适当性综合评估时，明确规定“投资者提供近两个月的个人信用报告或者其他信用证明文件以作为诚信记录的证明”。中国人民银行征信中心为股指期货开户申请人提供了社会版个人信用报告的查询。在办理股指期货开户申请时，中国人民银行征信中心会对申请人进行综合评分，若个人信用报告有污点，就会扣15分。

3. 租房子

为了解租房当事人的信用情况，防范出租房屋风险，已有房屋出租人要求承租人出示个人信用报告。一些房产中介称，已有部分房东要求租房者提供个人信用报告。此举主要是让租房者证明自己比较诚信，一不会故意损坏屋内设施，二不会逃房租。

3.3.2 个人信用报告的维护

既然个人信用报告如此重要，那么公民怎样才能维护自己的信用报告呢？

1. 修复记录

部分商业银行人士透露，从他们日常审批个人信贷的情况来看，市民的个人信用报告中，出现个人信用污点主要集中在以下几个方面。

（1）按揭贷款没有按期还款而产生逾期记录。

（2）信用卡透支消费没有按时还款而产生逾期记录。

（3）按揭贷款、消费贷款等贷款利率上调以后，仍按原金额支付月供，从而导致还款金额不足，由此产生欠息逾期。

（4）市民在为第三方提供担保时，由于第三方没有按时偿还贷款，所以造成担保人有逾期记录。

（5）个人信用报告会记录法院部分经济类判决。因此，欠账等经济纠纷也会影响信用记录。

出现信用污点后，首先应避免出现新的逾期。银行在判断一个人的信用状况时，通常考察的是这个人最近的信贷交易情况。如果一个人偶尔出现了逾期还款，但此后都按时、足额还款，这足以证明其信用状况正在向好的方向发展。

另外，若手头的信用卡出现了逾期，千万不要采取注销信用卡的方式来解决，应该采取正常使用、正常还款的方式，因为一旦信用卡逾期以后被注销，就有可能被银行认定为“恶意透支”。

2. 查询报告

个人作为信用报告的主体，享有查询报告的基本权利，中国人民银行征信中心可以向个人提供本人信用报告查询服务。市民可以到所在地的中国人民银行各地分支行、征信分中心查询。此外，还可以借助中国人民银行征信中心的互联网个人信用信息服务平台进行线上查询。

个人在查询个人信用报告时，需要携带自己的有效身份证件的原件及复印件，其中复印件要留给查询机构备查。在查询时，还需如实填写个人信用报告本人查询申请表。

3. 提出异议申请

市民发现个人信用报告记载的内容有误，可以提出异议申请。

在提出异议申请时，需要本人亲自场，并携带自己的有效身份证件的原件及复印件，其中复印件要留给查询机构备查。在查询时，还需如实填写个人信用报告个人异议申请表。

也可以委托他人提出异议申请，代理人应携带委托人和代理人有效身份证件原件及复印件、委托人授权查询委托书、授权委托书公证证明或委托人近一周的信用报告。若市民对异议处理结果仍然有异议，除了可以向中国人民银行征信部门反映、向法院提起诉讼，还可以向当地人民银行征信管理部门申请在个人信用报告上发表个人声明。

知识拓展——企业信用报告

企业信用报告是全面记录企业各类经济活动，反映企业信用状况的文书，是企业征信系统的基础产品。企业信用报告客观地记录企业的基本信息、信贷信息及反映其信用状况的其他信息，全面、准确、及时地反映其信用状况，是信息主体的“经济身份证”。

企业信用报告主要包括四部分内容：基本信息、信贷信息、公共信息和声明信息。基本信息展示企业的身份信息、主要出资人信息和高管人员信息等。信贷信息展示企业在金融机构的当前负债和已还清债务的信息，是信用报告的核心部分。公共信息展示企业在社会管理方面的信息，如欠税信息、行政处罚信息、法院判决和执行信息等。声明信息展示企业项下的报数机构说明、中国人民银行征信中心标注和信息主体声明等。

企业信用报告主要用于商业银行信贷审批和贷后管理，也用于政府部门评奖、评优、招标或审计机构进行财务审计等活动。在经过企业的授权同意后，商业银行、政府部门等可以查询该企业的信用报告，了解其信用状况。

若企业认为信用报告中的信息存在错误、遗漏，可以向中国人民银行征信中心或商业银行等数据提供机构提出异议。

3.4 社会信用体系

3.4.1 社会信用体系的概念与功能

社会信用体系也称国家信用管理体系或国家信用体系，是以相对完善的法律、法规体系为基础，以建立和完善信用信息共享机制为核心，以信用服务市场的培育和形成为动力，以信用服务行业主体竞争力的不断提高为支撑，以政府强有力的监管体系为保障的国家社会治理机制。

社会信用体系包括公共信用体系、企业信用体系和个人信用体系。三者共同作用，构成了完整的社会信用体系。这些部分或要素相互分工、相互协作，共同守护市场经济的信用圣地，促进社会信用体系的完善和发展，制约和惩罚失信行为，从而保障社会秩序和市场经济的正常运行。

1. 公共信用体系

公共信用体系就是政府信用体系。从社会信用体系的全局来看，公共信用体系是影响社会全局的信用体系。建立公众对政府的信任是建立企业和个人信用的前提条件。公共信用体系的作用在于规范政府的行政行为和经济行为，避免政府朝令夕改、倒债等失信行为，提高政府行政和司法的公信力。

2. 企业信用体系

企业是市场经济活动的主体，所以企业信用体系是社会信用体系的重要组成部分。企业信用体系的作用在于约束企业的失信行为，督促企业在市场上进行公平竞争。企业信用体系的核心是企业信用数据库，它动态地记录了企业在经济交往中的信用信息。

3. 个人信用体系

人是社会的基本单位，也是信用的提供者和接受者，因此个人信用体系也是社会信用体系的必不可少的组成部分。从某种意义上说，个人信用体系也是社会信用体系的基础。它至少从两个方面对社会信用体系发挥作用：首先，它为授信者的个人授信提供信用信息；其次，它弥补了公共信用体系和企业信用体系的不足。

社会信用体系的核心作用在于，记录社会主体信用状况，揭示社会主体信用优劣，警示社会主体信用风险，并整合全社会力量褒扬诚信、惩戒失信；充分调动市场自身的力量净化环境，降低发展成本，降低发展风险，弘扬诚信文化。完善的社会信用体系是信用发挥作用的前提，它保证授信人和受信人之间遵循一定的规则达成交易，保证经济运行的公平和效率。总体而言，社会信用体系的功能有三种。

（1）社会信用体系具有记忆功能，能够保存失信者的记录。

（2）社会信用体系具有揭示功能，能够扬善惩恶，提高经济效率。

（3）社会信用体系具有预警功能，能对失信行为进行防范。

3.4.2 社会信用体系建设

我国社会信用体系建设经历了起步阶段、初步发展阶段、加速发展阶段三个阶段，现在已经进入全面推进社会信用体系建设的加速发展阶段。

2014 年 6 月，国务院印发《社会信用体系建设规划纲要（2014—2020 年）》，提出到 2020 年，以信用信息资源共享为基础的覆盖全社会的征信系统基本建成，守信激励和失信惩戒机制全面发挥作用。

社会信用体系建设主要包括推进政务诚信、商务诚信、社会诚信、司法公信建设四个方面的内容。

（1）推进政务诚信建设。政务诚信是社会信用体系建设的关键，各类政务行为主体的诚信水平，对其他社会主体诚信建设发挥着重要的表率和导向作用。

（2）推进商务诚信建设。商务诚信是社会信用体系建设的重点。要以生产、流通、金融、税务、工程建设、电子商务、交通运输、文化、旅游、会展广告和社会中介等领域为重点，建立各市场参与主体信用信息记录和使用制度。

（3）推进社会诚信建设。社会诚信是社会信用体系建设的基础，要以医疗卫生、社会保障、劳动保障、环境保护、教育科研、知识产权和社会组织等领域诚信建设为重点，带动社会诚信建设全面开展，积极营造诚实自律、守信互信的良好社会信用环境。

（4）推进司法公信建设。司法公信既是社会信用体系建设的保障，更是社会公平正义的底线。要以司法公开为原则，以司法公信和司法执法人员信用建设为重点，进一步加强审务公开、检务公开、警务公开、狱（所）务公开，以公开促公正、强公信。

3.5 案例阅读

高价“征信修复”背后的真相?

“我之前太无视个人信用的重要性了。”被银行拒绝房贷审批的迈克（化名），无奈之下开始“病急乱投医”。在“QQ 找人/群”上搜索关键词“征信”后，迈克一口气加入了好几个征信逾期修复的群。

迈克先是在群里问了一句“群里有人成功办理了征信修复吗？”而后这条询问被群主迅速撤回，并收到私信表示，“有需要直接联系我这边就可以”，同时被要求提供征信报告。但当迈克再询问群主“你们以公司还是个人名义提供服务”“有没有营业执照”一类的问题时，群主态度急转直下，最后不了了之。除此之外，也有不少直接向迈克报价，并提供多个“成功案例截图”以获取信任的业务人员。

事实上，近年来随着各种信用卡、消费贷等信贷产品的充斥，超前消费早已成为当代年轻人的生活写照，但同时，大部分年轻人本身又缺乏理财经验，最终导致高负债、高逾期等现象频发，从而影响贷款，甚至限制出行、消费等。

由此，征信修复行业应运而生，但其中上当受骗者亦不在少数。2020 年，中国裁判文书网就曾披露过多则案例，被告人借由“修复征信”之名半年内诈骗 10 名被害人合计 126 000 元，以及利用“消除逾期征信”的名义骗取被害人身份证号码、多家信用卡查询密码及征信信息等。

花钱就能消除信用污点，背后究竟是黑产还是生意？

一、要价不菲

“2000 元一条，具体还要看征信报告。”某征信修复群主向迈克简要报价。“且一般来做征信修复的也不会只有一条两条，最终根据各地消费水平，定价也略有不同，如在某省会的客单价能达到 21 000 元左右。”某征信修复服务连锁品牌人士向记者补充表示。

这些提供征信修复服务的企业的常见方式是，通过为客户“编造故事”，为客户逾期还款创造“不可抗力因素”或其他“非主观因素”向银行提出申诉，从而寻求记录删改。而作为银行方，则表示“事实上，个人在行使申诉权利的时候，只要情况真实，申诉是十分方便的，只要打电话向客服经理反馈即可”。

二、征信修复不针对个人

2019 年 7 月，国家公共信用信息中心发布了第一批 13 家可承担信用修复专题培训任务的信用服务机构，以及 62 家可为信用修复申请人出具信用报告和信用服务机构名单。

但目前官方定义的信用修复只针对企业，主要内容是修复工商异常名录，以及失信。经记者联系并了解，上述第一批 13 家可承担信用修复专题培训任务的信用服务机构的服务只针对企业，均不涉及个人。针对所谓个人信用修复现象，有律师表示，部分公司通过恶意篡改信息、提供虚假材料等手段获取银行信任，或是假扮当事人应付银行或监管部门，这一行为仍需要承担相应的违法责任。

三、需求暴增

据迈克介绍，像其一样受困于征信逾期的人不胜枚举，如其所在的征信修复 QQ 群，基本每天都有十余位新用户进群咨询逾期修复事项，包括信用卡、网贷等。2016～2020 年，全国失信被执行人年新增数量均超过 200 万人，其中以 2019 年新增最多，数量接近 300 万人，同年累计失信人员总数近 1500 万人，占总人口近 1%。

2020 年 1 月 19 日，二代征信系统正式上线，国家对个人信用体系的管控愈发严格。其中针对个人还款记录（包括还款状态、逾期金额）的报告内容做了特别改动，增加了展示内容、新增了数据项、展示个人“五年还款记录”、共同借款信息、公用事业缴费信息。

除此之外，个人项中新增“共同借款”“循贷款”“信用卡大额专项分期”“授信协议信息”等内容。业内人士分析，未来在征信方面，个人消费者和这些所谓的“征信修复”机构，不能再乱来了。

课后测试

一、选择题

1. 以下不属于信用作用的是______。

A. 促进了资金优化配置　　B. 加速资金周转

C. 加速资本积聚和集中　　D. 缓解了资本主义社会的基本矛盾

2. 2013年3月，《征信业管理条例》明确______为我国征信业监督管理部门。

A. 市场监督管理局　　B. 中国人民银行

C. 中国银行保险监督管理委员会　　D. 国家发展和改革委员会

3. 消费信用的贷款来源是______。

A. 个人　　B. 工商企业和银行等金融机构

C. 政府　　D. 以上都是

4. 以下不属于国家信用目的的是______。

A. 加快公共基础设施的建设　　B. 向社会公众提供更多的公共物品服务

C. 帮扶个人取得商业成功　　D. 保障经济社会顺利发展

5.（多选）社会信用体系建设主要包括推进哪几个方面的建设______。

A. 政务诚信　　B. 商务诚信

C. 社会诚信　　D. 司法公信

二、判断题

1. 国家信用是中央政府作为一方的借贷活动，即中央政府作为债权人或债务人的信用活动。

2. 国际信用就是各国政府相互之间提供的信用。

3. 信用的组成要素为偿还、付息和时间的间隔。

4. 国家助学贷款属于个人消费贷款。

三、简答题

1. 学习完本章后，你认为信用的重要性是怎样体现的？请从个人、企业、社会等角度提出你自己的看法。

2. 我们应该如何避免个人信用报告出现污点？

3. 对于社会信用体系的未来建设，你有怎样的看法？

第4章

信　　贷

课程目标

□了解信贷的常见形式和偿还方式
□了解信用卡的申领、使用和注意事项
□确定你目前可负担的债务范围
□确定你目前花呗的待还金额、信用额度、还款日期并做出合理调整
□掌握常见的互联网信贷骗局及防范方法

“这个月的花呗还了吗？”是许多年轻人日常生活的真实写照，互联网信贷骗局的新闻也屡见不鲜。而实际上，除了以花呗为代表的互联网信贷产品，信用卡等传统信贷产品的使用也非常广泛，各种形式的个人消费信贷都与我们紧密相关。本章将引导读者深入了解信用卡、花呗等重要信贷产品的使用、偿还和注意事项等，使读者对怎样在自己可承受的负债范围内合理使用信贷产品有更加清晰的认识。

此外，我们还将专门介绍常见的互联网信贷骗局及防范方法，帮助读者提高辨识和规避信贷陷阱的能力，保障自身生命财产安全。

课前小测

1. 信贷是指以偿还和付息为条件的价值运动形式。狭义上仅指银行贷款，广义上同“信用”通用。下列哪一项不是广义的信贷业务______。

A. 存款　　B. 贷款
C. 结算　　D. 配置

2. 下面哪一项不是个人消费信贷担保采用的保证方式______。

A. 保证　　B. 抵押
C. 质押担保　　D. 承诺

3. 下列哪项贷款适用于借款金额大、借款时间长的贷款项目______。

A. 一次性偿还信贷　　B. 分期偿还信贷
C. 循环信贷　　D. 等额本息还款

4. 如今，信用卡的用途包括______。

A. 购物消费
B. 分期付款
C. 透支取现
D. 支取银行资金

5. 关于信用卡的使用，不正确的是______。

A. 条件允许，多刷卡消费
B. 尽量多分期
C. 不逾期
D. 做到少透支

6. 蚂蚁花呗运营主体的企业名称是______。

A. 阿里巴巴集团控股有限公司
B. 蚂蚁科技集团股份有限公司
C. 蚂蚁小微金融服务集团股份有限公司
D. 腾讯计算机系统有限公司

7. 花呗的消费额度是______。

A. 200～20 000 元
B. 300～30 000 元
C. 400～40 000 元
D. 500～50 000 元

8. 花呗不支持的还款方式是______。

A. 余额宝
B. 余额
C. 储蓄卡
D. 信用卡

4.1 信贷的内涵与分类

信贷是从属于商品货币关系的一种行为，具体是指债权人贷出货币，债务人按照约定期限偿还，并支付给贷出者一定利息的信用活动。信贷有广义和狭义之分，广义的信贷是指以银行为中介、以存贷为主体的信用活动的总称，包括存款、贷款和结算业务。狭义的信贷通常是指银行等信贷机构发放贷款的行为。有偿性是信贷的基本特征，信贷是以偿还本金及利息为前提条件的。

信贷是银行业务的重要内容，按照不同的标准可划分为以下类别。

1. 按照贷款期限不同划分

（1）短期贷款：指贷款期限在一年以内（含一年）的贷款。

（2）中期贷款：指贷款期限在一年以上（不含一年）五年以下（含五年）的贷款。

（3）长期贷款：指贷款期限在五年以上（不含五年）的贷款。

2. 按照货币种类划分

（1）人民币贷款：人民币是我国的法定货币，以人民币为借款货币的贷款称为人民币贷款。

（2）外汇贷款：以外汇作为贷款货币的贷款统称为外汇贷款，现有外汇贷款币种主要有美元、日元、英镑和欧元。

3. 按照贷款用途划分

（1）流动资金贷款：按照《流动资金贷款管理暂行办法》的规定，流动资金贷款，是指贷款人向企（事）业法人或国家规定可以作为借款人的其他组织发放的用于借款人日常生产经营周转的本外币贷款。

（2）固定资产贷款：根据《固定资产贷款管理暂行办法》的规定，固定资产贷款，是指贷款人向企（事）业法人或国家规定可以作为借款人的其他组织发放的，用于借款人固定资产投资的本外币贷款。

（3）其他：其他类别贷款还包括并购贷款、房地产贷款、项目融资贷款、贸易融资贷款、消费贷款等。

4. 按照有无担保及担保种类划分

（1）信用贷款：信用贷款是指以借款人信誉发放的一种无担保贷款。

（2）担保贷款：担保贷款是指借款人提供担保的贷款，担保贷款可以分为保证担保贷款、抵押担保贷款和质押担保贷款。在实践中，几种担保方式可以组合使用。

5. 按照贷款利率划分

（1）固定利率贷款：固定利率贷款是指在贷款合同签订时即设定好固定的利率，在贷款合同期限内，借款人都按照固定的利率支付利息，不需要“随行就市”。短期流动资金贷款均为固定利率贷款，即执行合同约定的利率。

（2）浮动利率贷款：浮动利率贷款是指贷款利率在贷款期限内随市场利率或官方利率波动，按照约定时间和方法自动进行调整的贷款。

6. 按照信贷偿还方式划分

（1）一次性偿还信贷：指借款人在贷款到期时需一次性还清贷款的本息。一般适用于借款金额较小、借款期限较短的贷款。银行在发放这种贷款时，是以借款者在未来时间内确定的现金账收入作为预期还款来源的。所以，一次性偿还信贷的贷款质量取决于借款者预期收入中现金流量的时间和数额的准确性，其利率水平也要视借款者预期收入的确定程度而定。

一次性偿还信贷中，最典型的例子是过渡性贷款，即消费者在支付新住房的预购定金时，由于旧住房尚未出售，缺乏现金，便向银行申请一笔过渡性贷款以支付定金，待旧住房出售后偿还贷款，因此这种贷款是过渡性的。

（2）分期偿还信贷：银行同意借款人在一定时期分期偿还的贷款。银行发放这种贷款，必须对借款人的财务状况和还款能力进行调查，同时，在贷款合同中必须确定分期偿还的时间、每期偿还的金额及利息的计算等内容。

例如，某银行发放分期偿还贷款 120 万元，年初发放，年末收回，每月底收回 10 万元贷款，利息年末一次结清。这种方式对借款者来说，既满足了大额资金需要，又从分期偿还中减少了贷款的负担。对银行来说，既提供了贷款，增加了收益，又从分期偿还中加速了贷款的周转，减少了风险。目前随着信贷制度的改革，这种贷款方式将会逐渐成为主流。

（3）循环信贷：又称周转信贷、周转信贷协议，循环信贷协定是银行具有法律义务的承诺提供不超过某一最高限额的贷款协定。在协定的有效期内，只要企业的借款总额未超过最高限额，银行必须满足企业任何时候提出的借款要求。企业享用周转信贷协定，通常要对贷款限额的未使用部分付给银行一笔承诺费。

此贷款与其他贷款不同之处在于，贷款银行有义务及时足额保证企业限额内的贷款供应，否则应承担规定的法律责任。

时政热点——信贷支持实体经济发展，助力“十三五”圆满收官

2020年，稳健的货币政策成效明显，货币信贷和社会融资规模合理增长，全年新增人民币贷款近20万亿元。据此，“十三五”期间人民币贷款累计新增近80万亿元，信贷对实体经济支持力度稳固。

国民经济的平稳健康发展，离不开适宜的货币金融环境。截至2020年8月末，我国人民币贷款余额为167.5万亿元，较2015年末增长78.2%。

“十三五”期间，货币信贷和社会融资规模合理增长，保持流动性合理充裕，在不搞“大水漫灌”的同时更好地服务实体经济，有力支持了国民经济总体在合理区间运行，实现了经济金融良性循环。

在专家看来，我国货币池子里的“水”已经不少，重要的是，如何让金融“活水”精准滴灌实体经济。为此，我国金融部门积极引导金融机构加大对经济重点领域、薄弱环节的支持力度，不断优化金融结构。

通过再贷款、再贴现等结构性货币政策工具，中国人民银行引导金融机构增加对民营和小微企业的信贷投放力度。中国人民银行数据显示，截至2020年8月末，我国小微企业贷款余额为30.8万亿元，是2017年末的1.26倍；支持小微经营主体达3062万户，是2018年末的1.43倍。

金融部门还推出政策举措，积极推进金融服务乡村振兴。截至2020年6月末，农村（县及县以下）贷款余额达31.17万亿元，同比增长11.3%；2021年一季度末，农村（县及县以下）贷款余额33.82万亿元，同比增长12%。

面对突如其来的新型冠状病毒肺炎疫情，中国人民银行果断出手，有力地支持了疫情防控与社会经济统筹发展。2020年前8个月，银行业人民币贷款投放14.4万亿元，同比增加2.4万亿元；8月末社会融资规模存量同比增长13.3%，增速创2018年3月份以来新高。

专家认为，针对疫情防控的不同阶段，金融部门采取了有针对性的支持政策，着力稳企业保就业，有力支持了2020年下半年宏观经济回升向好，助力“十三五”规划圆满收官。

4.2 个人消费信贷

个人消费信贷是指银行或其他金融机构采取信用、抵押、质押担保或保证方式，以商品型货币形式向个人消费者提供的信用。个人消费信贷最先兴起于17世纪20年代的英国，其主要目的是适度超前消费，缓和供给和需求之间的矛盾，促进经济增长。个人消费信贷使个人消费行为打破现实流动性约束限制，把当前消费同中长期甚至一生的收入水平联系到一起。个人消费信贷产品从诞生之初到现在，在西方主要发达国家都受到青睐，消费信贷已经成为人们日常生活中最重要的消费方式之一，整个信贷额度中，消费信贷所占的比重越来越高，一般为20%到40%，有的甚至高达60%。与此同时，个人消费信贷市场也为这些国家和地区经济增长做出了重要贡献。

但在中国，受历史上传统小农自给自足思想影响，近现代市场经济发展也相对滞后，个人消费信贷的产生和发展较晚，目前为止尚处于起步和初期发展阶段。20 世纪 80 年代住房体制改革，才开始探索住房消费信贷，1998 年以后商业银行的个人消费信贷业务才进入比较快速的发展阶段。另外，国内不同地区之间经济社会发展存在较大的差距，也使得个人消费信贷市场在国内不同地区的发展极不平衡，进而阻碍了我国消费信贷市场的发展。

目前我国商业银行个人消费信贷常见的有以下几类。

1. 个人短期信用贷款

个人短期信用贷款是指贷款人为解决由本行办理代发工资业务的借款人临时性需要而发放的、期限在一年以内、额度在 2000 元至 2 万元且不超过借款人月均工资性收入 6 倍的、无须提供担保的人民币信用贷款。该贷款一般不能展期。

2. 个人综合消费贷款

个人综合消费贷款是贷款人向借款人发放的不限定具体消费用途、以贷款人认可的有效权利质押担保或能以合法有效房产作抵押担保、借款金额在 2000 元至 50 万元、期限在六个月至三年的人民币贷款。

3. 个人旅游贷款

个人旅游贷款是贷款人向借款人发放的用于支付旅游费用、以贷款人认可的有效权利作质押担保或者由具有代偿能力的单位或个人作为偿还贷款本息并承担连带责任的保证人提供保证、借款金额在 2000 元至 5 万元、期限在六个月至二年且提供不少于旅游项目实际报价 30%首期付款的人民币贷款。

4. 国家助学贷款

国家助学贷款分为一般助学贷款和特困生贷款，是贷款人向全日制高等学校中经济困难的在校学生发放的用于支付学费和生活费并由教育部门设立“助学贷款专户资金”给予贴息的人民币专项贷款。

5. 个人汽车贷款

个人汽车贷款是贷款人向在特约经销商处购买汽车的借款人发放的用于购买汽车，以贷款人认可的权利质押或者具有代偿能力的单位或个人作为还贷本息并承担连带责任的保证人提供保证，在贷款银行存入首期车款，借款金额最高为车款的 70%，期限最长不超过 5 年的专项人民币贷款。

6. 个人住房贷款

个人住房贷款是贷款人向借款人发放的用于购买自用普通住房或者城镇居民修房、自建住房，以贷款人认可的抵押、质押或者保证，在银行存入首期房款，借款金额最高为房款的 70%、期限最高为 30 年的人民币专项贷款。个人住房贷款又分为自营性个人住房贷款、委托性个人住房贷款和个人住房组合贷款三种。

4.3 学会合理负债

4.3.1 你能负担多少贷款

负债一般分为流动负债和长期负债，资产负债率的计算公式是负债总额除以资产总额。个人资产负债率多少合适？生活中，个人负债比较稳定的比例是10%以下，高的甚至可达50%以上，但是如果高负债率没有足够的资产支撑，那生活压力会很大。我们口中的负债都是需要偿还的，所以要把握好负债的金额。不仅需要考虑现在每个月的现金能否正常还债，还要想到怎样提升资产升值的速度，减少负债压力。

知识应用——如何计算可负担的债务范围？

需要特别说明以下几点。

1）借款金额不应高于年度净收入的20%

如果你每月的税后收入为4000元，那么你的年度净收入为

$$12 \times 4000 = 48\,000\text{（元）}$$

用你的年度净收入乘以20%，就是你的安全债务负担：

$$48\,000 \times 20\% = 9600\text{（元）}$$

你的待偿付债务不应高于9600元（备注：房贷（即个人住房贷款）不应计入20%范围内，但其他债务应当计入，如个人汽车贷款、国家助学贷款和信用卡还款等）。

2）月还款不应高于每月净收入的10%

如果你的每月实得工资为4000元：

$$4000 \times 10\% = 400\text{（元）}$$

你每月偿还的债务总计不应高于400元。

4.3.2 传统信贷产品——以信用卡为例

1. 信用卡的起源与发展

1952年，美国富兰克林国民银行发行了第一张真正意义上的银行信用卡。自此信用卡走上了快速发展的道路。而信用卡的用途，也逐渐从单一的证明身份和支付能力，发展到了解决现金不足临时透支、分期支付等一系列功能。

我国信用卡发展的历程较短。1985年，中国银行珠海分行发行了中国第一张信用卡——中银卡。起初信用卡只是象征意义上的推出，因为信用卡在当时可以使用的地方非常少，并且需要纸质记录然后到银行对账，用起来非常麻烦，所以大家对于信用卡的认可度和需求度并不高。

2002年3月，中国银联股份有限公司的成立，改变了这一现状。它使得银行卡可以跨区域、跨银行甚至跨境进行消费结算，解决了人们携带大额现金不便、找零麻烦的问题，于是银行卡越来越受到人们的欢迎，“刷卡”逐渐普及，同时也推动了信用卡的需求和发展，同时因为存在银行卡额度不够或者需要垫付的情况，信用卡的先支付后还款，20～50天的免息期迎合了这个需求。

信用卡的大量需求，以及对消费的刺激让许多银行看到了商机，各银行开始重视信用卡业务的发展。2002年5月，中国工商银行成立牡丹卡中心，各银行纷纷效仿成立了自己的信用卡中心，对信用卡业务采用事业部制度管理，独立运营，独立进行成本核算，极大地促进了信用卡市场的发展。

信用卡迅速且大规模的发展，逐步暴露出一些问题。透支的诱惑促使很多人申请，竞争又促使一些银行降低发放信用卡的门槛，出现一些资质不高的客户拖欠还款的情况，坏账成为一个严重的问题。2006 年，中国人民银行征信系统应运而生，所有的信用记录全部记录到个人征信系统，使得人们对于信用卡的使用越来越规范，同时，银行对于新客户的发展也采用越来越严格的审核制度，使得信用卡走上了稳定、正规、健康的发展道路。

2. 信用卡基本常识

1）信用卡定义

信用卡是一种信用筹码，是由商业银行或者其他金融机构发行的具有消费支付、信用贷款、转账结算、存取现金等全部功能或者部分功能的电子支付卡。

2）信用卡的主要参数

表 4.1 列出了信用卡的常见主要参数。

表 4.1　信用卡主要参数示例

参数	值	参数	值
信用额度	17 000 元	免息期	18 天到 50 天
账单日期	每月 5 日	到期还款日	每月 23 日
最低还款比例	10%	循环信用利息（日息）	0.05%
滞纳金（日息）	0.05%（最低 10 元或 1 美元）	溢缴款领回手续费（本地同行）	交易金额的 0.5%，最低 5 元
预借现金额度	50%	预借现金手续费（本地同行）	交易金额的 1%，最低 10 元
超限费	超限部分的 5%	补发卡/损卡坏卡/提前换卡手续费	15 元
挂失费	60 元	短信通知费	免费
年费	100 元	年费减免规则	首年免年费，刷卡 6 次免次年年费

（1）信用额度：银行会根据持卡人的信用评估，给予信用卡一定信用额度。

（2）账单日期：账单日期是指发卡银行每月会定期对信用卡账户当期发生的各项交易、费用等进行汇总结算，并结计利息，计算当期总欠款金额和最小还款额，并为持卡人发送对账单。

（3）到期还款日：即银行要求归还当期欠款的日期。

（4）免息期：利用信用卡透支消费时，持卡人的非现金交易记账日至到期还款日为免息期。根据账单日期、到期还款日就可确定信用卡循环的免息期，最短 18 天，最长可达 50 天。

例 1：张先生申请的招商银行信用卡，每月 5 日为账单日期，23 日为到期还款日，则张先生信用卡的最短免息期为 18 天，最长免息期为 50 天。

免息期计算原理：最短为 18 天，如张先生 5 月 4 日消费，规定还款期为 23 日前，则 5 月 5 日和 5 月 23 日之间有 18 天；最长 50 天，如 5 月 5 日消费，账单日期为 6 月 5 日，6 月 23 日为到期还款日，所以最长为 27 + 23 = 50（天）。

例2：2015年3月30日，张先生购买日常用品刷卡消费1000元。

如果张先生于4月23日前，全额还款1000元，则在5月5日的对账单中的循环信用利息为0；如果张先生于4月23日前，只偿还100元，则在5月5日的对账单中会产生循环信用利息。

计算过程：1000×0.05%×24(3月30日～4月22日) + (1000–100)×0.05%×12(4月23日～5月4日) = 17.40（元）

如果张先生于4月23日前，未还足100元，则张先生会有不良信用记录，该不良记录将在中国人民银行的个人信用信息基础数据库中保留5年，并将影响张先生未来的经济生活，并且在5月5日的对账单中出现每天万分之五，最低10元或1元的滞纳金。

（5）溢缴款领回手续费：比例是交易金额的0.5%，最低5元。

例3：如果张先生不小心，将原本存储蓄卡上的2万元，错存到信用卡上了，现在想从信用卡上取回，这时就需支付溢缴款领回手续费，20 000×0.5% = 100（元）。

（6）预借现金额度。取现额度一般为信用卡额度的50%，每天最高取现2000元；手续费为交易金额的1%，最低10元；利息为每天万分之五。

例4：张先生信用卡的取现额度：17 000×50% = 8500（元），如果取2000元，则需支付取现手续费：2000×1% = 20（元）；支付利息：2000×0.05%×使用天数。

（7）超限费：费率为超过信用额度部分的5%。

例5：张先生信用卡的信用额度为17 000元，上浮比例为10%，上月购买家电刷卡17 680元，则张先生需支付超限费：680×5% = 34（元）。

3）信用卡优缺点

（1）信用卡优点：可以解决资金流动性不足的问题。它的持有成本比较低，在有现金需求的时候，用信用卡可以及时解决问题，如生病住院。信用卡可以获取资金的时间价值。

（2）信用卡缺点：预借现金的手续费、利息较高；有年费和刷卡次数的要求。

4）选购信用卡

（1）明确信用卡的重要信息。使用时需明确三个关键日期：刷卡消费日期、账单日期和到期还款日期；明确超额透支、部分还款、信用卡提现不能享受免息还款待遇；明确信用卡存钱无利息。

（2）申请信用卡。申请信用卡需要考虑成本因素，如年利率、免息期、年费、交易手续费、信贷费的结算方式等；还需要考虑不同信用卡的特点，如信贷限额、该卡的适用范围有多广、该卡提供哪些服务和特色。

（3）计算信贷费。计算信贷费需要明确几个概念和余额的计算方式。①日均余额：即需要对账单周期内平均所欠的余额支付利息。贷方会在账单周期内的每一天计算账户所欠的余额，将它们相加，再除以账单周期的天数。②调整后的余额：即需要对扣除当月偿还金额的期初余额支付利息。③上期余额：即需要对期初余额支付利息，这与当月所还金额无关。④逾期余额：在免息期内全额偿还则无须支付利息，如未全额偿还，则将随下一次账单就未支付金额收取利息。

知识应用——读懂信用卡对账单

信用卡对账单如表 4.2 所示，它提供了这些信息：你在什么时候使用信用卡及做了什么、你欠多少钱、你要缴纳多少利息、最低还款额是多少、还剩多少额度。

表 4.2 信用卡对账单

账户信息

账户号	4125-239-412
姓名	小李
账单日期	2013-02-19
到期还款日	2013-03-09
信用额度/元	1200.00
可用额度/元	1074.76
本期应还金额/元	125.24
最低还款额/元	20.00

交易信息

编号	交易日	记账日	交易摘要	金额/元
463GE7382		2013-01-25	还款	–168.80
32F349ER3	2013-01-12	2013-01-15	天猫超市	14.83
89102DIS2	2013-01-13	2013-01-15	星巴克	30.55
N×34FJD32	2013-01-18	2013-01-18	红旗连锁	27.50
84RT3292A	2013-01-20	2013-01-21	美团点评	12.26
973DWS321	2013-02-09	2013-02-09	京东商城	40.10

汇总信息：

项目	交易情况	金额/元
前期余额	（+）	168.80
购物	（+）	125.24
预借现金	（+）	
还款	（–）	168.80
借款	（–）	
信贷费	（+）	
逾期还款延迟费	（+）	
本期应还金额	（=）	125.24

注：①（+）表示信用卡发生交易；（–）表示该笔交易为还款或信用卡退款；（=）表示实际金额。②周期性利率为0.54%，年利率为6.48%

使用以上信用卡对账单回答下列问题。

（1）对账周期是什么时候？

（2）年利率是多少？

（3）相应的周期性利率是多少？

（4）最新的应还款额是多少？

（5）前期余额是多少？

（6）在这次对账单周期内共产生了多少笔费用？

（7）在这次对账单周期内，一共有多少次扣款和还款？

（8）是否对逾期还款收取了费用？如果有的话，费用是多少？

（9）总信用额度是多少？

（10）可用额度还剩多少？

（11）本次对账单周期内的总费用是多少？

（12）本次对账单周期内是否收取了信贷费用？如果收取了，费用是多少？

（13）对账单上的账户号是多少？

（14）需要向哪里还款？

（15）预借现金的周期性利率是多少？

3. 信用卡注意事项

1）信用卡年费

（1）即使信用卡长期不用，银行也会扣年费。如果信用卡一年刷 3 次就可以免次年的年费，而你这一年并没有刷信用卡，那么银行第二年就开始收取年费。如果年费没及时还上，还要收取 5%的滞纳金，并一直到还清为止，而且这也会影响到个人征信，并被发卡行列入黑名单，可能面临无法再在该行办理信用卡或贷款的情况。

（2）信用卡并非年底扣年费，银行是以卡片启用日或核卡日算起。例如，2015 年 8 月 9 日激活启用新卡，那么到 2016 年 8 月 9 日即为一个年费周期，如果没有达到相关条件，那么连续 12 个自然月之后，将扣发过去一年的年费。

还有一些银行是从核卡日的当月起算，即信用卡卡号下方的有效期，如信用卡上显示有效期至 2017 年 9 月，那么年费周期则为每年的 9 月至次年的 9 月。

如果在 2015 年 9 月到 2016 年 9 月都没有刷卡消费，即便是 2016 年 10 月刷卡多次，也是要收取上一个周期年费的。

（3）免年费的信用卡，要求刷满次数或持特定卡种。卡种不同，信用卡年费也不同。不过一般情况，根据银行规定，只需刷卡消费次数或金额达到要求，就可以减免年费。例如，中国建设银行信用卡的普通卡系列，是在每个年费周期内，不限金额、地点刷卡三次（含网购、取现）免年费。

还有一些信用卡本身就是免年费的，如浦发银行则从 2015 年开始，除部分提供特别权益的信用卡外，其余信用卡产品终身免年费。

（4）因疏忽被扣年费时，应立即打电话给银行客服申请补刷减免。一般来讲，所有的银行都是支持这个条款的。如果因为疏忽忘刷卡而被扣年费，应尽早拨打发卡行电话申请补刷减免。

申请在规定时间内补刷所要求的消费次数，被扣年费就会返还给持卡人。当补刷消费或缴纳所欠的年费后，应尽快到发卡行申请征信异议处理，处理该笔不良征信记录。

2）信用卡签名

（1）没有背签的信用卡，境外消费会受影响。信用卡背后签名是消费安全的保证，和密码一样重要。与国内不同，在国外刷信用卡消费不需要验证密码，完全凭签名。因此，如果持卡人没有进行背签，就会影响自身在境外的正常消费。

（2）信用卡签名不能被涂改，否则签名无效。若签名签错，应及时向银行申请，重新制作一张卡。

3）信用卡还款

（1）信用卡关联卡自动扣款失败，易导致信用卡还款超期。信用卡账户绑定一张非同一家银行的借记卡进行自动关联还款，如果持卡人当期账单超过借记卡发卡行的转出限额，会导致还款失败，可能出现还款超期，甚至留下信用污点。还有不少持卡族会通过支付宝等给银行还款，这些第三方支付系统可能由于各种原因不能及时转账，导致信用卡还款超期。

（2）做了关联借记卡没有选择外币自动还款，银行就会自动购汇还款。做了关联的双账户借记卡没有选择外币自动还款，就会自动购汇还款。很多银行对外币自动还款都默认自动购汇优先，若持卡者在签订协议时未填写相关信息，那即便有外汇账户，也不会自动“偿还”信用卡的外币欠款。

（3）若信用卡透支超期不还，则会无法贷款。一般信用卡超期还款 3 次以内的，就只能申请额度很小的信用卡，而且贷款的利率也会变得很高。逾期 6 次以上且有 1 次超期不还就会被中国人民银行征信中心列入黑名单，这意味着以后办信用卡或贷款会非常困难。

（4）若恶意透支信用卡，则法院可能追究刑事责任。恶意透支信用卡，经银行催收后仍不归还者，将构成信用卡诈骗罪。《中华人民共和国刑法》指出，“恶意透支，是指持卡人以非法占有为目的，超过规定限额或者规定期限透支，并且经发卡银行催收后仍不归还的行为”。

（5）不良信用记录，还清款后银行要保留 5 年才删除。5 年保留期从还清款之后才开始算。

（6）还款日过后的 3 天内还清款，银行可不算超期还款。《中国银行卡行业自律公约》规定，成员单位为持卡人提供“容时服务”，应为持卡人提供一定期限的还款宽限期服务，还款宽限期自到期还款日起至少 3 天；持卡人在还款宽限期内还款时，应当视同持卡人按时还款。也就是说，在规定的还款日过后 3 天内，若持卡人还了钱，则银行应该视为全额同期还款，不得罚息。

4.3.3 互联网信贷产品——以蚂蚁花呗为例

1. 蚂蚁花呗简介

蚂蚁花呗是蚂蚁科技集团股份有限公司推出的一款消费信贷产品，申请开通后，将获 500～50 000 元不等的消费额度。用户在消费时，可以预支蚂蚁花呗的额度，享受“先消费，后付款”的购物体验。

蚂蚁花呗自 2015 年 4 月正式上线，主要用于在天猫、淘宝上购物，受到了广大消费者，尤其青年消费者的喜爱。为了更好地服务消费者，蚂蚁花呗开始打破购物平台的限制，将服务扩展至更多的线上线下消费领域。

2015 年“双十一”期间，蚂蚁花呗全天共计交易 6048 万笔，占支付宝整体交易 8.5%。2018 年 5 月 18 日，蚂蚁花呗宣布向银行等金融机构开放。2021 年 9 月 22 日，花呗公告显示，在央行征信管理部门的指导下，花呗正逐步推进接入央行征信系统的工作。目前，在获得用户授权的基础上，部分用户已经能够在自己的征信报告中查询到花呗记录，未来征信服务将逐步覆盖全部用户。对此，上海银行等金融机构表示，正常使用花呗、保持良好还款习惯，不会对贷款造成影响。

2. 蚂蚁花呗的申请及使用

申请蚂蚁花呗首先需要完成支付宝账号注册，进入支付宝页面首页。在上方搜索框输入花呗，找到蚂蚁花呗应用，点击进入。进入蚂蚁花呗主页后，可以看到当前可用的花呗额度。信用良好的用户会收到花呗服务升级的提示，点击“同意协议并升级服务”。升级后，花呗原有额度不会发生变化，可以点击额度，进入详情页。额度详情页会显示总额度、已使用额度及已授权额度。点击下方的花呗权益，即可查看当前用户花呗所具有的相关权益。

花呗开通需要符合一定的条件，芝麻信用积分要满 600，且必须是大陆实名认证用户，年龄要达到 18 周岁，支付宝绑定手机号开通支付功能且能正常使用的账户，满足这些条件后支付宝会根据用户账户的综合情况进行评估，最终来确定用户有没有开通蚂蚁花呗的权限，以及额度是多少，这套评估机制完全基于系统，人工不能强制介入。

1）使用范围

用户在开通了花呗之后，可以享受“先消费，后付款”的购物体验，在线上线下都可以消费使用。

用户只要在付款时登录支付宝，扫商家二维码，或出示自己的付钱码，并选择“花呗”作为优先付款方式即可，届时就会直接从花呗里扣取相应的额度来支付交易。不过大家需要注意，花呗额度若是不够，可能会导致付款失败。另外，线下有些商家若是没有开通花呗付款功能的话，用户可能也用不了花呗。

当然，对于没有开通花呗付款功能的商家，用户可以选择使用花呗当面花。因为花呗当面花是支持用户在线下店铺能用花呗消费的服务，只要单笔订单金额在 150 元（含）以内，用户就可以通过当面花在未开通花呗收钱的商家用花呗付款。

2）授信额度

蚂蚁花呗通过对消费者的网购情况、支付习惯、信用风险等进行综合考虑，通过大数据运算及风控模型，授予用户 500～50 000 元不等的消费额度。

蚂蚁花呗的额度依据用户在平台上所积累的消费、还款等行为授予，用户在平台上的各种行为是动态和变化的，相应的额度也是动态的，当用户一段周期内的行为良好，且符合提额政策，其相应额度则可能提升。蚂蚁花呗无法通过他人代开通或提额，不能轻信他人，泄露个人信息。

2018 年 10 月 18 日，花呗正式上线了“额度管理”功能，用户可以根据自身实际需求、自主调整自己的花呗额度。

3）还款方式

用户在消费时，可以预支蚂蚁花呗的额度，在确认收货后的下个月进行还款，免息期最长可达 41 天。除了“这月买，下月还，超长免息”的消费体验，蚂蚁花呗还推出了花呗分期的功能，消费者可以分 3 月、6 月、9 月等进行还款。

每个月月初为花呗的还款日，用户需要将已经产生的花呗账单在还款日还清。到期还款日当天系统依次自动扣除支付宝账户余额、余额宝（需开通余额宝代扣功能）、借记卡快捷支付（含卡通）用于还款已出账单未还部分，也可以主动进行还款。为避免逾期，需要确保支付宝账户金额充足。如果逾期不还每天将收取万分之五的逾期费。

2019 年 7 月 30 日，支付宝开启花呗出账日与对应还款日调整预约：花呗签约满一年以上的用户，通过系统评估后，可进入花呗—我的—还款日设置，用户现可选择每月 15 日或 20 日进行还款，出账日期也会相应调整到每月 5 日或者 10 日。

时政热点——大学生不能用花呗了吗？

2021 年 3 月我国发布《关于进一步规范大学生互联网消费贷款监督管理工作的通知》，从四个方面进一步规范大学生互联网消费贷款监督管理，切实维护大学生合法权益。《关于进一步规范大学生互联网消费贷款监督管理工作的通知》提出，加强大学生互联网消费贷款业务监督管理。明确小额贷款公司不得向大学生发放互联网消费贷款，明确未经银行业监督管理部门或地方金融监督管理部门批准设立的机构不得为大学生提供信贷服务。

此消息一出，“花呗借呗不得向大学生放款”词条迅速冲上微博热搜。花呗、借呗作为影响最为广泛的互联网贷款产品之一，其运营主体正是小贷公司，与银行等持牌机构联合放款，此前媒体报道，小贷资金占比在 1%～2%。按照《关于进一步规范大学生互联网消费贷款监督管理工作的通知》规定，若确认借贷用户为大学生，则不能以小贷公司为主体为其提供信贷服务，银行业金融机构资金则可基于审慎评估继续服务，这样大学生花呗、借呗中的小贷资金需要抽离。因此有了“花呗借呗不得向大学生放款”的说法。

但从《关于进一步规范大学生互联网消费贷款监督管理工作的通知》具体规定看，其实该通知并没有完全切断花呗、借呗等信贷产品服务大学生用户的通路，而是对放贷机构、助贷合作机构提出了更高的要求。

能否使用花呗类的产品，并不取决于其产品名称是什么，而是取决于产品背后的授信主体是谁。如果以小额信贷公司为授信主体，对大学生群体开展消费贷款服务，毫无疑问是被禁止的。但是，如果其主体变更为取得教育机构及地方银保监批准、取得第二还款人书面同意等必要要件的银行等持牌金融机构，则符合《关于进一步规范大学生互联网消费贷款监督管理工作的通知》的规定。另外，如果花呗、借呗单纯作为助贷方，为持牌金融机构提供助贷、导流服务，由合作的持牌机构作为用户的授信主体，也仍然可以为大学生群体提供服务。

大学生人群具有其特殊性，一方面作为年轻群体，其消费潜力大、有良好的职业收入前景、道德素质相对高等，是众多金融机构眼中的优质客群，但因尚未进入社会、没有稳定收入来源、易于引导、抗压能力不强等因素，易于被违规机构诱骗利用。对此，监管层面从放贷机构入手，严格机构准入，同时规范展业机构行为，在满足大学生正常借贷需求的同时，整治行业违规问题，为大学生群体提供了更好的金融环境。

4.4 网络信贷骗局与防范

网络借贷主要指网络小额贷款，是指互联网企业通过其控制的小额贷款公司，利用互联网向客户提供的小额贷款。随着经济的快速发展和网络技术的不断进步，互联网技术快速融入金融行业，发展为一种与传统金融相结合的新兴产物——互联网金融。互联网金融在一定程度上为我们的生活带来了便利，但时有发生的网络信贷骗局往往会给受害者造成严重的财产损失，需要我们仔细识别、严加防范。

1. 骗局一：未放款却先收费

放款之前先收费是无抵押贷款最常见的伎俩，贷款被骗者中，十之八九都是掉进了这个坑里。骗子往往抓住借款人急于求成的心理。

第一步：取得信任，号称只需要提供“身份证”之类的信息就可以拿到借款。

第二步：编造各种理由，提前收取借款人的费用，通常以材料费、保证金等为由头忽悠借款人上钩。

第三步：当借款人将钱打入对方账户以后，骗子完成一轮骗局，消失。

犯罪嫌疑人往往抓住人们急于用钱的心理，以先收手续费再放款为理由骗取钱财。无论是在哪一个金融平台上进行贷款申请，所有正规的单位都不会在放贷之前收取任何费用，牢记这一点，可以避免90%的骗局。

2. 骗局二：承诺低息实为高利贷

很多无抵押贷款骗局打着“日息低至××”的幌子，将借款人骗过来，最后以高息放款。比如，媒体曾报道过一起借款人被骗的案例，市民王先生贷款3万元，结果日息高达3000元；再如女大学生借钱周息高达30%。这种高利贷通常还伴随着暴力催收，一旦上钩，就很难走出这个恶性循环。

“超低利率，1万元借1天利息2元起”“当日借款次日可还，按日计息”……在互联网贷款平台营销宣传中，存在只介绍日利率，闭口不提年化利率的网贷潜规则。在营销宣传时只突出日利率，很容易给金融消费者造成利息较低的错觉，诱导过度借贷。当你碰到声称利息比银行还要低的金融机构时，一定要谨记“天上不会掉馅饼”。在签订贷款合同时，一定要对高利贷有基本的认识。

3. 骗局三：包装资质承诺成功

“凭一张身份证，不管你是黑户还是白户，当天就能下款20万元到50万元。”这是大家经常收到的诈骗短信内容。通常情况下，市民一旦缴纳手续费，按照对方的要求办理了贷款，最终遇到的结果就是贷款没到手，高额的手续费先被骗走。

在正常办理无抵押贷款的过程中，银行和金融机构一般要求贷款人提供信用担保。这并不意味着可以在完全没有任何条件的情况下凭空获得贷款，它要求贷款人具备相当多的条件，对于贷款人的资质也有很高的要求。民警表示，确实有提供小额贷款的公司可以提供无抵押贷款的服务，但是因为这些公司没有巨额的资金支持，所以他们在审核贷款人资质的时候，反而比银行更为严格。根据我国法律规定，采用这种虚假的包装贷到款，可能触犯刑法，涉嫌骗取贷款罪或者贷款诈骗罪。

4.5 案例阅读

兰州特大“套路贷”案件

2019 年 3 月，兰州市公安局历经 3 个多月的前期侦查，在公安部和省公安厅的统一指挥下组织 500 多名警力，在浙江、陕西、安徽等地一举打掉了“2·12”特大“套路贷”犯罪组织。涉及的甜兔、雏鹰、闪电虎、节气猫等平台和相关网站被查封，这些平台多以动物命名，被称为“动物系”网贷平台。

经记者采访，甜兔的用户洪程（化名）曾是一名无忧青年，生在沿海城市，20 岁步入职场，由父母赞助买房。洪程称，转折出现在 2018 年辞职后，“因急着用钱，也不好总问家人要，开始刷信用卡”。几次还不上钱后，信用卡被停用。这之后，洪程在短信中看到甜兔的推广链接。洪程点击下载，试着借了 1000 元，很快 700 元到账，先行从本金里面扣除的 300 元俗称“砍头息”。7 天到期后，没有钱还，客服说可以延期 1 天收 10%的利息，延期 7 天收 30%的利息，洪程延长了 7 天。再次到期后，洪程依然还不上，这时候又有人给他推荐了另一些借贷平台。

“网贷比吸毒还上瘾，如果没钱还，就再去借，‘砍头息’就扣掉不少，越陷越深，最后就是不停借钱。”洪程感慨。其间，他“拆东墙补西墙”东挪西凑从网上借贷，还从新入职公司挪用了一些钱。2018 年底，借贷累计 20 多万元后，洪程一听到电话响或短信提示就害怕，“百分百是来催收的”，他甚至需要在酒精的麻醉下才能入睡。眼看从公司挪钱还债的窟窿已无法堵上，洪程爬上六层楼的楼顶，准备跳楼。所幸，他及时被警察从楼顶上救下。

而在该案件中，因网贷逝去的生命却再也没有获救的机会。2021 年 1 月 12 日，甘肃省高级人民法院二审宣判，终审认定兰州特大“套路贷”诈骗 47.5 万余人，其中 39 万余人曾被“软暴力”催债，89 人在逼债催收后自杀身亡。

网贷催收能造成这样的惨剧，只因平台们手中的“杀手锏”——掌握了借贷人的通信录。借贷人在登录网贷平台时必须提供真实身份，允许平台获取其手机通信录、通话记录等信息。还款日到期后，经催收人员提醒、催债后仍不还款，通信录里的亲友和熟人就会接到催债电话和短信。有些催收人员会使用一种俗称“呼死你”的软件，不断通过电话、短信“轰炸”；有些催收人员则会使用侮辱性的催收言辞逼债。可以说，一旦陷入网贷的泥潭，只靠自己是完全无力摆脱的。“套路贷”里最核心的套路就是只要借了钱就根本还不上，直到借贷者倾家荡产。

2019 年 4 月 9 日，在全国扫黑办的首次新闻发布会上，最高人民法院、最高人民检察院、公安部、司法部联合发布了关于办理“套路贷”、“软暴力”、恶势力刑事案件和财产处置等的法律政策文件，明确规定了“套路贷”的司法解释，列举了“软暴力”违法犯罪手段的通常表现形式，确保了扫黑除恶于法有据、有法可依。2020年9月28日，兰州市中级人民法院做出一审判决，被告人王焘被数罪并罚，判处无期徒刑，剥夺政治权利终身，并没收个人全部财产，其余18名组织成员分别被判处20年至5年不等的有期徒刑。

课后测试

一、选择题

1. 个人旅游贷款原则上贷款人要提供不少于旅游项目实际报价______首期付款的人民币贷款。

A. 10%　　B. 20%
C. 30%　　D. 40%

2. 不少银行有“容时容差”服务，只要在还款日后______天内进行还款，就不算逾期。

A. 1　　B. 3
C. 7　　D. 10

3. 每月还款不应高于当月净收入的 10%，下列哪一项信贷不计入 10%的范围内______。

A. 房贷　　B. 车贷
C. 学生贷款　　D. 信用卡还款

4. 当信用卡逾期，银行将会采用各种手段通知催收，超过______，银行则可能交给外包催收公司。

A. 一个月　　B. 三个月
C. 六个月　　D. 十二个月

5. 以下关于信用卡逾期的说法，正确的是______。

A. 坚持用卡并保持良好的信用记录，那么好的记录会覆盖掉不良记录
B. 信用卡不常用，突然发现逾期了，就不用，也不管了
C. 只要一过正常的免息期，就算逾期
D. 被冒名办卡，产生了逾期无法消除

二、判断题

1. 信用卡晚一天还款就算逾期。
2. 个人芝麻信用积分满600即可开通花呗。
3. 银行本票、银行汇票和支票属于银行信用形式，而商业本票、商业汇票和银行承兑汇票则属于商业信用形式。
4. 按照信贷的偿还方式，可将信贷分为一次性偿还信贷、分期偿还信贷和循环信贷。
5. 申领信用卡后应尽量避免刷卡消费以免造成无力还款的情况。

三、简答题

1. 个人消费信贷对经济发展有怎样的作用？包括哪几种类型？
2. 信用卡具有哪些功能？其优点和缺点分别是什么？
3. 互联网信贷产品给我们的生活带来了怎样的影响？请从积极影响和消极影响两个方面举例说明，并谈谈你对如何防范网络信贷骗局的看法。

第5章

储蓄与银行理财

课程目标

□列举一些最常见的储蓄方式，并解释它们的区别
□比较不同投资决策短期和长期结果的异同
□了解互联网储蓄产品的本质与优缺点
□了解银行理财产品的基本概念和种类
□了解银行理财产品的优、缺点
□了解购买银行理财产品的流程和所需条件
□了解银行理财的其他方式

有钱别乱放，存款到银行。

理财的第一步就是储蓄，储蓄未必能成富翁，但不储蓄一定成不了富翁。许多人忽视了合理储蓄在投资中的重要性，错误地认为只要做好投资，储蓄与否并不重要。其实，储蓄是投资之本，对于刚刚步入大学生活的学生来说更是如此，每月生活费、电话费、买衣服费用、交际费用等使钱在不知不觉中都溜走了。

此外，还有很多人不喜欢储蓄，他们有很多理由：有的人认为以后可以赚到很多的钱，所以现在不需要储蓄；有的人认为应该享受当下，而且认为储蓄很难，储蓄会使生活受到限制；有的人认为储蓄的利息没有通货膨胀的速度快，储蓄不合适。

然而，检验这些拒绝储蓄的理由就会发现，与原先想的不太一样。

首先，不能只通过收入致富，而是要借储蓄致富。有些人错误地认为“等我收入够多，一切便能改善”。事实上，我们的生活品质是和收入同步提高的。你赚得越多，需要也就越多，花费也相应越多。不储蓄的人，即使收入很高，也很难拥有一笔属于自己的财富。

其次，储蓄就是付钱给自己。有一些人会付钱给别人，却不会付钱给自己。例如，买了面包，会付钱给面包店老板；贷款有利息，会付钱给银行，却很难会付钱给自己。赚钱是为了今天的生存，储蓄却是为了明天的生活和创业。

我们可以将每个月收入的10%拨到另一个账户上，把这笔钱当作自己的投资资金，然后利用这10%达到致富的目标，利用其他90%来支付其他的费用。也许，你会认为自己每月收入的 10%是一个很小的数目，可当你持之以恒地坚持一段时间之后，你将会有意想不到的收获。也正是这些很小的数目成为很多成功人士的投资之源泉。

本章将讨论储蓄的基本知识、储蓄行为等。学生们将对挑选储蓄账户的过程中需要考虑的因素加以分析，如利率、收费、余额限制及存款保险。投资进一步推动了储蓄在个人财务计划中的地位。债券、证券投资基金、股票和保险将在后文介绍。

课前小测

一、选择题

1. 假设一年期银行存款名义利率为 1.5%，通货膨胀率为 2%，请问一年期存款的实际利率是______。

A. 1.5%　　B. –0.5%

C. –0.49%　　D. 0.5%

2. 假设一年期银行存款名义利率为 1.5%，居民消费价格指数（consumer price index，CPI）增长率为 2%，小明将 10 000 元现金存入银行，一年后取出，请问小明的存款购买力相比一年前如何变化______。

A. 购买力上升　　B. 购买力不变　　C. 购买力下降

3. 张三月收入为 3000 元，有积蓄 20 000 元，他想在保持流动性的同时将 20 000 元的积蓄进行投资获取尽可能多的收益，你认为最适合张三的投资方式是______。

A. 银行活期储蓄　　B. 银行定期存款

C. 股票　　D. 银行短期理财产品

4. 以下几种债券中，风险最小的是哪种债券______。

A. 金融债券　　B. 国债

C. 地方政府债券　　D. 公司债券

二、简答题

1. 你认为个人在选择购买理财产品时需要考虑哪些因素？

2. 评估自己的财务状况、投资经验、投资风格、投资目的及风险承受能力，谈谈目前最适合自己投资的理财产品。

5.1　储蓄

储蓄是个人将属于其所有的货币存入经营储蓄业务的营业机构，营业机构为其开具存款凭证（存折、存单、借记卡），个人凭存款凭证和预留支取方式支取存款本金和利息，营业机构依照规定支付存款本金和利息的活动。其中，货币是指人民币和外币；存款凭证是存折、存单、借记卡以及其他电子凭证；人们预留支取方式包括密码、印鉴、无印密等；而储蓄账户是指自然人凭个人有效身份证件以自然人名称在银行储蓄机构开立的办理资金存取业务的人民币储蓄存款账户。其目的主要是取得利息收入。

5.1.1 储蓄账户类型

储蓄账户的类型有很多，我们可以根据储蓄产品存入方式和支取方式的不同，将其分为活期储蓄、零存整取、存本取息、定活两便、整存整取、整存零取、个人通知存款、教育储蓄和大额存单。

活期储蓄是个人将人民币资金存入银行储蓄机构，不规定存期，个人可随时凭储蓄机构开具的凭证续存或支取，存取金额不限。

零存整取指开户时约定存期，本金分次存入，到期一次支取本息的存款方式，其特点是逐月存储，每月存入金额固定，适合那些每月有固定收入但节余不多的人群。零存整取中途如有漏存，应在次月补齐，未补存者，视同违约，对违约后存入的部分，支取时按活期利率计息。零存整取利率一般为同期定期存款利率的 60%。

存本取息是指一种一次存入本金，分次支取利息，到期归还本金的存款方式。这种储蓄适合突然有比较大的款项收入，而在短时间内又没有比较大的计划开支，将本金存入营业机构，按时支取利息来安排日常生活的人士。储户开户时可一次性存入本金，并选择确定存款期限以及支取利息的时间和次数，这种储蓄起存金额为 5000 元，存期可分为 1 年、3 年、5 年三个档次，利息可以由储户确定一个月取一次或者几个月取一次。

定活两便是指客户在存款时，不约定存期，可以随时支取，利率随存期的长短而变化的储蓄存款。

整存整取指个人与银行约定存期，整笔存入，到期一次支取本息的一种储蓄存款方式。人民币开户起存金额为人民币 50 元，存期分为 3 个月、6 个月、1 年、2 年、3 年、5 年。

整存零取指个人一次性存入较大金额的人民币本金，分期陆续平均支取本金，到期支取利息的一种定期储蓄。

个人通知存款指存款人在存入款项时不约定存期，支取时须提前通知银行，约定支取金额和日期方能支取的存款方式。按存款人提前通知的期限长短划分为一天通知存款和七天通知存款两个品种，最低起存金额为 5 万元，最低支取金额为 5 万元。存款利息高于活期储蓄利息，存期灵活、支取方便，能获得较高收益，适用于大额、存取较频繁的存款。

教育储蓄指为接受非义务教育积蓄资金，实行优惠利率，分次存入，到期一次支取本息的服务。一般为对在校小学四年级以上（含四年级）学生提供的优惠储蓄品种。开户时，存款人应与银行约定每月固定存入的金额，分次存入，途中如有漏存，应在次月补存；未补存者视同违约，对违约后存入部分视同活期存款利率计息，并征收储蓄存款利息所得税。支取时，只有凭存折及学校提供的正在接受非义务教育的学生身份证明（必须是当年有效证明，且一份证明只能享受一次利率优惠）一次支取本金和利息，才能享受国家规定的利率和免征利息税优惠。

大额存单是指由银行业存款类金融机构面向个人、非金融企业、机关团体等发行的一种大额存款凭证。与一般存单不同的是，大额存单在到期之前可以转让，期限不低于 7 天，投资门槛高，金额为整数。其运作原理是银行在固定期限内对固定数额的资金支付固定金额的利息。从其优势上看，大额存单没有风险、不收取费用，而且利率高于储蓄账户。但是其存取受限，如在到期之前取款，则必须支付罚款（罚款可能高于所赚利息）。

5.1.2　互联网理财

1. 互联网理财产品的类型

1）第一类：集支付、收益、资金周转于一体的理财产品

第一类的典型代表是阿里巴巴（余额宝）、苏宁（零钱宝）。首先，该类产品的最大特征莫过于投资人可进行消费、支付和转出的操作，且无须任何手续费。迄今，“余额宝模式”已被广泛复制。其次，该类产品承诺 T＋0 赎回，实时提现的优点直接满足投资人对产品流动性的需求。余额宝官方介绍称，按余额宝转出至银行卡的金额，单笔小于等于 5 万元，第二个自然日 24 点前到账；单笔大于 5 万元，则提交后的一个工作日内 24 点前到账。最后，因类余额宝产品的本质是货币型基金（以下简称货基）产品，收益取决于货币市场间资金利率水平，随市场浮动，年化收益一般在 4%～6%，因此年化近 7%的高收益很难持久。

2）第二类：与知名互联网公司合作的理财产品

第二类的典型代表是腾讯（理财通）、百度（百度理财 B）。以腾讯理财通为例，直接接入以华夏基金为代表的一线品牌基金公司，首发宣传 7 日年化收益率为 7.394%。事实上，“7 日年化收益率”是根据最近 7 天的收益情况，折算成年化收益率来计算的。假如货基在某一天集中兑现收益，当天的万份收益就会畸高，随后一段时间其 7 日年化收益率都会很高，因此“7 日年化收益率”这个指标就会虚高。最好的做法是，投资人在日常看货基收益的同时，重点关注日每万份收益，以及业绩是否长期稳定。

3）第三类：P2P 平台的理财产品

第三类的典型代表是人人贷（优先理财计划）、陆金所（稳盈-安 e 贷）。该类产品是互联网直接理财的产物，即资金通过互联网平台直接流向资金需求方，出资人享受资金出让的收益。不少 P2P[①]平台与小贷、保险或担保公司合作以保障投资人的本息安全。另一种保障方式，是投资人向借款人提供的实物抵押权，最常见的有车子、房产等。需指出的是，对同是房产的抵押物，住宅的变现能力要远高于办公楼或厂房。正规 P2P 产品收益一般在 8%～15%，有抵押产品收益最高，为 12%左右，但若综合考量安全性，后者或许更受保守型投资人的偏爱。

4）第四类：基金公司在自己的直销平台上推广的产品

第四类的典型代表是汇添富基金（现金宝、全额宝）。以货基为本质，披上互联网金融外衣的理财产品与基金公司直销推广的产品，在原始收益率上并无差异。因为，两者所挂钩的基金产品实际上是同一款产品，收益率自然也一样。唯一不同的是，一般货基虽也承诺 T＋0 赎回，但必须等到当天收市清算后资金方能到账。银河证券数据显示，截至 2015 年初，货币市场基金 A 类、货币市场基金 B 类的平均净值增长率分别为 0.7057%、0.7425%，不到两月的收益便超活期储蓄 2 倍。

5）第五类：银行自己发行银行端现金管理工具

第五类的典型代表是平安银行（平安盈）、广发银行（智能金）。银行信誉的保障是

① P2P 是英文 peer to peer lending（或 peer-to-peer）的缩写，指互联网金融点对点借贷平台。

该类产品最大的优势。很多投资人正是出于能够及时变现的考量才会更青睐有金融机构作背书的平台，这类平台以自身银行体系的产品为基础进行销售。也正由于机构提供的强大信誉背景，所以转让更容易。其实，在互联网金融如火如荼的当下，银行已经开始不断变革。据国元证券发布的研究报告，多家银行已开始全面升级旗下开放式理财产品，其中开放式 T + 0 产品的年化收益提升至 4.5%左右，除了在银行网点销售外，还能通过网上银行和手机银行等方式购买。

2. 案例：当储蓄“邂逅”互联网

随着移动互联网的发展，各个行业线上与线下的结合日益紧密，与网民生活密切联系的金融行业，也开始从线下走到了线上，涉足互联网金融。以同学们都熟悉的支付宝为例，2012 年起支付宝推出互联网金融，朝综合金融服务方向发展：利用数千亿运营沉淀资金、用户存款和支付余额，展开贷款、信用消费等服务。

阿里巴巴先在集团旗下电商商户中开展小额贷款、P2P、众筹等多种形式的金融服务，这些形式不仅对放款企业风险可控，对电商商户而言，贷款速度比银行更快、也更加方便，因而很受电商商户的欢迎。根据《商业周刊》的数据，到 2013 年底，使用阿里巴巴小额贷款的中小型商家已接近 60 万家，累计放贷额度接近 1500 亿元，平均利息 5 元/(万元/天)。随后，阿里巴巴集团又推出余额宝，以高回报吸引存款帮助客户投资理财，且无门槛，掀起互联网金融大潮。那余额宝是如何开展互联网金融操作的呢？

2013 年 6 月，阿里巴巴集团联手天弘基金管理有限公司（以下简称天弘基金）推出余额宝产品，该产品以高回报、无门槛且可随时赎回（T + 0）方式吸引资金并迅速做大(2014 年初，年化收益率一度接近 7%)。2013 年 10 月，阿里巴巴集团出资约 12 亿元认购天弘基金超过 50%的股份（51%）。余额宝在融资和发行过程中，避开银行等传统金融机构的营销定式，通过承诺利益、病毒式传播、指定投向、以量取胜，吸引了大量的年轻用户，使得阿里巴巴、天弘基金和相关客户均受益。2014 年 1～3 月，余额宝的年化收益率达到顶峰，随后便逐渐下滑，到 2015 年 7 月，其 7 日年化收益率已跌至 4%，同业排名倒数第四。尽管余额宝收益率从将近 7%下降到 4%，但申购赎回整体平稳，目前，其收益率趋近定期存款的收益（表 5.1）。

表 5.1　余额宝经营状况（截至 2014 年 3 月 31 日）

时间	7 日年化收益率	用户数/万户	累计转入资金/亿元
2013-06-13	3.2340%	0	0
2013-06-30	6.2990%	252	66
2013-09-30	5.0700%	1300	556
2013-12-30	6.5980%	4303	1853
2014-02-21	6.1830%	4900	2500
2014-03-31	5.3610%	5413	8100

2014 年 4 月，天弘基金对外公布的第一季度报表显示，余额宝当时用户规模超过 8000 万，资金规模超过 5000 亿元。短短不到一年的时间，余额宝就帮助天弘基金扭亏为盈，2013 年实现利润 1092.76 万元，且行业排名靠前。

那么，问题来了：①余额宝具体是如何开展互联网金融操作的呢？②为什么余额宝的收益率能这么高？

从运营模式上看，余额宝是隶属于支付宝的货基，其面对终端用户，背靠的是天弘基金。对终端用户而言，余额宝是一种 T+0 期的储蓄产品，用户可以随时提现，可以提前支取并不罚息，且利率也高于银行的活期利率。而天弘基金在被阿里巴巴收购前，是一家成立九年、规模垫底、年亏损近千万的货基，也是通过聚集社会闲散资金，交由资金管理人员运作管理的开放式基金；在被阿里巴巴收购并推出余额宝后，其资金规模排名位于行业前列。

那么，天弘基金将这些闲散资金聚集起来后，是怎么做到高收益率的呢？他们是发现了更好的商业机会拿去投资吗？事实上，如图 5.1 所示，根据凤凰财经的数据，余额宝仅仅将 6.7%的资金用于债券投资，而将 90%以上的资金用于投资银行的协议存款。从本质上看，协议存款是机构利用资金的规模优势，与银行达成协议存款利率，然后将钱存入该银行，获得利息，但这种利率一般要高于银行的活期利率。也就是说，天弘基金利用余额宝这个产品，将用户存在银行里的闲散资金聚集起来，然后与银行达成协议利率后，将钱再存入银行；余额宝从银行获得高于活期存款利率的回报，再将高额的利息部分返还给终端用户。事实上，一些银行理财产品也是这么做的，这样操作起来，出现亏损的概率较低，因而，相对风险也较小。

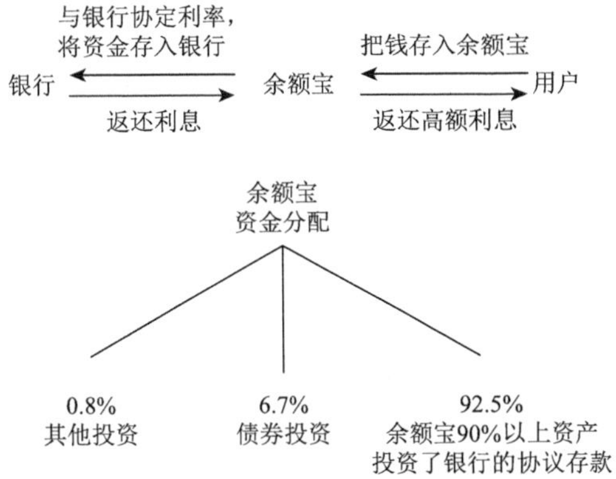

图 5.1　余额宝投资模式解析

那为什么个人用户/阿里巴巴不直接与银行达成协议利率，而是要通过天弘基金来实现这种操作呢？事实上，无论是个人储蓄还是企业投资，都无法参与到银行间协议存款。根据相关法律法规，个人是无法参与银行间的交易的，只允许有金融牌照的机构参与；而余额宝正是根据这一规定，利用货基连接个人用户和货币市场。

在获得盈余资金后，余额宝将盈余资金存放在中信银行，并支付中信银行资产净值的 0.08%作为资金托管费，支付资产净值的 3%作为天弘基金的资金管理费，支付资产净值的 2.5%作为余额宝销售平台支付宝的销售服务费。

案例思考：

1. 你认为余额宝和银行理财产品比较而言哪个风险更大？
2. 余额宝及类似的互联网金融产品对银行和金融业有什么影响？

5.1.3 储蓄存款利息计算方式

1. 储蓄存款利息计算的基本公式

储户在银行储存一定时期和一定数额的存款后，银行按国家规定的利率支付给储户超过本金的那部分资金。利息计算的基本公式为

$$利息 = 本金 \times 存期 \times 利率$$

计息基本规定：①储蓄利息不计付息；②计息金额起点为元，元以下的角分不计利息；③利息金额算至厘位，分以下四舍五入；④存款算头不算尾。

从存款当日起息，算至取款的前1天，即存入日应计息，取款日不计息。

每月按30天计算：不论大月、小月、平月、闰月，每月均按30天计算存期。到期日如遇节假日，储蓄所不营业的，可以在节假日前1日支取，按到期计息，手续按提前支取处理。

例1：支取日为2009-06-20，存入日为2006-03-11，请计算实际存款日期。

实际存款日期：$360 \times 3 + 30 \times 3 + 9 = 1179$（天）

简便算法：采用以支取日的年、月、日分别减去存入日的年、月、日，其差数为实存天数。

支取日：2009-06-20

存入日：2006-03-11

换算天数：$3 \times 360 + 3 \times 30 + 9 = 1179$（天）

2. 零存整取定期储蓄存款利息的计算

月积数计息法：这种方法是按“零整”储蓄分户账每月的存款余额算出累计月积数，用累计计息积数乘以利率，便可算出应付利息。如果每月存入金额是固定的、相等的，则在排列上是一个等差数列，可用等差数列求和公式求计息积数和。

计息公式：利息 = 月存金额×累计月积数×月利率。

其中：累计月积数 =（存入次数 + 1）×存入次数÷2

使用对象：零存整取储蓄方式可集零成整，具有计划性、约束性、积累性的功能；虽然该储蓄方式利率低于整存整取定期存款，但却高于活期储蓄，可使储户获得比活期储蓄稍高的存款利息收入；零存整取适用于各类储户，尤其适用于低收入者生活节余累计成整的需要。

3. 整存整取利息的计算

1）到期支取的计算

到期支取利息计算公式为

$$利息 = 本金 \times 利率 \times 存期$$

例2：某人存1000元，存期为3年，存入日3年期的定期存款利率为14%，那么利息应为：$1000 \times 14\% \times 3 = 420$（元）。

2）过期支取的计算

到期日支付规定利息，到期日以后部分按活期利率付息。

例 3：某人存入 1000 元，存期为 3 年，存入日 3 年的定期存款利率为 14%，过期后 60 天支取，活期储蓄月利率为 1.8‰，支取日计息为：1000×14%×3+1000×60×1.8‰÷30=423.6（元）。

3）提前支取的计算

提前支取则按活期利率付息。

例 4：某人存入 1000 元，存期为 3 年，存入日 3 年的定期存款利率为 14%，而该人在存入两年后想提取，提取当时银行挂牌公式的活期利率为 8%，那么支取日利息应为：1000×2×8% = 160（元）。

4. 存本取息利息的计算

存本取息的利息计算公式与整存整取的计算公式相同，只是为了弥补提前分期取息给银行造成的贴息损失，该种储蓄所定的利率要低于整存整取的储蓄利率。

$$每期支取利息 = 本金\times取息期\times利率$$

例 5：某人存入 10 000 元，存期为 3 年，存入当日的月利率为 9.45‰，每 3 个月支取一次利息，则此储户每次支取利息的全额为：10 000×3×9.45‰ = 283.5（元）。

如存本取息的储蓄要提前支取，那么银行将对已经分期支付的本息，采用如数回扣，再按活期利率的标准计算利息来交付本息。

例 6：上例中，如果已经付了 4 次利息，储户欲提前支取，而活期利率为月息 1.8‰，实际的存期为 12 月，则储户可支取：10 000 + 10 000×12×1.8‰−283.5×4 = 9082（元）。

另外，储户如果逾期支取，那么逾期的时间内也应按活期利率计算利息一并支付给储户。

5. 定活两便储蓄存款利息计算

定活两便储蓄存款存期在 3 个月以内的按活期计算，存期在 3 个月以上的，按同档次整存整取定期存款利率的六折计算，存期在 1 年以上（含 1 年），无论存期多长，整个存期一律按支取日定期整存整取 1 年期存款利率六折计息：

$$利息 = 本金\times存期\times利率\times60\%$$

6. 个人通知存款利息的计算

个人通知存款是一次存入，一次或分次支取。一天通知存款需提前 1 天通知，按支取日一天通知存款的利率计算，七天通知存款需提前 7 天通知，按支取日七天通知存款的利率计息，不按规定提前通知而要求支取存款的，则按活期利率计息，利随本清：

$$应付利息 = 本金\times存期\times相应利率$$

5.1.4　七二法则

“七二法则”是一种简单的预估财富增长情况的方法，即一笔投资不拿回利息，利滚利，本金增值一倍所需的时间为 72 除以该投资年均回报率的商数。

72 除以利率，即为实现财富翻倍所需的年数，即 72÷利率 = 财富增长一倍所需年数。

72 除以不同年数，即为在这段期限内实现财富翻倍所需达到的利率，即 72÷投资增长一倍所需年数 = 所需利率。

5.1.5 储蓄理财技巧

1. 合理选择存款期限

定存期限既不要太长也不要太短，以不超过一年为宜。

最好采用连月储蓄法，即储户每月存入一定的金额，所有存单额年限都相同，但是到期日分别相差 1 个月。

这种连月存储的方法能够最大限度地发挥储蓄的灵活性，需要用钱的时候可以支取到期或近期的存单，而且能够减少利息的损失。

2. "阶梯存储"应对利率调整

阶梯存储就是将资金分散开，存不同时间段的定期。

阶梯储蓄对储蓄到期额保持等量平衡起到很大的作用，既能够应对突发的利率调整，又可以获取三年期存款之后比较高的利息。

3. 定期存款转存要注意"临界点"

根据储蓄的相关条例，如果要支取未到期的定期存款，银行只按照活期利率支付利息，所以如果定期存款存储进去的时间天数已经大于转存临界点，就不要进行转存了。临界点的公式：

$$360\text{天}\times\text{存期年限}\times(\text{新利率}-\text{原利率})-(\text{新利率}-\text{活期利率})$$

4. 储蓄与其他理财产品的合理配置

为了获得更多收益，除了储蓄，可以合理配置一些其他理财产品和金融投资工具。理财知识丰富、风险抵御能力强的个人或家庭可以投资股票、基金、金融衍生品等，普通投资人、风险抵御能力小的个人或家庭可以选择债券、银行或互联网理财产品等。为了规避疾病、人身意外和其他各类风险，还可以适当配置养老保险、医疗保险、意外险等保险工具或者兼具保险和投资双重功能的保险类理财工具。关于这些投资方式和理财工具的介绍我们将在后续章节专门展开讨论。

5.2 银行理财

5.2.1 银行理财产品的概念

银行理财产品即由商业银行自行设计并发行的产品，将募集到的资金根据产品合同约定投入相关金融市场及购买相关金融产品，获取投资收益后，根据合同约定分配给投资人的一类理财产品。在理财产品这种投资方式中，银行只是接受客户的授权管理资金，投资收益与风险由客户或客户与银行按照约定方式共同承担。

银监会于 2005 年出台的《商业银行个人理财业务管理暂行办法》对于"个人理财业务"的界定是：商业银行为个人客户提供的财务分析、财务规划、投资顾问、资产管理等专业化服务活动。商业银行个人理财业务按照管理运作方式的不同，分为理财顾问服务和综合理财服务。我们一般所说的“银行理财产品”，通常是指综合理财服务。

5.2.2　银行理财产品的种类

银行理财产品可以根据收益类型、产品存续形态、收益计算方式、投资方向等来分类。具体如下。

1. 按收益类型分类

按收益类型，银行理财产品大致可以分为保本理财产品和非保本理财产品。

保本理财产品包括保证收益类产品和保本浮动收益类产品。保证收益类产品，是指商业银行按照约定条件向客户承诺支付固定收益，到期偿还全额本金的理财产品。保本浮动收益类产品则是指商业银行按照约定条件向客户保证本金支付，本金以外的投资风险由客户承担，并依据投资收益实际情况确定客户实际收益。

而非保本理财产品既不能保证本金安全，也不能保证收益率，具体收益会根据理财资金投资标的实际收益情况而发生波动。投资收益波动的风险由理财产品的购买方自行承担，银行等金融机构并不承担“兜底”业务。

简单来说，这三类产品的特征可归纳为：保证收益类产品能保障本金与收益安全，到期收获本金与预期收益；保本浮动收益类产品能够保障本金安全，收益不固定，有可能达不到预期收益率；非保本理财产品既不保障本金安全，收益也不固定，有可能达不到预期收益率并且出现本金亏损。由于非保本理财产品要比保本理财产品的风险大很多，因此前者的收益也要明显高于后者的收益。

截至 2019 年 8 月，市场上发行的理财产品主要以非保本理财产品为主，其数量占所有理财产品的 78.74%，而保证收益类产品和保本浮动收益类产品则只占理财产品总量的 4.45%和 16.81%。2018 年 9 月 28 日中国银行保险监督管理委员会（以下简称银保监会）发布的《商业银行理财业务监督管理办法》（简称“理财新规”）明确“银行开展理财业务需要遵循的监管要求……规范产品运作，实行净值化管理”，即非保本理财产品收益将按照产品实际市场价值计算，而保本理财产品按照结构性存款或者其他存款进行规范管理。

2. 按产品存续形态分类

按照产品存续形态，可把银行理财产品分为开放式理财产品和封闭式理财产品。

开放式理财产品，是指在产品存续期里可以随时进行赎回操作的理财产品；封闭式理财产品是指在存续期内不再接受新的投资，同时投资者也不能赎回已投资的部分，且在产品终止时按照约定收益率兑付。

根据理财产品高风险高收益的原则，一般封闭式理财产品收益较高，但流动性较差，不可提前赎回或者有提前赎回的限制。开放式理财产品收益稍低，但最大的优势是资金流动性好，可提前赎回，适用有临时资金需求的投资者。在购买银行理财产品时，一定要结合自己对资金流动性的要求，做出正确的理财决策。

3. 按收益计算方式分类

按收益计算方式，可将银行理财产品分为净值型理财产品和非净值型理财产品。

净值型理财产品为非保本浮动收益类理财产品，没有预期收益，理财产品的收益率根据产品净值的变化而变化。非净值型理财产品则相反，产品发行时会规定一个预期或固定收益率。净值型理财产品定期披露产品运作公告，投资者在投资期内可准确掌握净值型理财产品的投资情况及产品净值等信息，产品运作透明度高，真实反映投资资产的市场价值。

净值型理财产品与非净值型理财产品主要有三个区别。一是流动性不同，非净值型理财产品一般会有投资期限，在产品没有到期时，无法赎回资金；而净值型理财产品在封闭式理财的基础上加入了流动性，每周或每月都有开放日，申购赎回相对更灵活。二是信息披露透明度不同，与开放式理财产品相同，净值型理财产品会定期披露收益，与非净值型理财理财产品相比信息更加透明。三是净值型理财产品挂钩不同的市场，特别是一些高风险的市场；市场行情比较好时，收益比普通的理财产品高，但行情不好时，它也可能亏损。

4. 按投资方向分类

按照投资方向，可将银行理财产品分为固定收益类理财产品、现金管理类理财产品、国内资本市场类理财产品、代客境外理财类产品和结构性理财产品五类。

1）固定收益类理财产品

固定收益类理财产品主要投资于银行间市场、交易所及其他金融市场的固定收益投资品种，主要包括中央银行票据、金融债券、企业债券、短期融资券、贷款类信托、商业票据等，具体包括债券型理财产品、信托贷款型理财产品和票据型理财产品。

2）现金管理类理财产品

现金管理类理财产品主要投资于国债、中央银行票据、债券回购及高信用级别的企业债券、公司债券、短期融资券等安全性高、可随时变现的品种。现金管理类理财产品大多可以随时变现，流动性近似于储蓄，申购和赎回交易都非常方便。

现金管理类理财产品具有投资期短、交易灵活、收益较活期存款高等特点，通常作为活期存款的替代品，用来管理短期闲置资金。

3）国内资本市场类理财产品

国内资本市场类理财产品主要投资于在上海证券交易所、深圳证券交易所上市交易的投资品种，包括交易所股票、开放式基金及交易所债券等。具体包括：新股申购类理财产品、证券投资类理财产品和股权投资类理财产品。

4）代客境外理财类产品

代客境外理财业务，是指具有代客境外理财资格的商业银行，受境内机构和居民个人的委托，以其资金在境外进行规定的金融产品投资的经营活动。代客境外理财类产品的特点主要有：代客境外理财类产品的资金投资市场在境外；代客境外理财类产品可投资的境外金融产品和金融市场是有限的；投资者可以直接用人民币投资。

5）结构性理财产品

结构性理财产品是运用金融工程技术，将存款零息债券等固定收益产品与金融衍生产品（如远期、期权、掉期等）组合在一起而形成的一种金融产品，简而言之，就是将产品分为“固定收益＋期权”的复合结构。

结构性理财产品的固定收益部分对投资本金的保障程度非常灵活，可以根据客户的需求具体设定，包括不保障本金安全、部分保本、完全保本以及承诺一个大于零的最低收益四种情况。

5.2.3　银行理财产品的优缺点

经过发展，银行理财产品规模持续增长，并于 2014 年首次超越信托产品的规模，成为广受国内投资者青睐的金融产品之一。那么，银行理财产品到底具备哪些优势，又存在哪些不足呢？

1. 银行理财产品的优点

1）收益率比银行存款利率高

近年来，市场上理财产品的平均收益率基本都要高于同期的银行活期存款和定期存款利率，将近 80%的银行理财产品预期年化收益率在 3%～5%。

2）风险比股票投资小

尽管我国现在的理财产品绝大部分是非保本理财产品，但其风险比起投资股票或基金来说要小得多。现在新发行的非保本理财产品超过 80%都是投资于中低风险的产品，如债券类产品。且根据已披露实际收益率与预期收益率资料的理财产品来看，实际收益率等于预期收益率的产品占已公开收益资料产品的 98%以上。由此看来，银行理财产品目前的投资风险要小于股票投资。

3）产品种类丰富，期限灵活

银行理财产品除了风险比股票投资低的优点，期限灵活、种类丰富、可多币种购买，也是它吸引投资者的原因。目前市场上银行理财产品的种类繁多，期限从 7 天以内到一年以上不等，可以满足不同流动性需求的客户。还有银行 T＋0 理财产品，又称开放式净值型理财产品，它的交易机制采用的是 T＋0，即工作日购买，当日就能起息。货基一般是 T＋1 交易机制，工作日 15:00 之前购买，第二个工作日才会计息。如果周五买入，银行 T＋0 产品当日就可以计息，而货基就得等到下周一才会有收益。相比起来，银行 T＋0 产品比货基多了 3 天收益，如果碰到国庆、春节，还要再多几天的收益。且这种产品可以当天赎回，没有申购赎回的费用，在获取高于存款的理财收益的同时，还可以保持流动性。此外，在市场利率下跌的趋势下，银行理财产品收益率的跌幅要小于货基收益率。2019 年上半年，各商业银行的开放式净值型理财产品收益率普遍高于余额宝。

4）银行网点众多，快捷便利

银行的网点数量众多，购买银行理财产品，只需要到银行柜台去选择合适的产品即可，类似于办理存款的手续，甚至现在在手机银行上就可以随时买卖理财产品，十分方便。

2. 银行理财产品的缺点

1）风险比银行存款高

尽管银行理财产品比股票、基金投资的风险低，也较少出现亏损的情况，但理论上来说，非保本银行理财产品还是有风险的，并不能保证本金及收益。如果是追求绝对资金安全的投资者，理财产品并不是最好的选择。此外，封闭式理财产品的流动性也比活期存款要低。

2）部分产品存在投资门槛

大部分银行理财产品规定了起购金额，起购金额通常为五万元、十万元甚至上百万元。对于资金较少的投资者来说，其投资选择就大大受限。

3）收益比 P2P 理财产品低

相比于 P2P 理财产品，银行理财产品的收益相对较低。据公开数据统计，2015 年以来，银行理财产品年收益率为 4.6%左右，而 P2P 理财产品的收益率多是在 8%～10%，略高的甚至能达到 10%以上。对于追求高收益的风险偏好型投资者来说，他有很多比银行理财更合适的投资方式。

5.2.4 银行理财产品市场的发展及现状

为了顺应个人日益强烈的理财需求，商业银行越来越注重发展个人理财业务，这对商业银行自身的发展也具有重要的促进作用。理财产品相关业务的发展，会使银行在激烈的市场竞争中获得良好的竞争机会与竞争优势，同时也会使其在高端客户市场占据更大的市场份额，这在一定程度上对我国商业银行理财产品业务的发展提供了动力。我国银行理财产品市场的发展大致可以分为三个阶段。

第一阶段（1999 年 1 月～2005 年 10 月），银行理财产品的萌芽阶段。随着改革开放的推进，我国在 2001 年底加入世界贸易组织，经济的对外开放使得国外先进金融理念渗透到国内。国内商业银行开始涉猎个人理财，接受客户的理财咨询，为其制订财富管理计划。此阶段，居民主要集中于对所持外币资产的保值增值。2003 年，中国银行发行了我国第一款外币理财产品“汇聚宝”外汇理财产品。此后，国内商业银行也争相模仿推出外币理财产品，但都没有形成规模。2004 年 11 月，光大银行推出投资于银行间债券市场的“阳光理财 B 计划”，开创了国内人民币理财产品的先河，揭开了我国人民币银行理财产品的发行序幕。2004 年是我国银行理财产品研发的摸索阶段，还没有相关监管制度出台。这期间产品的发行注重高门槛、强流动性，风险和收益一般较小，并且类型单一、设计简单。2005 年初国内出现首个人民币结构性理财产品。

第二阶段（2005 年 11 月～2008 年中期），银行理财产品的发展阶段，发行规模较萌芽阶段有显著的增加。此阶段，我国经济高速发展，民间资本需求大增，投资机会增多，金融市场整体表现良好，银行为了筹集更多的资金，在存款业务竞争日益激烈的情况下，个人理财业务的重要性得到提高，我国银行理财市场因而高速发展。银行理财市场从 2005 年的 3560 亿元增长到 2008 年上半年 9100 亿元。2005 年 12 月，拥有衍生品业务许可证的银行经银监会批准可以发行与股票、股指、商品等挂钩的挂钩类理财产品。资金配置市场也开始逐渐涉及股票市场、票据市场等。因产品类型丰富，结构化的理财产品受到投资者的关注。

第三阶段（2008 年中期至今），银行理财产品成熟、规范阶段。2008 年末，全球性金融危机的爆发降低了投资者的投资热情，证券市场市值纷纷跳水，投资者选择抛售离场，对于银行理财产品的选择也趋于理性。发行银行减少了与国外证券市场联动性强的理财产品，监管机构也加大了监管力度，提高了对理财产品发行的审批要求，严格控制风险，保护投资者利益。政府为了降低金融危机带来的影响，投入4万亿元保证GDP增长。通货膨胀率的提高，使居民为了资产增值保值，将目光投向银行理财产品市场。虽然理财产品市场迅猛发展，但是问题也不断凸显。银行理财市场竞争激烈，产品之间互相模仿缺乏创新，理财销售人员不够专业以及商业银行理财产品资金池"庞氏骗局"等问题的出现都给理财市场亮起红灯。这一阶段给相关监管部门提出难题，即如何在保护投资者利益和促进银行理财市场发展两者间权衡，制定出对双方都有利的监管政策。

2010年，政府之前投入的用于应对金融危机的4万亿元效果开始显现。通货膨胀率的提高，证券市场的持续不景气，以及之前银行理财产品风险和收益的良好表现，使投资者对于银行理财产品的需求更加迫切。其中，因为存款准备金率的提高，中国人民银行银根收紧，信贷类、票据类理财产品受到追捧。所以在2011年，发行规模迎来大发展，2011～2015年，银行理财规模年复合增长率超过50%，2016年和2017年，银行理财产品增速有所下降，规模基本保持稳定。截至2017年底，全国共有562家银行业金融机构有存续的理财产品，理财产品数量为9.35万只，理财产品存续余额为29.54万亿元（表5.2）。

表5.2 2013～2017年银行理财产品规模

年度	理财产品数量/万只	银行理财产品存续余额/万亿元
2013	4.45	10.24
2014	5.5	15.02
2015	6.09	23.5
2016	7.42	29.05
2017	9.35	29.54

5.2.5 购买银行理财产品时需注意问题

1. 了解理财产品的具体情况

市场上各大银行层出不穷的理财产品让原本较为简单的个人理财产品市场竞争变得更加激烈，也让人们在选择理财产品的时候陷入纠结。同时因为一些不法分子通过理财产品进行金融犯罪，各种"庞氏骗局"、P2P理财产品、互联网理财产品让消费者对于理财产品产生一种畏惧的心理，对于各种银行设计的理财产品抱有怀疑态度。人们购买理财产品时，应综合考察以下几方面的问题。

1）问题一：银行自发还是代销

大部分银行理财产品都是银行自己发行的，但银行也可以代理销售其他资产管理机构的理财产品。有的理财产品的说明书中，明确写着"银行作为投资者的代理人……"这样的声明，银行只承认是代理、委托关系，并不为该理财产品负责，因此投资者要谨慎选择这类型理财产品，自行判断风险。

2）问题二：这是一个什么产品

目前商业银行发行的理财产品一部分投资于中央银行票据、同业拆借、债券回购等，这类理财产品风险较小，同时收益率也相对较低；另一部分产品是银行利用自身资源代为发行的信托类理财产品，这类产品往往起点较高，投资于高风险行业，高收益的同时也意味着高风险。投资者一定要多了解产品的投资范围。

3）问题三：我能获得多少回报

对普通投资者来说，无论是否能够读懂复杂的产品说明书，高收益率都是很大的诱惑。部分理财产品都有预期收益的演示，但是演示与最终结果有时会有较大的出入，预期收益率并不等于最后的实际收益率。还需要注意的是，理财产品一般有产品募集期，产品募集期结束后才开始正式起息。募集期将拉长产品的实际投资期限，缩小理财产品的实际收益。

2018 年“理财新规”正式出台，明确要求商业银行销售理财产品，应当加强投资者适当性管理，向投资者充分披露信息和揭示风险，不得宣传或承诺保本保收益，不得误导投资者购买与其风险承受能力不相匹配的理财产品。真正意义上的银行理财产品是非保本的，过去传统的银行保本理财往往通过“刚性兑付”将风险资产的真实价值隐藏起来，也埋下了系统性风险发生的隐患。2017～2018 年，银行理财违约的案例时有发生，招商银行、交通银行、华夏银行等都曾卷入其中。

4）问题四：是否符合最优资产配置的要求

很多投资者在选择理财产品时，有时会比较盲目，常常是哪款产品收益高就投哪款，或者是偏好某一类产品而忽视其他产品。其实，这样的产品选择方式有较大弊端，投资者无法对目前的投资产品组合进行有效的配置，面临产品集中度过高的风险。若未来市场或政策出现调整，将导致整体投资收益受到影响。比如，有些投资者就偏爱短期的债券型理财产品，但由于债券型理财产品会较大程度上受到市场利率的影响，若利率出现下调，则手中的产品收益都会受到影响。所以，在选择理财产品时，不但要关注产品本身的特征和收益，还要看看其是否符合自己的资产配置要求。

提示：

我们在购买银行理财产品时应该了解五个“不等于”。

（1）银行理财不等于储蓄存款，收益具有不确定性。

（2）预期收益不等于实际收益。银行理财产品在宣传时推算出来的过往收益等一般是通过历史数据或模拟得出的，而最终的收益很可能与过往收益有较大偏差。

（3）口头宣传不等于合同约定，不能只听销售人员的口头宣传，要仔细阅读产品合同、条款和说明书。

（4）别人说“好”不等于适合自己。

（5）投资理财不等于投机发财。

2. 了解自身的投资需要

投资者选择理财产品的时候，一定要认真审视自己和家庭的财务状况，考虑到未来投资期间内可能会发生的生活支出，这些因素直接决定了选择的理财产品的风险性、灵活性、资金门槛等。

1）风险性

理财产品的高收益常常伴随着高风险，要酌情选择。实际操作的时候要看投资人自身的风险承受能力，当投资人追求高回报时，要考虑到万一亏损自己是否承担得起。另外，选择产品的风险等级也与投资者本人的风险偏好有关。一般情况下，投资者应该持有一部分足够应付生活开支的低风险投资，富余的资金才考虑投入高风险的理财产品中。银行理财产品可能面临以下风险。

（1）市场风险。理财产品募集资金将由商业银行投入相关金融市场中去，金融市场波动将会影响理财产品本金及收益。造成金融市场价格波动的因素很复杂，价格波动大，投资者所购买的理财产品面临的市场风险也大。比如，在 2008 年金融危机时，由于全球资本市场严重受挫，当时大多数与资本市场相关的理财产品均遭受不同程度的损失。

（2）信用风险。理财产品的投资如果与某个企业或机构的信用相关，如购买企业发行的债券、投资企业信托贷款等，理财产品就需要承担企业相应的信用风险，如果这个企业发生违约、破产等情况，理财产品就会有损失。

（3）流动性风险。某些理财产品期限较长或投资于难以及时变现的金融产品，在理财产品存续期间，投资者在急用资金时可能面临无法提前赎回理财资金的风险或面临按照不利的市场价格变现所致的亏损风险。此外，需要关注的是，现金管理类产品有巨额赎回的条款限制，一旦客户集中赎回达到一定比例，银行有权利拒绝或延期处理。

【案例一】 张先生购买某款一年期银行理财产品 50 万元，没有仔细了解说明书中的“存续期不可赎回条款”，在购买 6 个月后李先生突然急需用钱，才知道这款理财产品和定期存款是不一样的，中途资金不能被取出，这种情况下的风险便是流动性风险。

（4）通货膨胀风险。由于理财产品收益是以货币的形式来支付的，在通货膨胀时期，货币的购买力下降，理财产品到期后的实际收益下降，将给理财产品投资者带来损失的可能，损失的大小与投资期内通货膨胀的程度有关。例如，李女士 2017 年初购买了一款一年期的银行理财产品，到期后的收益率为 3.5%，2017 年的通货膨胀率为 2%，李女士购买该理财产品的实际收益率只有 1.5%。

（5）政策风险。受金融监管政策以及理财市场相关法规政策影响，理财产品的投资、偿还等可能不能正常进行，这将导致理财产品收益降低甚至理财产品本金损失。

（6）操作管理风险。银行是理财产品的受托人，其管理、处分理财产品资金的水平，以及其是否勤勉尽职，直接影响理财收益的实现。

（7）信息传递风险。商业银行将根据理财产品说明书的约定，向投资者发布理财产品的信息公告，如估值、产品到期收益率等。若因通信故障、系统故障以及其他不可抗力等因素的影响，投资者无法及时了解理财产品信息，则可能影响理财产品投资者的投资决策，从而影响理财产品收益的实现。

（8）不可抗力风险。自然灾害、战争等不可抗力因素的出现，将严重影响金融市场的正常运行，可能影响理财产品的受理、投资、偿还等的正常进行，甚至导致理财产品收益降低和本金损失。

2）灵活性

投资周期越短代表灵活性越高。生活中更多的人愿意接受灵活性高的产品，因为考虑到生活中可能存在各种变故，投资者希望急用资金的时候，自己的钱是可以回到手上的。但也并不是说投资周期长的产品就不好，投资周期长的产品往往收益率也高。因此要根据自己的实际情况和未来规划在灵活性与收益性之间做出权衡。一般情况下，如果资金不多的话，优先投资于灵活性高的产品，在保证流动性的情况下，再进行长线投资。

3）资金门槛

一些理财产品的门槛很高，有些甚至达上百万元，显然不是所有人都能投资得起的；但是也有一百元、一元甚至更少的资金就能投资的产品，也就是说几乎没有门槛。没有那么多闲置资金的话，可以先投资一些门槛低的产品，积累了一定的财富之后，可以尝试大额投资。

3. 个人理财规划建议

怎样才能改变毫无积蓄的处境呢？针对这种现实情况，会理财的人总结出了以下经验。

（1）量入为出，掌握资金状况。没有钱或挣钱少，各种消费的欲望小，手里有了钱，消费的欲望立刻就会膨胀时，要控制消费欲望，特别要逐月减少“可有可无”以及“不该有”的消费，并对开销情况进行分析。

（2）强制储蓄，逐渐积累。发了工资以后，可以先到银行开立一个零存整取账户，每月发了工资，首先要考虑到银行存钱；如果存储金额较大，也可以每月存入一张一年期的定期存单，一年下来可积攒 12 张存单，需要用钱时可以非常方便地支取。另外，现在许多银行开办了“一本通”业务，可以授权给银行，只要工资存折的金额达到一定数目，银行便可自动将一定数额转为定期存款，这种“强制储蓄”的办法，可以使你改掉乱花钱的习惯，从而不断积累个人资产。

（3）主动投资，一举三得。如果当地的住房价格适中，房产具有一定增值潜力，则可以办理按揭贷款，购买一套商品房或二手房，这样每月的工资首先要偿还贷款本息，减少了可支配资金，不但能改变乱花钱的坏习惯，还可以节省租房的开支和享受房产升值带来的收益，可谓一举三得。另外，每月拿出一定数额的资金进行国债、开放式基金等投资的办法也值得上班族采用。

（4）别盲目赶时髦。赶潮流是现代年轻人的特点，当然这也是需要付出代价的，有些年轻人手机刚换成安卓最新款，明天可能就换个 iPhone13……其实，高科技产品更新换代的速度很快，这种时尚永远也追不上。

（5）理财贵在持之以恒。理财不应是一时的冲动，而是一个中长期的规划，需要的是正确的心态和理性的选择，然后就是坚持。必须要明确地知道，理财绝不是一夜暴富。理财之所以不同于赌博、投机，甚至不完全等于投资，就是因为它极具理性。理财是细水长流，是把握生活中的点滴，是将理财的观念渗透于生活中的每一个细胞，是通过建立财务安全的健康生活体系，实现人生各阶段的目标和理想，最终实现财务自由。

例如，你的投资目标是在退休时积攒 20 万元，现在离退休还有 20 年，如果投资收益率是 4%，每个月只要投资 600 元，如果是 8%，每个月存 400 元，这个数字对上班族来说不是很多，如果一下让你拿出 20 万元，这可能会很困难，所以理财贵在持之以恒，只有长期的坚持才会有更多的利益。

而且，现在市场上可供选择的理财产品越来越多，我们要做的，就是坚持风险和收益相对应的理财原则，去选择相应的理财产品或者组合，不断地重复和坚持，让理财成为生活中必不可少的一部分。只有长期的坚持，才会让你的资本不断增多。

【案例二】 李先生每月收入为 3000 元，每月支出为 1000 元，没有住房支出。李先生没有保险，他要先考虑给自己买一份保险。他为自己买了医疗保险，最低的保障金额只需 320 元左右。李先生每月节余 1600 元左右，坚持理财，考虑到其投资风险承受能力不高，他购买两只债券基金作定投。他选择了 A 基金和 B 基金，每月都是定投 800 元，预期每年会有 5%左右的收益。经过多年的坚持，他现有存款 10 万元，而且购买了一辆新车，他打算过两年，再换套大点的房子。

李先生通过长期的投资理财，使自己的资产成倍增长，还为自己带来了一些其他的好处。因此长期坚持投资理财对上班族有很多的好处，主要有两个：一是投资者的收入会有一部分节余，如果把这部分钱投入在增值比较快的项目，那么闲钱也能增值；二是长期投资可以抵御风险，如通货膨胀的风险。

坚持长期理财首先要坚持每天记账，即每月花销多少，花在哪里。每个月可以根据各方面的花费做出分析，了解哪些支出是必需的，哪些支出是可有可无的，从而调整支出的分配比例，把钱用在该花的地方。其次要坚持储蓄，储蓄是投资理财的资本，没有一定的储蓄，就无法去投资。最后是坚持投资，钱是在不断投资中增多的，这就像滚雪球一样，滚得越多它会越大。

理财需要时间，财富的积累也需要时间。改善家庭资产的结构需要时间，资产增值需要时间。而且，理财的时间越长，越容易寻求较佳的理财工具，取得长期的、稳定的、较高收益的可能性也就越大。

（6）制订自己的投资计划。在生活中，为何有些有才华的人没有取得成功呢？这主要是因为他们做事缺乏计划性，他们的投资行为都发生在一瞬间，或是源于一个似是而非的消息，或是心血来潮的冲动，几十万元上百万元的资金在很短的时间内就投入进去，没有理由，更没有计划，对于投入后市场将可能发生的变化没有任何准备，如此的投资行为本身在开始前就已经埋下了失败的种子。

投资市场是复杂多变的，充满了风险。这就需要投资者进行必要的谋划。有了投资计划，我们才能有条不紊地实施自己的投资步骤，才不会方寸大乱，手足无措。要制订自己的投资计划，可以通过如下六个步骤来完成。

第一步，认清自己的实际情况。在进行投资前，需要对投资资金、对资金投资收益的依赖程度、投资的时间信息因素、知识和经验因素以及多元化投资方案有清楚的认识。

第二步，设定合理的收益预期。很多人没有合理的收益预期，他们觉得钱赚得越多越好，这是非常错误的想法。其实，不管是投资房产、黄金等实物，还是股票、债券、基金等金融产品，或者是店铺、工厂等实业，都不能抱着一夜暴富的心理，设定不合理的收益预期。因为不合理的收益预期往往会促使投资者做出不理智的决定，带来巨大的风险。

第三步，判断大环境。对大环境有一个清晰的判断很重要，除非是顶尖的短线资本运作高手，绝大部分人还是需要靠把握趋势来积累财富的。一个人必须学会根据外界的环境来调整自己，这是一种原始的动物本能。对市场环境有一个大致的判断，是制订投资计划的关键步骤。

第四步，坚定投资理念。投资理念是指用什么样的原则和方法来指导投资。趋势跟踪、波段操作、价值挖掘等都是投资理念。选择什么样的投资理念跟个人的能力和性格有很大关系，如果对数字不敏感，技术分析能力很差，那就不要考虑波段操作；如果缺乏足够的耐心，就不适合价值挖掘。投资理念的选择也和市场环境有关，如股价普遍高估的情况下，价值挖掘会很难；长期熊市的情况下，趋势跟踪不是好办法。

第五步，分配资产份额并设计投资组合。当做好前面的准备之后，接下来就是具体实施了。与使用资产类别较少的传统方法相比，广泛分散的复合等级资产投资能够产生更高的长期波动调整后收益。一旦决定采用广泛分散的投资组合，那么就需要开始着手设计适合自己的投资组合了。

第六步，控制投资规模。确定投资规模在任何投资系统中都是最重要的部分之一，但是绝大多数投资专业指导书籍和课程中都忽略了这一节，而往往以资产配置和资产组合管理来代替。其实，资产配置和资产组合管理绝对不能相互替代。特别是在经济不稳定的情况下，只有控制好投资规模才能确保资金安全。

总之，20～30 岁的年龄阶段，人生的道路还很漫长，充满着太多的变数和风险，因此需要足够多的钱来保障个人的未来。所以，为了生活幸福，从现在开始就需要根据个人情况制订投资计划，合理分配资金，并学会利用各种投资工具，为自己博取幸福美好的未来。

5.3 案例阅读

理财案例：婚宴收到的红包是先还房贷还是先理财

1. 实用型

新郎：范诚

新娘：郭咨杉

范诚先生和郭咨杉小姐是在一个单位相识的。

郭咨杉小姐是一位创作才华和外貌兼备的美女，她的想法很具有创新意义，如这次她和范诚先生的婚礼就是以《爱丽丝梦游仙境》为主题，充满了童话和迷幻色彩。现场道具和迎宾台都是郭咨杉小姐自己设计的。就连门口婚礼指示牌中两位新人的画像都是出自她的笔下。对于老婆的创作思维，范诚先生赞赏有加，由于所有道具都是量身定制，所以价格不菲，仅制作费就花了 2 万多元。

6 月 7 日，范诚先生和郭咨杉小姐在长寿区举行了婚礼。范诚先生和郭咨杉小姐的人缘很好，所以婚宴办了 80 桌，夫妻俩粗粗算了算，办婚宴花费了 13 万元。当天，亲朋随礼有 20 万元，剩余 7 万元。这笔钱如何支配？范诚说，结婚前，小郭家出了 30 万元首付，在长寿区购买了一套 60 万元的新房。如今两人结婚了，他们计划将这 7 万元直接还贷。

理财建议：

还房贷未必划算。

对于不少新人用礼金还房贷的做法，中国银行的理财专家黄先生提醒，用礼金提前还房贷并非最好的理财方式。

“如果想用礼金还贷款就要把贷款性质、还款时间、家庭财产状况以及银行对提前还款细节的规定等多方面因素都考虑进去。举个例子，对于有充足资金还房贷的新人，等额本息还款法的贷款年限一旦超过 1/3，一半甚至更多的贷款利息已经在前期支付了，剩下的月供绝大部分是本金，此时提前还房贷其实没有太多实际意义。”黄先生说。

黄先生认为，范先生夫妇是刚成立的两口之家，储蓄较少，消费欲望较高，未来几年面临育儿、购车等方面的问题，因此目前要注意开源节流，为今后的生活做好各方面的理财规划。

范先生应预留一部分紧急预备金，资金数量一般为家庭 3～6 个月的总开销。另外，子女教育金规划也需要提前做准备。在范先生的小孩出生后，仍采取持之以恒的每月基金定投方式，但是因小孩出生日常开销加大，可改成每月基金定投 2000 元，假设以 8%的基金平均年收益复利计算，那么范先生在小孩读小学时将获得 30 万元的教育金。

2. 被动型

新郎：冯小波

新娘：文津

10 月 6 日，28 岁的冯小波正式迎娶了他的新娘文津。看到冯小波时，他刚刚举办完了婚礼仪式，满脸洋溢着幸福。

“我们俩是通过相亲认识的，当时我在重庆租了一套房子，房东看我人还不错就将我介绍给文津认识。”冯小波和文津去年 5 月认识，去年 10 月确立恋爱关系，去年 12 月正式登记结婚，今年过完春节以后，两人就开始着手准备婚礼，包括拍婚纱照、发喜帖、买喜糖、置办酒席等，两人忙活了大半年的时间，才终于把婚礼的事情办完。

冯小波称，酒席 2000 元一桌，总共请了 50 桌，再加上请婚庆公司等的费用，总共加起来花了 13 万元。“我自己有五六万元的存款，再加上找父母、亲戚朋友借了点儿，最后还剩余一部分缺口，只能又找小贷公司贷了 3 万元，这样才算凑起了置办酒席的费用。”冯小波说，他的存款其实是准备买房子用的，但文津的父母买了房子和汽车当作彩礼送给了两人，所以他存的钱便用在了置办酒席上。

办完酒席之后，小两口总共收到了 22 万元礼钱，但因为大部分是文津父母的朋友送的，小两口就将大部分钱都给了文津的父母，自己只剩下了 1 万多元。

冯小波称，他现在每月的收入为 7000～8000 元，自己还在网上开了一家小店，卖些衣服、小饰品之类的东西，大约有几千元的收入。但是文津把之前银行的工作辞掉了，暂时还没有收入，两个人目前只能靠冯小波的工资生活，而养车每个月就要花掉 1000 多元，因为两人都是新手，经常发生擦剐事故，又要额外支出近千元。冯小波从小贷公司贷的 3 万元，总共贷了 6 个月，每个月需要还 5400 元，再加上两人衣食住行等方面的开销，冯小波的收入实际上所剩无几。

而收到的礼钱仅剩 1 万多元，冯小波打算先将他们存起来以备不时之需，暂时没有其他的理财计划。对于未来，冯小波和文津也没有什么规划，只是希望能先存一部分钱，理财的事情以后再说。

理财建议：

先别考虑股票和理财产品。

从目前的情况看，冯小波和文津两人还有近3万元的债务，每个月的收入也基本没有剩余，收来的1万多元礼钱，将来也是要回礼给其他人的。但是冯小波一个人的收入就过万元，将来文津有了工作后，两人的月收入差不多能在2万元左右，完全算得上是小康家庭。等到两人还清3万元的贷款，家庭就会慢慢有所起色，而且两人现在已经有车有房，未来一段时间内没有较大的消费需求，所以两人的家庭可以看作“绩优股”。

重庆某银行的理财经理陈先生认为，目前冯小波和文津两人的经济比较困难，虽然有1万多元的礼钱，但不建议立刻购买股票、期货等理财产品，为了防备不时之需，两人应该先将钱存入银行，等到经济条件有所好转的时候，再考虑理财产品。

陈先生还提醒道，新婚夫妇投资最好不要超过家庭资产的1/3，可将30%左右的资金寻求稳妥、能保值的理财产品。等两人经济条件变好后，再投资股票、期货等，另外实物黄金也是实现资产保值的好方法。陈先生还建议，两人可以进行基金定投，几百元到上千元均可，长期坚持可以获得不错的收益。家庭理财中银行卡的使用必不可少，家庭账户尽量统一在一家银行。其最大的好处是便于管理，也可以享受银行的贵宾服务和费用优惠。

——选自中国工商银行理财案例

课后测试

一、简答题

1. 你存在年利率6%的账户中的钱实现双倍增长，需要多长时间？

2. 要在5年内实现资金双倍增长，需要多高的利率？

3. A款理财产品期限为10天，预期年化收益率为5%，某人购买了10万元A产品，持有到期，那么他所获得的收益为多少？

4. 假设小张购买了100万元的银行理财产品，理财时间为10天，年利率为5%，则该理财产品的日利率是多少？小张的最终收益是多少？

5. 根据本章了解的银行理财相关知识，结合实际情况谈谈大学生如何进行个人理财？如果购买银行理财产品的话，大学生最适合哪种类型的产品？

二、案例分析题

李明一家的成员包括李明（34岁）、王华（33岁）、李兰（8岁）和李帅（4岁），哪些投资目标适合这个家庭？可以利用哪些类型的投资实现这些目标？

第6章

购 买 房 屋

课程目标

□了解购房流程及相关成本
□比较租房和购房的优点及缺点
□了解有关购房流程的基本知识
□了解申请抵押贷款所需的步骤
□了解并比较各种抵押贷款类型

对多数人而言，购买房屋是人生中较为重要的一个财务决策。但是整个购房过程充满艰辛，因此提前了解基本的购房常识十分必要。

本章将向学生提供关于购房流程的知识。通过比较租房和购房的区别后，学生将了解购房的五大步骤。通过这一框架，可以大致了解购房相关活动。

“我应该选择哪种类型的抵押贷款？”“贷方在筛选房贷申请者的过程中更注重哪些因素？”这些常见问题将在本章讨论。接下来，还将讨论完成房地产购买所需的费用，即“过户费”。为了增强对购房活动的全面了解，学生们将聚焦房地产交易的另一方——卖方，从卖方角度了解购房知识，并提供一些关于卖房的建议。

课前小测

一、比较租房和购房

随着市场的发展，消费者对房屋需求呈现出差异化与多样化，身处不同城市的消费者对租房和购房有着不同的看法。大城市中漂泊的异乡人，更倾向于租房解决居住问题，这使得专注于解决租房需求的公司应运而生。其中，在学生群体中比较典型的租房公司有自如租房。以“提供美好居住体验”为理念的自如公司，成立于2011年。自如租住产品涵盖11个品类。截至2021年3月，自如已覆盖北京、上海、深圳、杭州、南京、广州、成都、天津、武汉、苏州10大城市，管理超过100万间房源，已为近50万业主、300万自如客提供服务。

租房市场持续发展的态势，还吸引了我国传统的地产企业的目光。传统地产企业依托自身经营资源逐渐开辟公寓式租房业务，进入租房市场参与竞争。其中，比较典型有龙湖集团的新兴品牌——龙湖冠寓。冠寓是龙湖集团包含地产开发、商业运营、智慧服务在内的四大主航道业务之一，是面向新世代人群租住生活形态及消费升级需求推出的集中式长租公寓品牌，秉承“我家我自在”的品牌主张，以及 CityHub（城市资源聚落）理念，将“住、商、办公、社交、服务”生态化联动一体，贯通整个城市的生活资源为租住人群所用，为年轻人这一城市的中坚力量创造更加优质的生活体验。依托龙湖集团综合实力，截至 2018 年 6 月底，冠寓布局在全国 30 余个城市，并以核桃、松果、豆豆三大系列产品线切入各细分市场，面向广袤的万亿级租赁市场，在发展规模、资产运营及增值服务全产业链布局。

那么租房与购房的有哪些优点和缺点呢？

（1）租房的主要优点：便于流动、担负的责任更少、初期成本更低。

（2）租房的常见缺点：没有减免税款等财务效益，对生活方式、室内装饰、养宠物及其他活动存在限制，可能会产生法律方面的纠纷，没有机会拥有房屋的价值。

（3）购房的主要优势：节约税费、所有权带来满足感、潜在的经济收益。

（4）购房的缺点：存在与首付资金、申请抵押贷款、房产价值波动和抵押贷款上限等相关的金融风险，流动性受到限制，修理和维护导致生活成本增高。

二、租房还是购房

通过对租房和购房的比较，同学们对房屋的需求有了一定的了解。针对下列情况，请从“租房”、“购房”和“视情况而定”中选择一项，表明你的看法，并给出具体原因。

（1）陈明今年 22 岁，计划在附近城市一边兼职工作一边完成大学学业。

A. 租房　　B. 购房　　C. 视情况而定

（2）王刚今年 44 岁，从事销售工作，经常需要出差。公司在 1～2 年会调派他前往另一个销售区域。

A. 租房　　B. 购房　　C. 视情况而定

（3）李华今年 32 岁，近期刚刚完成硕士学业，且过去 6 年来一直在同一家公司工作。在此期间，他攒下近 80 000 元。

A. 租房　　B. 购房　　C. 视情况而定

（4）王帅今年 19 岁，刚刚成为一家电脑软件公司的见习销售代表，这是他的第一份工作。

A. 租房　　B. 购房　　C. 视情况而定

（5）李兰今年 54 岁，罗俊今年 57 岁，两人准备过几年就退休。

A. 租房　　B. 购房　　C. 视情况而定

三、房屋检验

房屋检验是入住前十分重要的一个环节。基于你对房屋的观察，对房屋业主和房产中介的采访，以及互联网上的资料，列出你认为哪些方面在购房前的房屋检验中需特别留意（如外部设施、外部建造、内部建造、内部设计等）。

6.1 购房流程

6.1.1 查看是否有购房资格

在购房前一定要先明确自己是否有购房资格。购房者应该在购房前先了解当地的购房政策，确定自己是否具备购房资格。目前全国有很多城市实行限购政策，在这些城市购房需要满足一定的条件，如户口、社保、个人所得税等。

以成都市为例，2018 年 5 月 15 日成都市人民政府办公厅出台《关于进一步完善我市房地产市场调控政策的通知》，对楼市调控做出新一轮规定。

由此可见，政府官网都会将购房政策发布出来。如果有购房需求，首先要明确自身是否具有购房资格。可以到政府官网自行查询，也可以到房地产销售点咨询置业顾问。

6.1.2 确定自有住房需求

1. 是作为暂时过渡，还是将来不会换房

如果只是作为暂时过渡，可以根据自身需求的重要程度进行排序。很难有完全符合需求的房屋，消费者通常需要对自己的多种需求进行博弈。例如，子女入学的学区房，家长陪读居住；离公司近的过渡房，缩短通勤时间等。

如果不会换房，建议将舒适性放在第一位，多关注周边配套和出行成本等因素，优先选择靠近市区的住宅，并考虑到日后家庭人员的数量。

2. 买新房还是买二手房

对生活便利度要求高的人，适合购买市区二手房；对生活品质要求高的人，不妨选择性价比较高的郊区新房。并且，通常情况下新房首付比二手房低，首付压力大的购房者，可以优先考虑新房。新旧房优缺点的对比可参考表 6.1。

表 6.1 新旧房优缺点对比

房屋类型	优点	缺点
二手房	离市区近；配套完善；现房入住；交通方便	户型老旧；设计缺乏人性化；税费高
新房	首付额度低；外观崭新；户型合理；居住舒适	位置偏远；配套不全；风险较大

3. 评估自己的负担能力

首先，了解贷款政策，很多城市限购限贷，首套房、二套房、三套房的贷款首付比例存在差异。购房前，要明确自己是否还可以再贷款、能贷多少。

其次，还要做好资金规划，首付和月供的金额将直接关系到未来数十年的生活品质。购房时要量力而为，根据家庭的收入情况来确定房价总额和还款年限。

4. 选择楼盘

通常情况下，有实力、口碑好的大开发商楼盘，品质相对更有保障。在同一区域连续成功开发的楼盘，通常资源整合度高，配套较完善，可以优先考虑。选择合适的楼盘时，要对房地产开发商进行资料的搜集、社会负面新闻报道的查阅，以降低买入烂尾楼盘的风险。近年来，由于资金链断裂等问题，部分开发商和地产商出现烂尾楼盘。消费者与银行签订了贷款合同，每月支付高额的房贷却享受不了购房合同承诺的环境与服务。因此，选择楼盘前应对楼盘的开发商和经销商有所了解。

5. 观察物业

真正的好房能够经受起房地产市场政策的考验，在政策的打压下，有的房子可能会稍稍掉价，有的房子却坚挺地涨着价，主要原因是房子质量好。

质量好的一个重要组成因素是物业好。购房者所居住的小区环境干净整洁，物业管理负责，会为生活增加明亮的色彩。

国内主要的物业可以分两类，一类是房地产企业自己的物业品牌，一类是社会中专门从事物业的公司。其中，依托房地产企业成长起来的物业品牌有碧桂园（物业）服务等。

这些物业品牌可以进入其他房地产开发商的楼盘，但需要通过业主大会的公开投票，才能进入小区提供服务。

6. 考察配套

配套设施是否完善直接影响小区居民的生活品质。一个配套完善的小区，在 3 公里内应该有满足业主衣、食、住、行等日常生活所需的基础设施。如果有自建的幼儿园、义务教育全阶段学校、生活会所等，居民的生活将更为舒适。

具体配套设施可以通过楼盘宣传和去售楼部详细了解，消费者应当仔细甄别不同配套设施具体落实的年限。避免出现买房后才发现地铁线路处于规划中，需要几年后才能开通的情况。

7. 划定面积

确定楼盘后，可以根据楼盘均价和家庭可承受的房屋总价来估算该买多大面积的房子。房屋面积应结合家庭经济情况和实际需求而定，不宜过大，但也不能过小，适中为好。商品房销售可以按套（单元）计价，也可以按建筑面积或者套内建筑面积计价。商品房建筑面积由套内建筑面积和分摊的共有建筑面积组成，套内建筑面积部分为独立产权，分摊的共有建筑面积部分为共有产权，买受人按照法律、法规的规定对其享有权利，承担责任。按套（单元）计价或者按套内建筑面积计价的，商品房买卖合同中应当注明建筑面积和分摊的共有建筑面积。

在划定房屋面积时，税费也是一项重要的参考标准。按国家规定，首次购房面积为 90 平方米内的，需缴纳总房款的 1%；首次购房面积为 90～144 平方米的，需缴纳总房款的 1.5%；非首次购房或首次购房 144 平方米以上的，按总房款 3%缴纳。

若在交房的时候发现房屋实际面积与之前合同约定的面积不同，就需要做出对应的处理。首先应该看双方在买卖合同中是否有关于这方面的约定。没有约定的可以按照以下原则来处理：面积误差比绝对值在 3%以内（含 3%）的，据实结算房价款；面积误差比绝对值超出 3%时，买受人有权退房。

8. 选对楼层

高楼层并不一定是好楼层，楼层的挑选要结合家庭成员情况来定。一般情况下，家中有老人的，宜选低层；家中有小孩的，宜选中低层；年轻人居住的话，可根据个人喜好而定。楼层的高低不同，定价或者议价空间也有所差异。

9. 抉择户型

格局方正、南北通透、明厨明卫、动静分明的户型，是通常意义上的好户型。户型不规则、采光通风差、动静功能区混杂的户型，则是通常意义上的差户型。

10. 看开发商资质等级及证书

开发商的资金实力、开发项目的能力和开发商的资质等级有直接的关系，特别要看开发商的“五证”（即《国有土地使用证》《建设用地规划许可证》《建设工程规划许可证》《建筑工程施工许可证》《商品房预售许可证》）、“二书”（即《住宅质量保证书》《住宅使用说明书》）是否已经齐全，齐全了才可下手，很多购房者没看或者无视这一点，直到开发商跑路了才后悔不已。

11. 产权是否明确

有的房子价格特别便宜，销售时说是内部房源所以价格优惠，但仔细问才知是小产权房，没有房屋所有权证书（以下简称房产证）。甚至还有存在产权纠纷的房子，买了住进去第二天，房子可能就不是自己的了。所以，购房者切忌贪图便宜，不要购买产权不明确的房子。

12. 签订合同

买卖双方在购房信息方面的不对等，使得购房者在签订购房合同时，常常处于被动地位。签订合同时，应仔细阅读、理解合同各项条款和补充协议，必要时可向律师和主管部门求助。

6.2 购买二手房流程

根据北京国信达数据发布的《2019年中国城市二手房指数年报》，2019年全国二手房楼市整体走势平稳，前三季度全国二手房房价稳中有升，累计上涨1.52%，较2018年同期累计涨幅收窄11.17个百分点；第四季度整体走势平稳。全国大中城市中深圳、北京、上海3个城市二手房房价收入比超过30，成为全国购房最难城市。

二手房交易流程相较于新房来说要复杂得多。如果一些流程不清晰，可能会吃大亏或者耽误很多时间。那么二手房交易的详细流程及注意事项有哪些呢？

6.2.1 购房咨询

买卖双方一般通过房产中介建立信息沟通渠道，因此买方为了解房屋整体现状及产权状况，应该要求卖方提供合法的证件，包括房产证、身份证件及其他证件。房屋买卖的一般流程如图6.1所示。

风险提示

（1）要仔细查看业主的房产证，尤其注意房产证上有几个人的署名。如果有两个人，在签订后边的合同时就需要有两个人的名字。

（2）看购房时的相关凭据，如购房发票、契税发票等，以此作为辅助证据初步确认房屋产权归属。如果房屋属于共有产权，则还要查看所有房屋共有产权人同意出售房屋的书面证明。

（3）在签订房产买卖合同时，共有人如不能到场，需出具经过公证的委托书及代理人身份证件，由代理人代为签合同。

（4）把好夫妻共有财产关，《民法典》第一千零六十二条规定：“夫妻在婚姻关系存续期间所得的下列财产，为夫妻的共同财产，归夫妻共同所有：（一）工资、奖金、劳务报酬；（二）生产、经营、投资的收益；（三）知识产权的收益；（四）继承或者受赠的财产，但是本法第一千零六十三条第三项规定的除外；（五）其他应当归共同所有的财产。夫妻对共同财产，有平等的处理权。”《民法典》第一千零六十五条规定：“男女双方可以约定婚姻关系存续期间所得的财产以及婚前财产归各自所有、共同所有或者部分各自所有、部分共同所有。约定应当采用书面形式。”

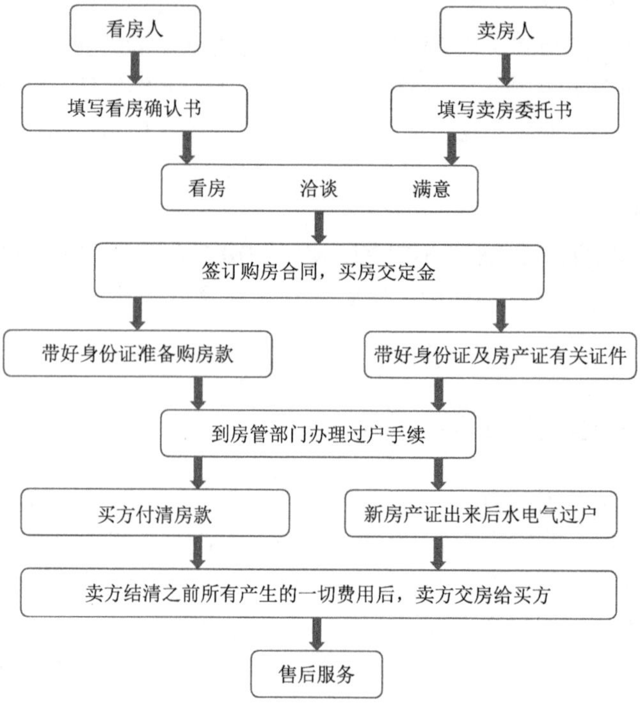

图 6.1 房屋买卖流程

6.2.2 交付定金

看好房子，确定房屋产权后，交定金这个小小的环节千万不能被忽视。房子总价上百万元，100 万元的房屋以 4%计算定金额度也能达到 4 万元。所以当交易进行到这个环节时，请多留意。

如果你看中的房子还在按揭中，定金最好不要直接交到业主手中，而应该交由第三方监管。

如果买卖双方都有可以信赖的第三方，则可以签一个简单协议，约定赎楼完毕之后给卖方定金，需注明“交给监管第三方则视为卖家收讫，卖家以未收到定金为由拒绝履行合同的，视为违约”。

如果没有可信赖的第三方，定金最好交由银行监管。此做法应该为：买卖双方到银行去签一份监管协议，约定在交易中心完成递件手续后，划拨到卖家账户上。

一般情况而言，在交定金的时候会签一份预约买卖合同，合同至少需要约定物业地址、成交金额、交楼时间、违约金和违约责任等。

风险提示

（1）当下楼价不稳定，如果买家想要防止卖家毁约不卖，可交足额定金或约定高额违约金，提高违约成本。但定金或违约金不得高于成交金额的20%。

（2）预约买卖合同中应注明“交由第三方监管即视为卖方收讫”，因为卖家有可能以定金在监管未拿到手为由毁约卖楼。

（3）购房需要签一份“交房保证金协议”，约定从定金中扣除1万元左右的保证金，以避免交楼前业主存在拖欠费用等现象。退还保证金应该在查验家具、电器完好，水电、物管等费用缴清，钥匙交接完毕之后。

6.2.3 赎楼

一般来说，赎楼是业主方的责任，针对业主房贷没有还完的情况。赎楼有两种操作方式。

其一，业主通过担保公司，向银行借款赎楼，产生的是0.8%的担保费用及0.4%的短期赎楼利息，等买家房产证出来之后，再到银行做按揭。

其二，买家通过担保公司向银行做按揭，银行再将赎楼款打给卖家，其中只需要产生担保费，但买家需要提前供楼。

风险提示

赎楼产生的风险是该环节中最大的风险。买家一定不能以现金的方式赎楼。如果发生交易因意外原因终止、房屋被查封等问题，买家会面临巨大风险。

6.2.4 付首期及资金监管

自主交易需要担心的问题除了产权之外，第二大问题就是资金监管。事实上，资金监管目前已成体系，买卖双方按照既成规定来做，风险不会很大。无论是通过何种方式交易，首期款必须放银行监管。

具体操作

买卖双方在银行签一份资金监管协议，然后各自在银行开一个账户，约定在买家过户完毕、拿到新出的房产证之后，首期款打给卖方。

如果交易顺利完成，银行会把款项打给卖方；如果中间出现问题交易终止，则会把首期款再打回给买方。银行提供此项服务，一般会收取单笔500元左右的监管费，但如果想省去这笔费用，可以通过按揭的银行办理资金监管。

出于公平角度考虑，在签署监管协议时，银行会要求买卖双方在放款书上先签字，这样放款时买卖双方不需要亲自到银行，同时也能避免买家到时候不配合放款给卖家带来困扰。

6.2.5 签订买卖合同

在交定金环节，上述已经提到：自主交易可以先签订一个书面协议，该协议与普通的中介的居间合同相比只是缺少了中介那部分内容。

卖方提供了房屋的合法证件，买卖双方签订房屋买卖合同（或称房屋买卖契约）。

买卖双方通过协商，对房屋坐落位置、产权状况及成交价格、房屋交付时间、房屋交付、产权办理等达成一致意见后，双方签订至少一式三份的房屋买卖合同。

其中应当注意的是：书面协议中需明确双方如何分担交易税费，另外日期也同样非常重要，如交定金时间、过户时间、交楼时间，只有日期确切才能够保证交易的顺利进行。格式化合同文本，可以在房管部门相关网站上下载，也可以去中介公司索要。

风险提示

（1）如果房产有共有权人，要让共有权人一同签字，避免后面出现共有权人不同意出售导致交易失败的情况。

（2）如果有租约的，应该让租客签订放弃优先购买权的证明，避免租客以侵犯优先购买权为由致使交易失败。

（3）如果房产有较为贵重的家具家电，最好在附表中对家具家电的情况加以详细描述，如家具家电的品牌、新旧程度等，有必要的话还可以附上家具家电的照片，以防交房时出现货不对板的情况。

（4）如果该房产附有户口，要在签订合同时写明户口迁出的日期及违约条件。

（5）要明确违约责任，特别是当前房价不稳定，业主违约的概率较大，明确违约责任才能保障自己的权益。

6.2.6 注销他项权证

1. 办理步骤

（1）房贷全部还清后，银行把他项权证还给买房者。

（2）个人到房产交易中心把他项权证给房产交易中心注销。

（3）房产证上盖章之后，表示拥有此房产的完全产权。

（4）具体可以联系房产交易中心。

2. 他项权证

他项权证指在他项权利登记后，由房管部门核发、由抵押权人持有的权利证书。

3. 他项权证的用途

（1）房屋他项权证是房屋产权登记机关颁发给抵押权人或者典权人等他项权利人的法定凭证。房屋他项权证书由他项权利人收执。他项权利人依法凭证行使他项权利，受国家法律保护。

（2）他项权证也就是房子的抵押权证明，借款人用房屋做抵押贷款的时候，需要将他项权证抵押给放款人，待贷款还清后才能给借款人。

6.2.7 过户及缴税

过户时，需要到房产所在地的产权登记中心办理过户手续。这时，买卖双方需要带上身份证原件、房产证原件、二手房买卖合同。一般在递件后，拿到回执，卖家就可以让银行放出之前监管的定金。

交税时，如果合同约定是各付税费，那么两人必须同时到场；如果是卖家实收，就只需要买家到场。

至于拿新证，一次性付款便可直接拿新的房产证；如果是按揭贷款则拿的是房产证复印件，银行也会自动去相关部门办理抵押手续，在5个工作日后放尾款给业主。

风险提示

（1）买方需要在过户前仔细确认房子是否有质量问题，因为转让人承担产权转移前的房地产的风险责任，产权转移后便由受让人承担，即过户后房屋出现损害等风险，是由买方承担的。

（2）买方可以在合同中增加一条条款，约定如果在过户中因业主原因房产遭到查封，那么视为业主违约，必须承担违约责任，因为目前房价不稳定，有些业主会以虚假债务为由让法院查封房产，让过户期间的房产交易终止。

6.2.8 收房与支付尾款

交房一般涉及物业、水电、有线电视、燃气等交接，需要分别去供电部门、水务部门、管理处、有线电视台等部门办理，双方应提前准备好房产证复印件、身份证等。如果房产内部还有家具家电，则要核实清楚其是否会被更换或搬走，最终业主才会交钥匙，正式完成交易。

其中较为主要的是之前签订的“交房保证金协议”，如果房子内部家具家电完整，就交回给业主保证金。如果家具家电确实存在缺失，那么在双方协商后可以在保证金内进行抵扣。如果没有签“交房保证金协议”，在二手房交易过程中，往往要留有部分尾款，用来保证结清水、电、煤气等公用事业费，以及物业管理费，同时还能对赠送的装修部分以及家具、家电的完好等起到相应的保障作用。

为防在交易过程中发生意想不到的损失，购房款应该分批支付以减少不必要的风险。一般签约当日首付30%，取得收件收据时支付60%，产证办理完毕支付最后10%。买家和卖家在签合同时一定要事先商定好并书面确定付款方式和额度。

风险提示

（1）在当初约定交房保证金时，应尽量把保证金的数额调大，因为如果交房时家具家电出现损坏甚至被搬走，而交房保证金无法弥补时，卖家赔偿的概率极小。

（2）交房时也容易忽视户口问题，所以在交房前，最好前往房屋所在地的公安局查阅业主的户口是否已经迁出。

6.2.9 过户流程

1. 第一天

（1）领表填表：房地产转让申请审批书、房地产买卖合同、买方确认单等。

（2）交易：买卖双方签字。

（3）查档：查房屋产权是否清晰，有无抵押、查封（上午查下午出结果，下午查次日出结果）。

（4）鉴定：做房屋安全鉴定。

（5）核价：财政部门根据房屋买卖（置换）合同的成交金额评估房价。

（6）地税：缴纳卖方房产营业税（免税的地税部门开具免税确认单）和印花税，印花税买卖双方各万分之五。

2. 第二天或第三天交件

第二天或第三天交件，如果恰逢非工作日，会相应顺延。

3. 七天后交契税

缴纳契税，领取契证交手续费，缴纳交易手续费封卷，领取证回执。

4. 此后十个有效工作日后

领证：买方拿身份证原件取房产证

5. 过户资料

卖方提供资料如下。

（1）房产证（复印件 1 份、产籍图 4 份）。

（2）契税证。

（3）身份证（夫妻双方）（复印件 2 份）。

（4）夫妻双方户口簿（复印件 1 份）。

（5）结婚证（如丢失到原婚姻登记的民政部门补办，其他证明方式不被承认）。

（6）单身、离婚者需提供离婚证、离婚协议书或民事调解书或法院判决书，离婚未再婚证明；丧偶者提供购房证明、丧偶未再婚证明；未婚者提供未婚证明（复印件 1 份）。

买方提供资料如下。

（1）身份证（复印件 2 份）。

（2）房地产赠与、继承、委托、涉外以及涉及港澳台地区的提供《公证书》。

（3）被拆迁户购房登记提供《拆迁协议书》。

（4）五年内买卖提供相应房地产转让审批书原件及抵税专用表原件。

（5）验人签字时卖方夫妻及买方必须本人到场。

（6）办理贷款需要先预留资料：原房产证（包括产籍图）、契税证、买卖双方身份证复印件。

（7）如该房屋为产权人和其配偶先购买的，之后产权人配偶去世的情况，需要其所有子女及合法继承人到场，产权人先办理继承公证后才可以办理转让。

6.3 申请房贷的资格

6.3.1 房屋贷款申请条件

（1）年满 18 岁，具有完全民事行为能力，有合法有效的身份证明。

（2）需有稳定的收入，具有按期偿还贷款本息的能力。

（3）要同意以所购的房产作为抵押物。

（4）已与开发商签订房地产买卖合同。

6.3.2 确定所购房屋的价值

（1）通过提取自己的银行存款、接受家庭成员的馈赠或者向家人借款等，凑足首付资金。

（2）在必要情况下减少其他债务，或改善信用记录。
（3）比较不同贷方的费用、服务和房贷利率。
（4）准备申请房贷。

6.3.3 信用记录决定房贷申请是否批准

你是否有资格获得的房贷额度将受到以下方面的影响。
（1）当前收入。
（2）可支付的首付额度。
（3）目前的房贷利率。

6.4 个人住房贷款类型

6.4.1 个人住房公积金贷款

个人住房公积金贷款是指按时向资金管理中心正常缴存住房公积金单位的在职职工，在本市购买、建造自住住房（包括二手住房）时，以其拥有的产权住房为抵押物，并由有担保能力的法人提供保证而向资金管理中心申请的贷款。该贷款可由资金管理中心委托银行发放。

不同城市关于个人住房公积金的实施细则有所差异，可以通过公积金官网查询相关政策，也可以前往当地公积金管理中心进行咨询。

6.4.2 个人住房商业贷款

个人住房商业贷款大致可分为六个品种。

（1）个人购置住房贷款指借款人以所购住房为抵押物，由银行发放的贷款，包括期房按揭贷款和现房按揭贷款。其中：期房是指在建住房或已竣工验收正在办理房屋产权证的房屋；现房是指工程竣工、验收合格并取得房屋产权证的房屋。银行发放的个人住房贷款最高金额为购房金额的 80%。

（2）个人二手住房贷款指银行向借款人发放的用于购买二手房的贷款。其中二手房是指已取得全部产权、可以进入房地产二级市场流通交易的住房。申请贷款的二手房房龄一般不超过 15 年；贷款期限与房龄之和一般不超过 25 年。

（3）个人商用房贷款指银行向借款人发放的用于购买个人自营商业用房和自用办公用房的贷款。所购商用房应是现房，最高成数不得超过六成，贷款期限最长不得超过 10 年。

（4）个人住房装修贷款指银行向借款人发放的用于自有住房装修的贷款。最高成数不超过五成，贷款期限最长不得超过 5 年。

（5）个人家居消费贷款指银行向借款人发放的用于家居支出的贷款。最高成数不超过抵押物评估值的五成，贷款期限最长不得超过 10 年。

（6）个人住房组合贷款指由住房公积金贷款和住房商业贷款组成的贷款，即当个人申请住房公积金贷款不足以支付购房所需时，其不足部分向银行申请商业住房贷款。两笔贷款按照公积金贷款利率和商业贷款利率分别计息，贷款期限一致。借款人可向受理公积金贷款的银行申请办理组合贷款。

6.4.3 住房委托贷款

住房委托贷款指银行根据住房公积金管理部门的委托，以住房公积金存款为资金来源，按规定的要求向购买普通住房的个人发放的贷款。

6.4.4 住房自营贷款

住房自营贷款指以银行信贷为资金来源向购房者个人发放的贷款。

通常办理流程包括以下五个步骤。

（1）签订认购书：客户与已和银行签约的房地产开发公司签订认购书，并向房地产开发公司缴纳首期购房款。

（2）办理申请：客户到银行委托的律师事务所办理按揭申请手续，包括交验个人资料、缴纳各项费用、填写法律文件。

（3）贷款审查：律师事务所对客户申请进行初审，之后由银行进行审批；若审查不合格，退回客户资料和所收取的费用。

（4）其他法律手续：律师事务所代办保险、公证及抵押物的抵押登记、备案。

（5）贷款的发放：银行将贷款款项划至发展商账户，并通知客户开始供楼。

6.4.5 住房储蓄贷款

住房储蓄贷款是指购房者为获得银行贷款以预先向银行储蓄为前提的一种贷款品种。它是银行为了那些没有参加公积金，或虽获得公积金贷款但尚留有资金缺口的购房者解决资金困难问题而开办的契约性住房储蓄。

6.4.6 住房组合贷款

住房组合贷款指以住房公积金存款和信贷资金为来源，向同一借款人发放的用于购买自用普通住房的贷款，是个人住房委托贷款和自营贷款的组合。

6.5 购房贷款的流程

6.5.1 选择房产

购房者如想获得楼宇按揭服务，在选择房产时应着重了解这方面的内容。购房者在广告中或通过销售人员的介绍得知一些项目可以办理按揭贷款时，还应进一步确认发展商开发建设的房产是否获得了银行的支持，以保证按揭贷款的顺利取得。

6.5.2 办理贷款申请

购房者在确认自己选择的房产得到银行按揭支持后，应向银行或银行指定的律师事务所了解银行关于购房者获得按揭贷款支持的规定，准备有关法律文件，填报《按揭贷款申请书》。

6.5.3 签订购房合同

银行收到购房者递交的按揭申请有关法律文件，经审查确认购房者符合按揭贷款的条件后，发给购房者同意贷款通知或按揭贷款承诺书。购房者即可与发展商或其代理商签订商品房预售合同。

6.5.4 签订楼宇按揭贷款合同

购房者在签订购房合同，并取得缴纳房款的凭证后，持银行规定的有关法律文件与发展商和银行签订楼宇按揭抵押贷款合同，明确按揭贷款数额、年期、利率、还款方式及其他权利义务。

其中楼宇按揭抵押贷款合同中的房产抵押包括以下方面。

（1）地产之权益抵押，即抵押人签订商品房预售契约，经监证之后，由抵押人将该商品房预售契约所应拥有之全部权益以优先第一位抵押给抵押权人。

（2）房产抵押：即抵押人将其所签订商品房预售契约项下以抵押人名义购买之房产以优先第一位抵押给抵押权人作为本合同贷款之抵押物。

值得注意的是，通常在签订合同之日，抵押人必须将其签订的商品房预售契约交给抵押权人或者抵押权人指定的律师事务所保管。抵押期间，对抵押物进行确权，申领产权证时，须同时办理抵押登记，有关购房发票等抵押物的证明文件的正本将由抵押权人保管，并作为本合同抵押物的凭据。

6.5.5 办理抵押登记、保险

购房者、发展商和银行持楼宇按揭抵押贷款合同及购房合同到房地产管理部门办理抵押登记备案手续。期房在竣工后应办理变更抵押登记。通常情况下，由于按揭贷款期相对较长，银行为防范贷款风险，要求购房者申请人寿、财产保险。购房者购买保险，应列明银行为受益人，在贷款履行期内不得中断保险，保险金额不得少于抵押物的总价值。

6.5.6 开立专门还款账户

购房者在签订楼宇按揭抵押贷款合同后，按合同约定，在银行指定的金融机构开立专门还款账户，并签订授权书，授权该机构从该账户中支付银行与按揭贷款合同有关的贷款本息和欠款。

6.5.7 银行确认购房者相关条件

银行在确认购房者符合按揭贷款条件后，才能履行楼宇按揭抵押贷款合同约定义务。并且在办理相关手续后，一次性将该贷款划入发展商在银行开设的银行账户，作为购房者的购房款阶段性担保的个人住房贷款业务。

6.6 按揭贷款

6.6.1 按揭贷款等额本息还款计算公式

1. 计算公式

$$每月还本付息金额=[本金\times月利率\times(1+月利率)^{还款月数}]/[(1+月利率)^{还款月数}-1]$$

其中：

$$每月利息=剩余本金\times贷款月利率$$

$$每月本金=每月月供额-每月利息$$

计算原则：银行从每月月供款中，先收剩余本金利息，后收本金；利息在月供款中的比例随剩余本金的减少而降低，本金在月供款中的比例因而升高，但月供总额保持不变。

2. 商业性房贷案例

贷款本金为300 000元人民币，还款期为10年（即120个月），根据5.51%的年利率计算，月利率为4.592‰，代入等额本息还款计算公式计算：

$$每月还本付息金额=[300\,000\times4.592‰\times(1+4.592‰)^{120}]/[(1+4.592‰)^{120}-1]$$

由此，可计算每月的还款额为3257.33元人民币。

6.6.2 按揭贷款等额本金还款计算公式

1. 计算公式

每月还本付息金额=(贷款本金/还款月数)+(贷款本金−累计已还本金)×月利率

其中：

$$每月本金=贷款本金/还款月数$$

$$每月利息=(贷款本金-累计已还本金)\times月利率$$

计算原则：每月归还的本金额始终不变，利息随剩余本金的减少而减少。

2. 商业性房贷案例

贷款本金为300 000元人民币，还款期为10年（即120个月），根据5.51%的年利率计算，月利率为4.592‰，代入等额本金还款计算公式计算。

第一个月：还本付息金额=(300 000/120)+(300 000−0)×4.592‰

由此，可计算第一个月的还款额为3877.60元人民币。

第二个月：还本付息金额=(300 000/120)+(300 000−2500)×4.592‰

由此，可计算第二个月的还款额为3866.12元人民币。

第三个月：还本付息金额=(300 000/120)+(300 000−5000)×4.592‰

由此，可计算第三个月的还款额为3854.64元人民币。

再依次类推，我们就可以计算出任何一个月的还本付息金额了。

6.6.3 两种还贷方式的比较

1. 计算方法不同

等额本息还款法——即借款人每月以相等的金额偿还贷款本息。

等额本金还款法——即借款人每月等额偿还本金，贷款利息随本金逐月递减。

2. 两种方法支付的利息总额不一样

在相同的贷款金额、利率和贷款年限的条件下，等额本金还款法的利息总额少于等额本息还款法。

3. 还款前几年的利息、本金比例不一样

等额本息还款法前几年还款总额中利息占的比例较大（有时高达 90%左右），等额本金还款法的本金平摊到每一次，利息借一天算一天，所以二者的比例最高时也就各占50%左右。

4. 还款前后期的压力不一样

因为等额本息还款法每月的还款金额是一样的，所以在收支和物价基本不变的情况下，每次的还款压力是一样的；等额本金还款法每次还款的本金一样，但利息是由多到少、依次递减，同等情况下，后期的压力相对较轻。

5. 要考虑资金的时间价值

货币资金在不同的时间点上具有不同的价值。一般来说，年初的一元钱价值要小于年底的一元钱，这是由于资金在周转使用后会产生增值。时间越长，资金实现的增值越大。不同时期的资金不能简单地比较大小，更不能相加。在比较不同时期的资金大小时，应根据资金的时间价值折算到同一时期才能进行比较。在比较两种还款法的偿还本息多少时，如果直接将各期应偿还的绝对值相加进行比较是不客观的。

6. 两种还款适合不同人群

两种还款方式从本质上是一致的。中国人民银行之所以规定两种住房贷款的还款法主要是为了指导商业银行为按揭购房者提供不同程度的信贷支持。比较来年按揭的还款金额，可以看出等额本金还款法的年还款额是逐年递减的，但前期的年支付金额要大于等额本息还款法，负担较重，适用于有一定积蓄或前期收入较丰厚，但后期收入逐渐减少的借款人，如中老年人等。等额本息还款法每年的还款额相等，适用于预期收入稳定或递增的借款人，如青年人。计划贷款购房的人可以根据自身的经济状况和特点，包括各项收入、保险证券等其他借钱渠道等综合情况，与银行协商确定采用何种还款法，并订立合同。

6.6.4 提前还贷的计算方式

1. 提前还贷的类型

在我国，不同的银行有不同的提前还贷方式，综合来说有全部提前还贷和部分提前还贷两大类。其中，提前全部还贷从理论上说，利息支出是最少的，但是它当然也是最考验还款人的经济实力的，即还款人要有合理的计划，要有安全的资金流。在个人量入为出的前提下，这种方式是最优的。

2. 提前还贷的方式选择

部分提前还贷方式相对比较复杂，不同的银行分门别类也有不同的还款方式可供参考选择。大致有三种部分提前还款方式。

（1）部分提前还款，剩余的贷款保持每月还款额不变，将还款期限缩短。

（2）部分提前还款，每月还款额减少，保持还款期限不变。

（3）部分提前还款，每月还款额减少，同时将还款期限缩短。

如何选择提前还贷方式，消费者要仔细算一下，按照不同的方式，综合考虑自己的经济实力来制定。

3. 提前还贷方式的比较

【案例】 李女士 2003 年向银行借贷 10 年期商业性贷款 35 万元。第一次还款时间为 2003 年 11 月份，提前还款时间为 2005 年 11 月份，如果部分提前还贷，则提前还贷 15 万元（不含当月还款额）。

1）选择方式 1：一次性提前还贷

经计算，李女士原月供 3719 元，在这种提前还贷方式下，2005 年 11 月，当月一次还款 260 744 元，则可以节省利息支出将近 10 万元。

2）选择方式 2：部分提前还贷，缩短还款期限

经计算，李女士原月供 3719 元，在这种提前还贷方式下，2005 年 11 月，当月一次还款 153 719 元，下月起月供 3714 元，则新的最后还款期为 2009 年 3 月，可节省利息支出 51 048 元。

3）选择方式 3：部分提前还贷，减少月供

经计算，李女士原月供 3719 元，在这种提前还贷方式下，2005 年 11 月，当月一次还款 153 719 元，下月起月供 1770 元，至最后还款期为 2013 年 10 月，可节省利息支出 33 385 元。

通过上述个案分析，选择不同的方式节省的利息也是不同的，一次性提前还贷节省的利息是最多的。在部分还贷中，还有将每月还款额减少，同时将还款期限缩短，改变还贷方式的，如将还款方式由等额本息换成等额本金。在选择之前，计算出不同方式下的还贷结果后，要结合经济实力，综合考虑时间、机会成本来确定最佳方式。

4. 两类人不适宜提前还贷

1）第一种类型

第一种类型即月供一样且贷款快要到期的客户。对于选择了等额本息还款法的消费者来说，如果现在贷款已经偿还了一大部分，那么提前还贷就不一定划算了。目前购房者贷款购房主要有两种还款方式可供选择，即等额本金还款法和等额本息还款法，绝大多数消费者选择的都是等额本息还款法。等额本息还款法每月还款额是固定的，一开始还的大多是利息，到后面才主要是本金。比如，贷款期限为 10 年，在第 8 年或第 9 年还的基本上就都是本金了，提前还贷没有意义。等额本金还款法是利随本清，客户什么时候还都可以为自己节省出相应的利息。

2）第二种类型

第二种类型即近期有投资计划的客户。不少消费者已经习惯了一旦手上有钱就拿来提前还贷，而碰上好的投资项目又贷款去投资经营，但经营性贷款利率要比房贷高得多。因此，在提前还贷前，消费者最好考虑清楚近期有没有投资计划，如果手上有好的投资项目，收益能够超过房贷利率的，就应该考虑投资而不是提前还贷。

6.6.5 挑选抵押贷款

申请房贷时，可利用表 6.2 比较至少两种房贷，以选择适合自己的房屋抵押贷款方案。

表 6.2 房贷来源比较

项目	A 类型房贷	B 类型房贷
期限/年		
贷款总额/元		
金融机构（地址、电话号码）		
联系人		
网址		
申请费/元		
信用报告		
房屋评估费/元		
贷款手续费/元		
利率		
月供/元		
点数		
其他费用(预付利息)/元		
其他信息		

6.7 房屋出售

出售房屋之前，尽量做些可以提升吸引力和市场价值的准备。
（1）做必要的修缮。
（2）粉刷外部区域和内部区域。
（3）外观更新（如新的地毯、新的卫生设备）。
根据以下要素，确定售价。
（1）评估房屋目前的市场价值。
（2）房屋的地段、外观和年份。
（3）当前的房贷利率和房屋所在区域的市场需求。
根据以下要素，决定是否考虑“业主直接出售”。
（1）通过不同媒介为房屋做广告（如报纸、互联网、传单）。
（2）做好准备，约见买家，展示房屋。
（3）合理利用律师或产权公司提供的服务，应对法律程序。
考虑接受房地产经纪人提供的服务。
（1）拜访至少两名经纪人，比较他们的服务和从业经验。

（2）让经纪人提供销售计划，应付销售过程中的财务和法律程序。

（3）就售价和潜在买方等事宜，定期与经纪人进行沟通。

课后测试

一、选择题

1. 购房常见的坏处是______。

A. 财务效益较低　　B. 居住流动性受限

C. 在装修和养宠物方面受限制　　D. 租赁的条件

2. 购房流程始于______。

A. 选择楼盘　　B. 查看是否有购房资格

C. 确定自有住房需求　　D. 评估我能够负担多少钱

二、判断题

1. 购房的一个主要好处是所有权带来的满足感。

2. 一般而言，购房比租房成本低。

3. 购房流程止于购买交易的结束。

4. 首付越高，所需偿还的房贷就越低。

5. 常规贷款的利率通常随市场利率而变化。

三、案例分析题

王明和李华彼此都攒下了 70 000 元，可用做房子首付。王明想买一个离工作地点很远的新房，李华则想买一个工作单位附近的二手房，他们在购房时应考虑哪些因素？

第7章

购车与贷款

课程目标

□列举拥有和使用汽车的成本
□列举你选购汽车前应研究的方面和应做出的决策
□了解不同保修与服务合同之间的差异
□列举选购车贷时需要考虑到的一些因素
□了解二手车交易流程及注意事项
□列举选购汽车保险时需要考虑到的一些因素

汽车作为消费者出行最常用的代步工具之一，其购买过程包含许多重要的知识。

在本章中，学生将了解如何购买汽车，并尝试计算车辆购买和使用所需的成本，一些隐含成本比较容易被忽略。此外，本章提供的素材将涉及买车和养车的多个因素与决策，包括比较二手车和新车的差异、贷款购车、车险知识等。

“我应该买一辆新车还是一辆二手车？”“哪里能为我购买汽车提供最佳贷款？”“是直接打折好，还是采取低利率贷款好？”这些人们买车的时候通常会关心的问题，都将在本章学习中讨论。另外，本章还为同学们普及了汽车租赁的相关知识。

课前小测

一、计算题

李华现在的月收入是5000元，他现在看上了一台朗逸汽车，配置是1.6升手动舒适型，车价为125 900元，选择的金融产品为自主贴息3年（首付30%），请计算李华首付款、贷款金额（精确至千位）、月供金额、贴息、总利息。

王平现在月收入是 12 000 元，他想购买一台新帕萨特 1.8T 御尊导航版，车价是230 000元，选择的金融产品为标准信贷1年（首付40%），请计算王平首付款、贷款金额（精确至千位）、月供金额、贴息、总利息。

二、简答题

1. 贷款购车能够给客户带来哪些好处（列举五条）？
2. 你会选择用哪一种方式购买车辆？

3. 自己找一份汽车保修和服务合同，然后回答以下问题。

（1）保修的目的是什么？

（2）这是哪种保修（原样买断、默示担保、经销商担保、制造商担保）？

（3）写下保修的基本条款。

（4）服务合同的目的是什么？

（5）写下服务合同的基本条款。

4. 假设你要买一辆新车，挑选出你喜欢的车型，并找到它的售价，然后挑选最实惠的汽车贷款，并填写表 7.1。尝试不同的机构，如银行、信贷联盟、私人放债等。完成上述任务后，查看你的表，你会选择哪种贷款？这种贷款的哪些特点对你来说更具吸引力？哪些机构提供最佳利率，你认为他们为什么会提供这一利率？

表 7.1 不同金融机构贷款对比

贷款金额/元				
金融机构				
年利率				
贷款期限/年				
月供/元				
信贷费用总计/元				
偿还总额/元				

7.1 购车流程

7.1.1 选择品牌

中国汽车市场发展迅速，在短短的二十年间便超越东欧与北美，成为全球最大的汽车市场。在中国加入世界贸易组织之后，国内的汽车生产全球化和销售全球化趋势日益显著。随着新的市场机会而来的，还有国内汽车市场日益激烈的竞争。据中国乘用车市场信息联席会（China Passenger Cars Association，CPCA）数据统计，目前国内的汽车品牌已经超过 110 家。值得关注的是，这项数据统计并没有将合资的汽车品牌进一步细分，而实际上，像大众这种采用南北双品牌战略，活跃在中国市场中的合资车企业的数量也不容小觑。但是真正被消费者所熟知的汽车品牌可能只有 30 家，据中国乘用车市场信息联席会另一项统计数据，2020 年 5 月，国内汽车总销量的 70%以上被 15 家知名品牌所瓜分，这些品牌包括消费者所熟知的大众、丰田、本田、奥迪等；而汽车市场中其余 30%的市场份额，存在着超过 95 家品牌的竞争；并且排名在第 15～30 位的车企又将这 30%的市场份额占据了很大一部分，汽车品牌之间的竞争程度可想而知。但这也恰好说明，汽车市场提供给消费者的选择更加丰富，消费者能够从大量的汽车品牌之中，选择出符合自己需求的汽车品牌。

市场的参与者数量较大，为了在市场中占有更多的市场份额，汽车品牌对市场进行了深度的细分。这主要体现在不同品牌的造车理念大有不同，理念的不同又使得品牌商在汽车设计中有所差异，针对的目标客户也存在显著的不同。简而言之，不同汽车品牌的侧重点是不同的，选择一个符合自己需求的品牌是十分重要的。

7.1.2　选择车型

选择一款适合自身需求的车型，是首先需要明确的，主要可以从价格定位和需求定位来选择。消费者应该根据自身的经济实力，估算适合自己的车辆价格区间。其中，厂家上市时面向社会公众所发布的价格是指导价，也叫裸车价。这个指导价是经销商向 4S 店提供的一个定价参考。但是在现实生活之中，汽车的生产与销售就像同厂生产的衣服，在不同的城市里，店家卖给消费者的价格也不一样。在不同 4S 店的汽车销售价格叫优惠价，由于每个 4S 店都有或多或少的差异，消费者在购车前可以有计划地多去不同的门店进行咨询和比较。落地价是指已经办妥各种费用，可以直接开着上路的价格，具体包括：裸车价（含优惠）、保险费、上牌费、加装配置费用等。

确定预算后，就可以进行车型选择了，可以先挑选几款在外形方面和口碑评价方面不错的车型，之后根据自己的需求进一步挑选。针对自身不同的需求，大概就会对理想车型的特点有具体的想法。去店里有目标地实际感受就能更好地做出选择。确定车型之后，还需选择合适的配置，每一款车型针对不同消费者的经济能力和使用需求推出了不同的配置，主要分为低配、标准配置和中高配置。一般来说，低配和标准配置可以满足行驶的大部分要求，往往性价比也最高，比较适合首次购车的消费者，如大学刚毕业买车的人群。但是中高配置也比较实用，这种配置往往是在一些细节方面有所升级，能够有更舒适的驾驶体验，甚至能够延长汽车使用的寿命。一些配置在后期进行加装可能比较麻烦，如果有这方面硬性需求，消费者就需要综合考虑了。

在 4S 店里，消费者选好心仪的车型后是可以进行试驾的。销售人员也愿意让消费者试驾上路。在驾驶过程中可以实际考察这款车是否符合自己的需要和驾驶习惯。如果对车辆的试驾满意，就可以商议价格进行购买了。在购买之前，具体可以从购车的付款方式、保险购置是否在门店购买等方面进行砍价，如果能找到店里的门店经理洽谈，可能能拿到更低的价格。除了价格，还可以让门店赠送服务，如延长车辆售后服务期、公里数等。

7.1.3　交付车款

交付车款的方式较多，这里的交付方式不是指使用哪一种支付工具，而是选择一种适合自己的交付合同。交付车款主要有三种方式：全款购车、定金购车、贷款购车。其中第三种贷款购车是最常见的，消费者需要支付较低的利息分期还款，这种方式也比较适合刚毕业参加工作的大学生。

（1）全款购车，即一次性交付全车所有费用。通常，全款购车消费者需提供身份证；汽车经销商需提供汽车销售发票、车辆保修手册、车辆使用说明书。此外，汽车经销商还可以代办缴纳保险、车船税、上牌等手续。

（2）定金购车，即交定金—签订定购合同—支付尾款。定金购车需要注意以下几点。交付定金后如果退车，汽车经销商将不予退还定金；汽车经销商若不愿交车或者不能按定购合同约定的时间交车，则可以要求汽车经销商双倍返还定金。办好定金手续后，汽车经销商有现车后，需要支付尾款，再提车。在现实中，先交定金能够帮助品牌商或者汽车经销商确定产品的需求量，在特殊节日也会提供相应的优惠，如在支付尾款时打折或者赠送一些配套的产品与服务。

（3）贷款购车，即交首付款—签合同—银行审批—银行放贷—办理牌照—办理还贷手续。消费者需要提供的证件包括身份证、户口本、收入证明、二张一寸照片等（已婚者需要配偶身份证、结婚证）。贷款购车是现在大多数4S店销售人员主推的购买方式，因为销售人员也会获得相应的贷款业务提成。对于消费者而言，如果当下没有足够的钱支付全款，选择贷款购车，分期付款减轻自己的经济压力是一种比较合理的选择。贷款购车的具体流程，将在后面进行详细介绍。

7.1.4 发票的工商验证

完成以上步骤后，消费者就能拿到购买汽车的发票。接下来，需要进行发票的工商验证。持购车发票在各区工商局机动车市场管理所或汽车交易市场的代办点加盖工商验证章。办理发票的工商验证需要提供购车发票、汽车出厂合格证明（合格证）、单位代码证或个人身份证（进口车辆须提供海关证明，商检证明）。

7.1.5 办理保险

汽车保险是非常有必要的，在4S店里销售人员也会主动为消费者科普汽车保险知识。需要注意的是，保险一定要在领取牌照之前办理，汽车交易市场都有保险公司代办机构，在购车时一起完成保险手续，可以省去以后的麻烦。如果对于保险有任何疑问，可以现场咨询销售代表，相关法律规定保险从业者应当完全且诚实回答消费者的问询，如果消费者不咨询可以不提供主动解释。

新车必须办理的保险有以下两类：第一种是交强险。交强险全称“机动车交通事故责任强制保险”，这是我国第一个由国家法律规定实行的强制保险制度。第二种可以理解为商业保险类，以车辆损失保险与第三者责任保险为主所构成的主干险种，并在若干附加险的配合下，共同为保险客户提供多方面的危险保障服务。其中第三者责任险包括赔偿被撞对方的修理费、医药费和财产损失费等。

7.1.6 缴纳车辆购置税

购置应税车辆，应当向车辆登记注册地的主管国税机关申报纳税；购置不需要办理车辆登记注册手续的应税车辆，应当向纳税人所在地的主管国税机关申报纳税。车辆购置税实行从价定率的办法计算应纳税额，计算公式为：应纳税额＝计税价格×税率。如果消费者买的是国产私车，计税价格为支付给经销商的全部价款和价外费用，不包括增值税税款。因为机动车销售专用发票的购车价中均含增值税税款，所以在计征车辆购置税税额时，必须先将增值税剔除，然后再按10%的税率计征车辆购置税。

7.1.7 车船税

凡在中华人民共和国境内拥有并且使用车船的单位和个人，均为车船税的纳税义务人（简称纳税人），车船税不适用于外商投资企业和外国企业。如有租赁关系，拥有人与使用人不一致时，则应由租赁双方商妥确定一方为纳税人，否则，车船的使用人为纳税人。如无租使用的车船，车船使用人为纳税人。

1. 征税对象和征税范围

征税对象为车船，征税范围为在中国境内道路或航道上行驶的除规定免税外的车船，具体范围可查询《中华人民共和国车船税法》。

2. 税额、计税依据

车船税，按定额征收：机动车乘用车每辆10座以下，且1.0升（含）以下的乘用车，每辆车年税额为180元（全国的浮动幅度为60元～360元）；1.0升以上至1.6升（含）的，每辆车年税额为300元（全国为300元～540元）；1.6升以上至2.0升（含）的，每辆车年税额为420元（全国为360元～660元）。10座以上（含10座）分别按照中型客车和大型客车的标准征收480元、600元。

3. 征收管理

1）纳税期限

车船税按年一次征收。每年开征时间为二月至四月，具体时间由县、市税务机关确定。交通运输公司等个别单位一次缴纳税款有困难的，可由县、市税务机关根据实际情况分二期缴纳，但下期的税款应于本年八月底前缴纳。

2）纳税地点

车船税由纳税人向车船所在地的地方税务机关缴纳。在附加费征稽处建档后，去所在地税务局缴纳车船税，领取“税”字牌。此项内容可以在购车环节中随时办理，汽车交易市场中一般都有税务部门的办事机构，一次办完比较方便。

7.1.8 办理移动证

在领取正式牌照之前，只有办理了移动证的车辆才能上路行驶，出京车辆则须到检测场验车并办理临时牌照方许上路。移动证贴于所购新车的前挡风玻璃明显处。

办理地点：在各区县交通大队或其设在汽车交易市场的机构办理。

提供：车主证明或个人身份证明、车辆来历证明。

流程：申请→业务领导岗审批→机动车查验岗验车→收费→牌证管理岗开具临时牌、移动证。

7.1.9 验车事项

新车须到车辆检测场检验合格后才能领取车辆牌照，需携带行驶证、驾驶证、保险单原件等。到当地车管所指定的车辆检测站，先交费，然后填写表单，让检查员检查车辆外观，再到车辆检测线检查车辆，合格后到窗口等待领取车辆合格证。

验车时应注意：去指定的汽车检测场验车时，要给新车加油添水，做好行车前检查，确保新车正常行驶，同时要注意初驶磨合状态，不可高速行驶。

7.1.10 领取牌照

验车后5个工作日到各区县车管所领取牌照。同时领取行驶证代办凭证。拍照准备办理行驶执照。领取车牌照、临时行车执照和“检”字牌。私车牌证须车主本人亲自前往，他人不能代领。

领取牌照需提供购车发票原件及复印件、公车提供单位代码证书原件及复印件，私车提供车主身份证、机动车验车表、产品合格证、已投保的机动车第三者责任保险单据（包括保险单正本、收据及保险卡），单位购车的需交控办批件、合资企业须提交营业执照副本原件、私营企业须提供工商局的控办证明。

费用包括牌照费、上牌费、照相费及其他手续费。

7.1.11 缴纳燃油税

办完以上手续后，车主还需缴纳燃油税。燃油税就是由养路费转换而来，实行捆绑收费。由于养路费一般是按吨位和运营收入两种计费方法收取，实际上形成了一种定额费。而对于用油大户尤其是汽车来说，道路使用率存在较大差距。专家表示：“因为无法测算每台车的道路使用率。”“燃油税实质上是通过将养路费‘捆绑’到油价上，将每辆汽车要交的养路费转换成税费，在道路等公共设施日益成为一种稀缺资源的大背景下，更多地体现了‘多用多缴，少用少缴’的公平原则。”

7.1.12 车辆备案

在各区县的交通大队或当地安委会办理新车备案手续。此阶段应注意：单位车辆到所在区县交通支（大）队集体办理；个人车辆，车主有驾驶证的随驾驶证的登记备案一同办理，车主无驾驶证的到机动车行驶证登记地址所在区县交通支（大）队办理。

7.1.13 办理车辆行驶证

在领取牌照的同一车管所办理，需携带的文件包括行驶证待办凭证等。

7.2 贷款购车

7.2.1 贷款购车流程

客户咨询→决定购买→索取表格→准备资料、填写表格→提交资料→初审→上交银行复审→批准交首付款→签合同→挑车→办理一条龙手续→提车→售后手续交接→客户维护。

7.2.2 汽车金融公司

1. 汽车金融公司功能

汽车金融公司是由汽车制造商出资成立的、为买车人提供金融服务的非银行金融机构。在中国，它的成立与变更必须得到中国银保监会的批准，服务内容与范围也要由银保监会监督。它最重要的功能之一就是向消费者提供汽车贷款服务，此外还能为汽车经销商提供采购车辆和营运设备贷款、为贷款购车提供担保等一些经中国银保监会批准的其他信贷业务。

2. 目前国内汽车金融公司的现状

2004 年 8 月 3 日，国内第一家汽车金融公司上海通用汽车金融有限责任公司经过中国银监会批准正式开业，自此之后，包括丰田、通用、福特、大众、沃尔沃等汽车厂商均在华建立了汽车金融公司。根据 2021 年 6 月中国银保监会官网所公示信息，在国内已经获准成立的汽车金融公司共有 25 家。这些公司分别是：大众汽车金融（中国）有限公司、丰田汽车金融（中国）有限公司、梅赛德斯-奔驰汽车金融有限公司、东风标致雪铁龙汽车金融有限公司、沃尔沃汽车金融（中国）有限公司、上汽通用汽车金融有限责任公司、福特汽车金融（中国）有限公司、东风日产汽车金融有限公司、菲亚特克莱斯勒汽车金融有限责任公司、广汽汇理汽车金融有限公司、宝马汽车金融（中国）有限公司、三一汽车金融有限公司、一汽汽车金融有限公司、北京现代汽车金融有限公司、天津长城滨银汽车金融有限公司、长安汽车金融有限公司、瑞福德汽车金融有限公司、奇瑞徽银汽车金融股份有限公司、比亚迪汽车金融有限公司、华泰汽车金融有限公司、上海东正汽车金融股份有限公司、华晨东亚汽车金融有限公司、吉致汽车金融有限公司、重汽汽车金融有限公司、裕隆汽车金融（中国）有限公司。

2019 年，25 家汽车金融公司资产总额为 9064 亿元，同比增长 8.0%。受中国汽车市场整体表现低迷影响，截至 2019 年末，中国汽车金融公司贷款余额为 8361.9 亿元，同比增长仅为 10.8%。对比 2017 年，贷款余额增速同比增长达到了 28.4%，2018 年贷款余额增速同比增长为 12.9%，可见贷款余额增速持续放缓。

7.2.3　贷款购车方式

贷款购车可分为三种具体的方式。

第一种，信用卡分期购车。信用卡分期购车不是一般意义上的刷信用卡买车，其在金额和还款利率手续费上受到了很大的限制，刷卡额度不能超出信用卡的信用额度，该方式适合缺少少量购车资金的消费者

第二种，汽车金融公司贷款。截至 2021 年 6 月，我国已有 25 家通过银保监会批准的汽车金融公司。汽车金融正被车企视为拯救低迷车市的法宝。

第三种，银行个人购车贷款。这是银行与汽车销售商向购车者一次性支付车款所需的资金提供的担保贷款，并联合保险、公证机构为购车者提供保险和公证。

7.2.4　手续费

贷款公司将视情况根据贷款总额收取一定比例的手续费，通常为 2%～3%。

7.2.5　利率举例

利率是指国家规定的基础贷款利率。以中国建设银行 2020 年汽车贷款利率为例，

可分为三年期年利率和五年期年利率。其中，三年期（含三年）年利率为 5.31%，五年期（含五年）年利率为 5.4%。国家允许不同银行提供的贷款利率有细微的差别。

7.2.6 资信调查

以小杨为例，完成购车贷款的资信调查步骤如下。

（1）小杨在经销商处填写贷款申请表和授权书（小杨授权一家资信调查公司审核小杨的资信资格），同时交少量的定金，经销商再将这些资料传真给汽车金融公司。

（2）由汽车金融公司直接找到小杨，要求小杨提供更为详细的各种证件和证明，进行家访，并调查小杨提供的材料是否属实。

（3）金融公司调查评估后确认小杨有资格得到贷款，并将正式贷款合同与批款函送达给经销商。

（4）经销商通知小杨到店填写正式贷款合同，并缴纳首付款，资信调查过程基本结束。

例如，10 万元车，小杨首付 50%，贷款 5 万元，若三年月还约 1530 元，则小杨的总支出约为 105 080 元；若五年月还约 1000 元，则小杨的总支出约为 110 000 元。看似付出了更多的钱，实际上为小杨减轻了经济压力。

7.2.7 车贷风险

1. 借款人方面

（1）信用风险。购车群体良莠不齐，可能混杂了一些有道德风险的人，由于主观赖账心理或当汽车价格下跌，低于购车者需还贷款余额时，购车者就可能做出理性违约的行为，可能使银行贷款面临风险。

（2）支付风险。购车人对自身的预期收入能力估计不足，确定的贷款额度、期限不合理或由于外部意外，按期支付还款困难。

2. 经销商方面

（1）汽车质量风险。经销商为推销汽车，不通过正当渠道购进汽车，把存在质量问题的车辆销售给借款人，因质量纠纷而殃及银行贷款的收回。

（2）盲目推介客户风险。经销商向银行推介客户的过程中，其从自身利益出发，可能通过虚报汽车价格，变相降低首付款比例或采用零首付的方法，把不具备资金实力的购车人推介给银行，为贷款的按期收回埋下隐患。

3. 保险公司方面

（1）保险条款陷阱。保险公司利用借款人对保险条款的模糊认识，以及银行贷款操作中的疏漏，当保险责任发生时，寻机免除保险责任或减少责任。

（2）保险公司营销人员风险。保险公司的部分营销人员，采取不正当竞争手段，违反保险条款规定，私自缩短保险期限，造成保险失效，责任免除。

（3）保险支付风险。保险公司虽为一级法人，但其保险赔偿的支付能力是有一定限度的，当保险赔偿额度超过其内部控制比例或心理预期时，保险公司就会寻找借口拖延赔付，从而造成银行不良贷款增加。

4. 银行内部风险

（1）贷款手续风险。保险公司履约保险的生效是以银行履行义务为前提的，当银行在贷款调查、审查、审批手续上出现纰漏时，就会造成保险失效，责任免除。

（2）客户及车辆质量审核风险。汽车贷款风险直接来自借款人和车辆，对借款人资信状况调查不严格或对经销商提供车辆质量把关不严，都会直接给贷款的按时收回带来风险。

（3）保险手续风险。汽车贷款履约保证保险是保险公司的一个保险业务品种，虽然在借款合同中，银行要求其在担保人处加盖了公章，但并不等同于保险公司担保贷款。履约保险对手续的要求非常严格，保险不连续、借款人非法经营、借款合同或保险单内容的变更等，都可能造成保险失效、责任免除。

7.3　二手车交易

二手车交易的主要内容包括：二手车评估前期工作、技术状况鉴定、寄卖、置换业务、价格评估、交易实务。主要手续包括车务手续、车辆保养维修手续、税费手续。

7.3.1　手续

一是车务手续。该部分包括三个证件，第一个较为常见，是由车辆登记机关核发的机动车行驶证；第二个是由车辆管理所核发的车辆权属证明——机动车登记证书；第三个是机动车来历凭证，主要包含全国统一的机动车销售发票和二手车交易发票，最为常见的就是机动车销售发票和二手车交易发票。

二是车辆保养维修手续。车辆进入使用阶段，将会自然进入保养维修过程，记录这些过程的载体被称为保养维修手续，包含三种。第一种是车辆使用说明书，也称车辆使用手册。第二种是保养手册，独立成册或者与车辆使用说明书同册记录，在购买二手车过程中这是一个非常关键的手续，它全面记录了车辆历次保养的时间、公里数、保养项目等。但一些车辆保养机构会将保养记录上传至网上，而不在保养手册上记载；年份久远的车不在厂商指定的服务商处进行保养时，也会使保养记录断档。购买二手车时需要在这些方面多加注意。第三种是车辆附加配置使用说明以及保修卡。

三是税费手续。在车辆上牌开始使用后会缴纳各项税费，购买车辆保险等，我们统称为税费手续，我们把这些手续分为四种。第一种是车辆购置税完税凭证，缴税范围包含购买、进口、自产、受赠、获奖或者其他方式取得并自用的应税车辆，在购买二手车的时候应注意，这些形式下获得的车辆都应该具有车辆购置税完税凭证。第二种是车船税凭证，作为大家耳熟能详的税种，不过多赘述。第三种是公路养路费凭证，不过随着我国成品油机制的不断改进，该项费用已经并入燃油税。第四种是车辆的保险单，是指保险公司为该车提供的保险凭证单据，其中自 2006 年 7 月开始的交强险属于必上险种，所以大家在交易车辆的时候也要注意，车辆保险的各种凭证会有效记录车辆的出险情况，对于判断车辆概况具有很大帮助。

7.3.2 注意事项

1. 二手车手续

消费者要对购买二手车的手续有一个详细的了解，有些买车人因为图便宜选择购买一些手续不完全，不能过户的二手车，这样不仅买家会有麻烦，卖家也会存在相同的麻烦。二手车交易需要的手续有车辆登记证、行驶证、购车发票、保险单以及交易双方的身份证等。

2. 二手车里程表作假

汽车里程表主要分为两种，即机械式和电子式。机械式里程表利用的是齿轮转动的工作原理，只要拨动里程表计数器的齿轮，就能随意调整读数。而后者的回调难度要大一些，但也不是不可能。很多人都习惯通过了解车辆的使用年限及公里数判断原车主的用车情况，这个想法是没有问题的，但判断车况不能单凭里程表，因为这个是可以改动的，建议消费者提高警惕。

3. 车况是否有隐藏问题

一要进行目测检查，包括检查车辆发动机型号和出厂编号、底盘型号是否与行车执照上的记载吻合。

二是车辆的技术状况检查，包括检查车辆是否发生碰撞受损、车门是否平衡、油漆脱落情况和车辆的金属锈蚀程度等。

三是车厢内部、附属装置、车辆底部检查，如查看座位的新旧程度、座椅是否下凹，以及行李箱的随车工具是否完整，车窗玻璃升降是否灵活、仪表是否原装、踏板是否有弹性等。

四是发动机检查，包括观察发动机的外部状况，看气缸外有无油迹露出；检查发动机油量，拿出机油量度尺看机油是否混浊不堪或起水泡；揭开水箱盖看风扇皮带是否松紧合适等。

4. 过户手续完整办理

最后，最关键也最容易忽略的问题之一就是车辆相关手续的过户。很多车主为了贪图省事，没有办理过户手续，导致后期无论是用车还是理赔都有很大的难题。建议消费者在购买二手车后尽快办理车辆相关手续和车险的过户更名手续。

7.3.3 购买心得

1. 哪些二手车不能买

对于很多想要购车的朋友来说，选择二手车就是为了便宜，以同等的价位能够购买一辆性能或是车型比较好的车。那么我们在进行选购时，必须要明确有些车是不能买的，因为购买了问题车后，安全性能不能保障，后续可能会有维修问题，到时再后悔已经来不及了。下面的内容将围绕“哪些车不能买”展开介绍。

（1）水浸泡过的车辆不能买。这种泡水车的危害比较大，特别是经雨水浸泡过的车辆，由于酸性的腐蚀，会使车辆的设备受到雨水的浸泡，发生线路故障，特别是在高速公路上行驶的过程中，比较容易发生问题，因此有安全隐患。然而，对于这种车辆来说，由于经过一定的美容，判断起来不是很容易。

（2）使用时间过长的车辆不能买。由于时间使用太长，其磨损也会特别严重，达到相应的程度时，车辆的使用寿命就已经到了临界点，任何的机械设备只要一经使用，就会随着时间的推移而逐渐减少使用寿命，维修的成本也会增加。一般而言，预估30万公里行驶里程的车，其维修以及保养的成本很可能会比车辆自身的价值还要高，所以这种车辆的使用寿命已经超过了车辆最终寿命的2/3，因此这种车也不能买。

（3）除了以上常见的两种车辆，租赁公司的车、翻新车、发生重大事故车、停产车、严重违章欠费的车也不能买。

2. 如何不吃亏

低价实惠的二手车越来越受用户的喜爱，尤其是那些新手和手头有些紧的用户。往往很多消费者在追求低价的时候就忽略了其他的方面，到底二手车交易如何才能不吃亏呢？消费者一定要谨记以下九个要点。

（1）不要只关注某一方面。一般女性用户和年轻用户只关注外表，尤其是一些个性化小车如甲壳虫、宝马Mini等。还有很多初入职场的消费者往往关注了价格，就忽略了其他方面。车辆需要考虑综合性能，需要考虑外观和车架、发动机和变速箱、底盘、电气系统等，因此选择的时候不要一根筋，关键时刻要理智。

（2）不要着急交定金。一般来说只要不是特殊的车辆，不会遇到没有车的情况。在没有全面了解的情况下，没有完全确定的时候，不要着急交定金，因为按照有关规定，用户如果不在合约期间内提车付款，定金不退还。

（3）多方面考虑圈定车型。二手车与新车的最大不同在于其个性化，车辆与购买方的意愿可能不能完全吻合，如车辆的型号、颜色、配置、价格等，建议用户选择二手车时按照价格空间和功能需求来圈定车辆，而不能仅仅就面对一款车，这样容易造成价格偏差。

（4）多听多看。二手车方面不仅要对车辆状况有所了解，同时要对车辆的手续等复杂问题进行了解，只有真正从事这一行业的人员才能更好地掌握，所以有时候不要过于坚持己见，应多看多听，综合考虑。

（5）多询价、慎砍价。每台二手车的价格不同，售价中有许多砍价的余地。考虑到购车人不确定二手车整备、销售过程中的成本，建议购车人多找几家公司询价。仅仅通过一家公司的报价作为参考不是一个明智的购车决策。

（6）买车要有耐心。不少用户买车都是一种急切的心态，在选择新车的时候相对好一些，但是选择二手车时，在某些时段某些情况下也许当天的库存车辆并不是令人很满意，等待一周之后不论是价格还是车况也许会更好，所以选择二手车要有耐心，不要非得今天就要开车走。

（7）行家也会有走眼。在实际交易过程中，即使是最好的评估师也有走眼的情况，并且常规情况下10%的失误率普遍存在。即使用户找专家帮忙，为了确保真的出了问题能解决，用户还是要按照正规程序签署合同，行家可以相信，但行家有时也会看走眼。

（8）不要轻信里程表。不少用户在购买二手车的时候都参考公里表作为依据，但是目前国内对于里程表的检查和鉴定不完善，容易出现人为调整的情况，因此以里程表作为依据有一定的不确定性。

（9）手续亲自确认并签字。由于在办理过程中需要用户签订一些文件和证明，如果全权代理，在此过程中，用户如果缺乏了解，有些细节就比较容易出现纠纷和后续的问题，因此转移登记表格、合同等重要的文件还是要用户自己看和自己确认签字。

二手车交易如何不吃亏的关键还是要谨慎，只要消费者在购车前多方面了解情况，多听多看，细咨询，不要轻信眼睛看到的东西，尽量到专业的二手车公司或网站交易，就可以最大程度避免吃亏上当。

7.3.4 交易常识

1. 价格优惠幅度

首先，车主应了解二手车的价格，在置换前多参考多咨询，既不能过低估计自己车辆的价格，更不能过高估计，最好直接将车开到有一定品牌知名度和实力的二手车经纪公司，实际评估一下。

其次，掌握新车优惠情况，车主在换车过程中，不但要了解二手车价格，还要了解准备置换的新车价格，以及近期优惠促销情况。

在了解自己车辆的实际收购价格后，就可以参照旧车收购价格，来考虑新车理想的优惠幅度。一般来说，新车的优惠幅度商量余地不大，旧车价格的调整余地较大。

2. 全面了解车辆

首先，车主在卖车前应对自己的车况有较为全面、充分的了解，使自己在未来的谈判中处于主动地位。车主还应注意在售前或置换前对汽车进行简单的保养及清洁，给买家较好的第一印象。此外，车主要尽可能提供定期、完整的维修及保养记录，这将有助于取得较好的售价。

其次，在二手车交易前应到旧车交易市场充分了解市场行情，找正规、安全、可靠的二手车品牌经销商或二手车交易市场洽谈置换或售车。消费者最好是在获得国家注册旧机动车鉴定估价师资格的专业人员那里为自己的新车估价。

最后，车主应根据新车及二手车交易的行情走势，选择适当时机“出手”，不能操之过急。

3. 价格决定因素

二手车置换是现今的一个热门话题。但是也有不少车主疑惑，二手车置换越来越红火，但置换的价格为什么却没有一点上升的趋势呢？下面几点是影响二手车价格的主要因素。

（1）颜色决定价格。对于一款出售的二手车来说，市场保有量的大小，也是直接影响车价的因素，此外，车辆颜色、车牌号码，也是二手车商所看重的。不同的车有不同的讲究。例如，对商务车而言，深蓝色就是较受欢迎的车型，而墨绿、红色车型就明显滞销；对小轿车而言，银灰色、黑色最为吃香。车牌号码也受到买家关注，特别是在广东地区，如果是连着几个“8”的车牌，在同一品牌、相同车况下，也会比其他车牌的车辆高1000～3000元不等。

（2）历史记录影响车价。在进行交易时，二手车价格并不透明，有时甚至出现多个版本。对此，有意卖车车主，应谨慎交易。一般来说，二手车行在得到车源信息后，会迅速与车主取得联系，进行收购。影响收购价格的一大因素是车况，车行负责收车的人员会仔细查看这辆车的外观有没有划痕、有没有撞过车，如果出过事故，而且伤及大梁，那么，这辆车的价格将会大跌。

对于冷门车型，不同车商的报价也不同，且相差较多。其实，这种评估价并不能完全作为二手车市场实际成交的参考。评估价是政府一方为防止交易双方谎报交易价格致使税费损失，通过交易市场对每一辆车进行的一个估价。

（3）改装车影响价格。根据法律规定，任何单位或个人不得拼装机动车或者擅自改变机动车已登记的结构、构造或者特征，同时，自行改装车辆，使车型与车辆出厂技术参数不符，该车将不能过户。就实际情况而言，大多数改装车车主都是根据自己的喜好进行改装，但车辆改装后增加的设备一旦发生事故，保险公司是不予理赔的，二手车车商在收购这类车型时，要冒一定的风险，因此改装得比较夸张的二手车，不仅评估价格偏低，有时甚至很难找到买家。

加装配置加不了价，有车主认为自己在车上加装了DVD等配置，也可以让对方加价，殊不知，这也是一种错误的认识。

对于二手车市场商家来说，他们最愿意收购原封不动的车辆，车主觉得加装了配置更豪华，但二手车行却认为一些线路改装给他们增添了麻烦。因此，加装的“豪华”设备，车主最好自行拆除，否则就只能以赠送的方式随车卖出。

4. 旧车折价换新车

大部分汽车厂家采用的是多品牌置换方式，也就是任何品牌的二手车都可以到4S店折价购买新车，只是购买的新车必须是该4S店代理的品牌。但在实际置换操作过程中，首先要考虑旧车已使用了多长时间，因为使用年限及行驶的公里数是评估车辆剩余价值的一项重要参照指标。通常情况下（没发生过重大事故），使用1年的车辆折旧率为10%至15%，第二年递增7%至9%，而后每年增加5%，从第七年开始，每年递增1%。通过参照使用年限和行驶里程评估定价后，与新车进行置换。但一般已使用了五年以上的车，由于折旧率的关系，再加上税费的问题，其评估价格不会很高，所以使用时间较长的车辆不适合进行二手车置换。其次要考虑价格区间问题，如以低档车置换中档车或以中档车置换中高档车型，这些置换从价值取向来讲是比较适合消费者的。如果价格区间跨越较大，则不适合消费者进行置换。满足上述两项条件的二手车置换比较省时省力，前景看好，只是政策尚不明朗。

5. 其他交易常识

在购买二手车时，必须注意手续过户，二手车的过户手续至关重要。应在正式成交后的过户阶段，或者在买卖交易的时候签订二手车交易协议书，以免在今后的使用中出现麻烦。新车仍使用原二手车牌照的，经销商代办退牌手续或者重新为新车上牌；新车上新牌照的，经销商可代办手续。

车主可要求经销商提供过户后的交易票复印件、登记证书复印件等，或者在买卖交易的时候签订协议书（一般4S店在诚信方面还是比较有保障的）。

贷款置换，如果旧车贷款尚未还清，可由经销商垫付还清贷款，款项算入新车需交钱款。另外，新车也可选择分期付款等购车方式。

如需进行老旧车淘汰补贴申请，车主在交易前应查明老旧车淘汰补贴政策，且通常应准备好以下材料：①车辆机动车登记证书复印件或机动车行驶证复印件；②提交二手车交易发票（复印件）；③车主身份证原件和复印件；④老旧车主淘汰补贴资金申请信息表；⑤银行个人账户。

7.4 机动车辆车险

机动车辆保险即汽车保险（以下简称车险），是指对机动车辆由于自然灾害或意外事故所造成的人身伤亡或财产损失负赔偿责任的一种商业保险。车险是以机动车辆本身及其第三者责任等为保险标的的一种运输工具保险。其保险客户，主要是拥有各种机动交通工具的法人团体和个人；其保险标的，主要是各种类型的汽车，但也包括电车、电瓶车等专用车辆及摩托车等。

7.4.1 车险分类

车险是以汽车、电车、电瓶车、摩托车、拖拉机等车辆作为保险标的的一种保险。车险产生于19世纪末，世界上最早签发的机动车辆保险单，是1895年由英国“法律意外保险公司”签发的、保险费为10英镑到100英镑的汽车第三者责任保险单，汽车火险可以在增加保险费的条件下加保。

车险一般包括交强险和商业险两大类，而商业险又可以具体分为基本险（也称主险）和附加险两个部分。基本险分为车辆损失险、第三者责任险、全车盗抢险（盗抢险）、车上人员责任险（司机责任险和乘客责任险）。附加险包括玻璃单独破碎险、划痕险、自燃损失险、车辆涉水险、无过失责任险、车载货物掉落责任险、车辆停驶损失险、新增加设备损失险、不计免赔特约险等。玻璃单独破碎险、自燃损失险、新增加设备损失险是车身损失险的附加险，必须先投保车辆损失险后才能投保这几个附加险。无过失责任险、车载货物掉落责任险等，是第三者责任险的附加险，必须先投保第三者责任险后才能投保这几个附加险；每个险别不计免赔是可以独立投保的。

1. 交强险

交强险，全称为“机动车交通事故责任强制保险”，是中国首个由国家法律规定实行的强制保险制度。《机动车交通事故责任强制保险条例》对交强险的定义为：由保险公司对被保险机动车发生道路交通事故造成本车人员、被保险人以外的受害人的人身伤亡、财产损失，在责任限额内予以赔偿的强制性责任保险。

下列六种情况，交强险可以办理退保：被保险机动车被依法注销登记的；被保险机动车办理停驶的；被保险机动车经公安机关证实丢失的；投保人重复投保交强险的；被保险机动车被转卖、转让、赠送至车籍所在地以外的地方；新车因质量问题被销售商收回或因相关技术参数不符合国家规定，交管部门不予上户的。

2. 商业险的基本险种

1）车辆损失险

在车险中，车辆损失险为四大主险之一，在若干附加险的配合下，共同为保险客户提供多方面的危险保障服务。

车辆损失险的保险标的，是各种机动车辆的车身及其零部件、设备等。当保险车辆遭受保险责任范围的自然灾害或意外事故，造成保险车辆本身损失时，保险人应当依照保险合同的规定给予赔偿。

车辆损失保险的保险责任，包括碰撞责任、倾覆责任与非碰撞责任。其中碰撞责任是指被保险车辆与外界物体的意外接触，如车辆与车辆、车辆与建筑物、车辆与电线杆或树木、车辆与行人、车辆与动物等的碰撞。倾覆责任指保险车辆由于自然灾害或意外事故，本车翻倒、车体触地，失去正常状态和行驶能力，不经施救不能恢复行驶。非碰撞责任可以分为以下几类：①保险单上列明的各种自然灾害，如洪水、暴风、雷击、泥石流、地震等；②保险单上列明的各种意外事故，如火灾、爆炸、空中运行物体的坠落等；③其他意外事故，如倾覆、冰陷、载运被保险车辆的渡船发生意外等。

车险的责任免除包括风险免除（损失原因的免除）和损失免除（保险人不赔偿的损失）。风险免除主要包括：①战争、军事冲突、恐怖袭击、扣押、罚没、政府征用；②在营业性维修场所修理、养护期间；③用保险车辆从事违法活动；④驾驶人员饮酒、吸食或注射毒品、被药品麻醉后使用保险车辆；⑤保险车辆肇事逃逸；⑥驾驶人员无驾驶证或驾驶车辆与驾驶证准驾车型不相符；⑦非被保险人直接允许的驾驶人员使用保险车辆；⑧车辆不具备有效行驶证件；等等。损失免除主要包括自然磨损、锈蚀、故障、市场价格变动造成的贬值等

需要指出的是，车险的保险责任范围由保险合同规定，且并非一成不变，在选购车险的时候一定要仔细查看合同中关于该车险的保障范围和免责条件。

2）第三者责任险

机动车辆第三者责任险简称为第三者责任险，是指被保险人或其允许的驾驶人员在使用保险车辆过程中发生意外事故，致使第三者遭受人身伤亡或财产直接损毁，依法应当由被保险人承担的经济责任，保险公司负责赔偿。由于第三者责任险的主要目的在于维护公众的安全与利益，因此，在实践中不仅作为四大主险之一，绝大多数的地方政府还将第三者责任险列为强制保险险种。这意味着车主不买这个保险，机动车就上不了车牌，更不能接受年检。

有关第三者责任险的责任核定，应当注意两点：①直接损毁，实际上是指现场财产损失和人身伤害，各种间接损失不在保险人负责的范围；②被保险人依法应当支付的赔偿金额，保险人依照保险合同的规定进行补偿。

这两个概念是不同的，即被保险人的补偿金额并不一定等于保险人的赔偿金额，因为保险人的赔偿必须扣除除外不保的责任或除外不保的损失。例如，被保险人所有或代

管的财产、私有车辆的被保险人及其家庭成员以及他们所有或代管的财产、本车的驾驶人员及本车上的一切人员和财产在交通事故中的损失不在第三者责任险负责赔偿之列；被保险人的故意行为、驾驶员酒后或无有效驾驶证开车等行为导致的第三者责任损失，保险人也不负责赔偿。

3）全车盗抢险

机动车辆全车盗抢险常被视为四大主险之一。全车盗抢险的保险责任为全车被盗窃、被抢劫、被抢夺造成的车辆损失以及在被盗窃、被抢劫、被抢夺期间受到损坏或车上零部件、附属设备丢失需要修复的合理费用。

根据各公司的保险条款，保险车辆全车被盗窃、被抢劫、被抢夺，经县级以上公安刑侦部门立案侦查证实满一定时间（大部分为三个月）没有下落的，由保险人在保险金额内予以赔偿。如果被保险车辆被盗抢超过三个月未找回，则在保险金额内进行赔偿。如果车被盗抢后，在三个月内找回了，但是在此期间车辆损坏或零部件丢失，保险公司负责赔偿修复费用。赔偿额度通常为每次事故应赔偿损失总金额的80%，不同保险公司的赔偿额度要以合同约定为准。

4）车上人员责任险

车上人员责任险，主要是指在发生意外情况下，保险人对司机座位的人员和乘客的人身安全进行赔偿。可细分为司机责任险和乘客责任险，但严格来说，司机责任险并不是一个独立的险种，而是商业车险中车上人员责任险的一部分。

3. 商业险的附加险种

机动车辆的附加险是车险的重要组成部分。从中国现行的机动车辆保险条款看，主要有玻璃单独破碎险、划痕险、自燃损失险、车辆涉水险、无过失责任险、不计免赔特约险、车载货物掉落责任险、车辆停驶损失险、新增加设备损失险等，保险客户可根据自己的需要选择加保。

1）玻璃单独破碎险

玻璃单独破碎险，即车辆在停放或使用过程中，其他部分没有损坏，仅风挡玻璃单独破碎，风挡玻璃的损失由保险公司赔偿。

2）划痕险

划痕险即车辆划痕险，它属于附加险中的一项，主要是作为车损险的补充，能够为意外原因造成的车身划痕提供有效的保障。划痕险针对的是车身漆面的划痕，若碰撞痕迹明显，有划口及凹坑等，就不属于划痕，属于车辆损失险的理赔范围。

3）自燃损失险

车辆自燃损失险是车辆损失险的一个附加险，只有在投保了车辆损失险之后才可以投保车辆自燃损失险。在保险期间内，保险车辆在使用过程中，由于本车电路、线路、油路、供油系统、货物自身发生问题、机动车运转摩擦起火引起火灾，造成保险车辆的损失，以及被保险人在发生该保险事故时，为减少保险车辆损失而必须要支出的合理施救费用，保险公司会相应地进行赔偿。

4）车辆涉水险

车辆涉水险简称涉水险，全称车辆涉水行驶损失险，是专门针对因水淹导致的发动机损失进行赔偿的一个险种。只有购买了涉水险的车主，在遇到涉水造成的发动机进水，引发故障时，才能得到保险公司的相应理赔。

5）无过失责任险

无过失责任险是指投保了该项保险的车辆在使用中，因与非机动车辆、行人发生交通事故，造成对方人员伤亡和财产直接损毁，保险车辆一方无过失，且被保险人拒绝赔偿未果，对被保险人已经支付给对方而无法追回的费用，保险公司负责给予赔偿。

6）不计免赔特约险

不计免赔特约险是指经特别约定，保险事故发生后，按照对应投保的主险条款规定的免赔率计算的、应当由被保险人自行承担的免赔额部分，保险人负责赔偿的一种保险。投保后，车主不仅可以享受到按保险条款，应由保险公司承担的那一部分赔偿；还可享受到由于车主在事故中负有责任，而应自行承担的那部分金额赔偿。按照保险对象的不同，不计免赔险又可分为基本险的不计免赔和附加险的不计免赔，车主在投保时应详细了解。

4. 二手车保险变更

换车时代已经悄然走到我们的身边，很多人都加入更换新车的大潮当中。如果你购买了一辆二手车，也务必给二手车加一份保障。发生二手车交易时，新车主要与旧车主到保险公司业务大厅办理相应的保单过户手续，从而变为自己名下的保险，这样一旦出险就可以得到相应的理赔了。

7.4.2 车险的购买原则

1. 优先购买足额的第三者责任险

交强险之外的所有车险中，第三者责任险最为重要。毕竟，汽车毁了可以不开车，但是，对他人的赔偿是免除不了的。购买车险时应该将保持赔偿他人损失的能力放在第一位。否则，在事故出现后，车主可能会面临巨额赔偿。所以，为了避免类似麻烦，建议把第三者责任险保足额。

2. 第三者责任险的保险金额要参考所在地的赔偿标准

全国各个地方的赔偿标准是不一样的，据汽车保险赔偿的最高标准计算，如果死亡 1 人，深圳地区最高赔偿可达到 150 万元，北京地区最高可能达 80 万元。举例来说：如果 2008 年交通事故负全部责任，死亡一人，死者 30 岁，北京城市户口，估计需要 60 万元。

3. 买足车上人员险后，再购买车辆损失险

如果开车的人是自己，则建议没有其他意外保险和医疗保险的，加上 10 万元的司机责任险。如果乘客车上经常有乘客，则建议购买乘客责任险。

4. 购买车辆损失险后再买其他险种

交通事故往往伴随汽车损坏，因此不能忽略车辆损失险。

5. 购买第三者责任险、司机乘客座位责任险、车辆损失险的免赔险

购买第三者责任险、车上人员责任险、车辆损失险的免赔险等，让保险公司承担相应的风险和部分赔偿。

6. 其他险种（盗抢险等）结合自己的需求购买

全车盗抢险、玻璃单独破碎险、自燃损失险、划痕险等其他险种，在汽车风险中，相对于上述风险，不会对家庭幸福和财务产生严重的影响。因此，建议根据需求来购买。

7.4.3 车险特点

车险的赔偿方式一般为修复，但如果车辆重置价格比修理费用便宜的话，保险公司很可能宣称这辆车全损。一般来说，车险的保险金额是新车的购买价格或者是车辆投保当时的价值，但是使用中车辆有折旧，另外保险公司会设置绝对免赔额，所以出险全损的情况下，赔款肯定会低于保险金额。这种保险的保险期间一般为一年或者一年以下，如果保险期间没有发生理赔，续保时可以享受无赔款优待费率。

1. 保险标的出险率高

机动车辆属于交通工具，常态即不停运动，所以很容易出现碰撞，有时可能造成人身财产损失。而且由于早期行政许可程序不够完善，许多驾驶人员不具备基本的操作技术。交通设施及管理也在逐步完善中，机动车辆出险率高。

2. 业务多，投保率高

正由于机动车辆出险率高，所以机动车辆持有者及交通管理部门都通过保险转嫁风险，所以车险业务增多，投保率高。

3. 险种复杂、专业性强

汽车保险的险种复杂、专业性强，消费者很容易产生误解。车险分为基本险和附加险，其中附加险不能独立投保。基本险包括第三者责任险、车辆损失险；附加险的具体险种丰富。但许多险种不能通过简单的字面意思进行理解，并且部分保险公司工作人员在介绍保险时存在误导的情况，导致消费者不能较好地理解各个险种的条款，造成误解，产生纠纷。作为消费者，应尽量全面咨询保险业务人员，咨询有过购买保险经历的亲朋好友，上网查找资料等。

4. 不确定性高

由于机动车辆在陆上行驶、流动性大、行程不固定，对保险人而言，无疑增加了危险事故与保险损失的不确定性和难以预测性。

5. 扩大可保利益

例如，只要是经被保险人允许的合格驾驶人员使用已保险的机动车辆，如果发生保险合同中约定的保险事故并造成第三者的财产损失或人身伤亡的，保险人均负赔偿责任。保险人在承担这项责任时，条件只是要求：驾驶员是合格的驾驶员和驾驶已保险的机动车辆且得到了被保险人的同意，而不要求其对机动车辆拥有所有权、占有权或管理权等。这实际上是对保险合同中可保利益的一种扩大，同时也是保险责任的放大。

6. 无赔款优待

无赔款优待是车险特有的制度，其核心是为了解决在风险不均匀分布的情况下，保险费直接与实际损失相联系。

为了鼓励被保险人及其驾驶人员严格遵守交通规则安全行车，各国的车险业务中均采用“无赔款优待”制度。

7. 维护公众利益

机动车辆第三者责任险，作为一种与机动车辆密不可分的责任保险业务，在绝大多数国家均采用强制原则实施，从而是一种法定保险业务，各国之所以对这种业务特殊对待，其出发点都是为了维护公众利益，即确保在道路交通事故中受害的一方能够得到有效的经济补偿。所以，汽车保险是保障驾驶人员人身权益保障的最好方法。

7.5 汽车租赁

汽车租赁是指将汽车的资产使用权从拥有权中分开，出租人具有资产所有权，承租人拥有资产使用权，出租人与承租人签订租赁合同，以交换使用权利的一种交易形式。

7.5.1 汽车租赁的分类

按照不同的分类标准，汽车租赁具有不同的分类方法，常见的有按照租赁期长短划分和按照经营目的划分两类。

1. 按照租赁期长短划分

1997 年颁布实施的《汽车租赁试点工作暂行管理办法》中按照租赁期的长短将汽车租赁分为长期租赁和短期租赁。在实际经营中，一般认为 15 天以下为短期租赁，15～90 天为中期租赁，90 天以上为长期租赁。

（1）长期租赁。长期租赁指租赁企业与用户签订长期（一般以年计算）租赁合同，按长期租赁期间发生的费用（通常包括车辆价格、维修保养费、各种税费开支、保险费及利息等）扣除预计剩存价值后，按合同月数平均收取租赁费用，并提供汽车功能、税费、保险、维修及配件等综合服务的租赁形式。

（2）短期租赁。短期租赁指租赁企业根据用户要求签订合同，为用户提供短期内（一般以小时、日、月计算）的用车服务，收取短期租赁费，解决用户在租赁期内与之相关的各项服务要求的租赁形式。

2. 按照经营目的划分

汽车租赁按照经营目的划分为融资租赁和经营租赁。融资租赁是指承租人以取得汽车产品的所有权为目的，经营者则是以租赁的形式实现标的物所有权的转移，其实质是一种带有销售性质的长期租赁业务，一定程度上带有金融服务的特点。经营租赁，指承租人以取得汽车产品的使用权为目的，经营者通过提供车辆功能、税费、保险、维修、配件等服务来实现投资收益。

7.5.2 汽车租赁的优势

汽车租赁业被称为“朝阳产业”，它因为无须办理保险、无须年检维修、车型可随意更换等优点，以租车代替买车来控制企业成本，这种在外企中十分流行的管理方式，正慢慢受到国内企事业单位和个人用户的青睐。

1. 车型可随时更新

随着人们消费水平的提高，对高档消费品有不断更新的欲望。在欧美人们平均 8 个月更换一次车型。假设花费 30 多万元购买一台轿车，因社会经济发展很快，一年后汽车的性能、外观改进很多，而价格却大幅下降。一年后，如果想换新车型，老车可能 15 万元也很难卖出。这意味着，一年中车价损失接近 20 万元。但假如租赁一台 30 多万元的车，只需 10 余万元，而且可随时租用最新车型。

2. 解除检验烦恼

自购车辆后对车辆的维修和保养及一年一度的车辆年检要耗费很多财力和精力。但如果租车，就不存在这些烦恼，无论是车辆维修还是其他原因，车辆不能正常使用时，租赁公司都会及时提供替代车，保证用车。

3. 提高资金利用率

如果自购车辆要一次性支付 30 万元，消费者应具有一定经济实力。也就是说租车和买车相比至少可节省一次性投资 20 万元。消费者用这 20 万元去经营，可赚取一笔可观的利润。

4. 良好财务状况

自购车辆必然会造成固定资产增加、借款增加、流动资产减少，从而使财务出现不良状况，而租赁车辆将有效回避上述风险。

5. 提高成本观念

自购车辆使用时随心所欲，特别是单位公车，私自用车现象较多，造成浪费，而如果租赁车，一是可根据业务需要随时调控用车数量，二是用车人知道自己的用车成本，可直接减少不必要的用车，有效地提高员工的成本观念。

6. 出事公司协助

驾驶自购车辆，一旦发生事故，就要与保险公司交涉，因车主不熟悉报案理赔程序，往往会浪费许多时间和金钱。作为车辆管理的专业租赁公司，平时就与保险公司有良好的合作，在发生事故后可协助个人更快更妥当解决。

汽车租赁公司将汽车制造商、汽车经销商和汽车用户有机紧密结合在一起。在发达国家，人们对租赁的认识也很全面，汽车租赁的益处已被人们普遍接受。在中国，随着观念的变化和市场的培育，企业、个人“以租代买”的用车观念向量大面广、充满活力趋势发展。

7.5.3 汽车租赁的方式

1. 企业租车

企业租车一般需要有以下材料。

（1）营业执照副本、组织机构代码证、企业信息卡、企业法人身份证、公章、委托书。

（2）承租方经办人本市户口本、身份证、驾驶证。

2. 个人租车

现在提供租车服务的公司为了提高服务质量，在服务方面尽量简化了消费者的租车流程。个人租车一般有以下几点注意事项。

（1）承租方应按要求携带有效证件如身份证、驾驶证、户口簿等，与业务部门签订租车合同。

（2）承租方应严格履行规定的合同条款。

（3）承租方应预付全部租金，抵押金不能视为租金。

（4）承租方提供转账支票，必须款进账后方可办理租车手续。如出现空头支票，将上报公安机关，一切责任自负。

（5）承租方按24小时为一个租车日，每天限180～260公里（这个具体根据各地租赁公司不同而定），超1公里收取相应的租金，剩余公里数累计租车时可以与租赁公司具体谈。

（6）承租方在使用过程中，若违反本公司的有关规定，公司有权在任何时候收回车辆，并终止合同。

3. 外籍人员租车

外籍人员租车应有以下材料。

（1）租车人本人护照、居留证1年以上、中国驾驶执照、户口担保人一名。

（2）担保人需提供本人户口本、身份证、担保承诺书。

课后测试

一、选择题

1. 购买二手车的最可靠来源通常是______。

A. 租车公司　　B. 警方拍卖

C. 汽车经销商　　D. 私人当事人

2. ______保修表明这一产品将履行设计初衷。

A. 延长　　B. 默示

C. 经销商　　D. 未到期的制造商

3. ______责任险承保事故中导致他人受伤就医产生的费用。

A. 医疗　　B. 碰撞

C. 人身伤害　　D. 综合

二、判断题

1. 大部分由私人当事人售卖的二手车均有一年保修期。

2. 服务合同的目的在于避免汽车老旧后产生的高额维修费。

3. 人身伤害责任险承保由你的责任造成的其他人的汽车损坏。

4. 碰撞责任保险承保故意破坏或洪水造成的汽车损坏。

三、案例分析题

李华目前驾驶的车已经有7年历史，近期需要花费13 000元的维修费。他每天驾驶30公里往返于住所和工作地点。他应该采取哪些行动，以便决定是否应当：

（1）留着这辆车　（2）新买一辆二手车　（3）买一辆新车

第8章

恋爱经济学

课程目标

□理解恋爱或婚姻中金钱的含义
□了解并掌握恋爱中的资金管理技巧
□了解并掌握婚后夫妻财产该如何管理
□了解并掌握如果婚姻发生破裂，如何处理婚内财产

无论你正处于恋爱中还是已经步入了婚姻殿堂，你的伴侣都会给你的整个经济生活带来不可避免的影响。你们会分享彼此的钱财、购买共用物品，但也可能为金钱而争吵。在双方共同生活的过程中，恋人或夫妻双方在经济问题上都会存在或多或少的分歧。这种分歧如不及时疏通，就很可能引发原先不曾想象的争执，甚至带来更加严重的后果。一项调查显示，80%的夫妻曾为钱拌嘴，35%的夫妻每月至少会为钱吵一次，43%有孩子的夫妻曾因担心钱而失眠。研究表明，与亲密关系、家庭事务、孩子教育问题相比，金钱更容易成为引发家庭风暴的导火线。因此，如果想要拥有一段稳定的恋情抑或幸福的婚姻，恋人和夫妻都需要科学用钱。在本章中，同学们将了解有关恋爱关系中的资金管理、婚后家庭的经济事务以及离婚财产分割的相关知识，初步形成有体系的婚姻理财知识。

课前小测

1. ______财产公证是财产分割的重要依据。
   A. 婚前　　B. 婚后
   C. 离婚　　D. 结婚
2. 以下哪条不是离婚财产分割的原则______。
   A. 男女平等原则　　B. 照顾子女和女方利益原则
   C. 权利不得滥用原则　　D. 保护女方原则
3. 哪一项不是家庭内部资金管理的原则______。
   A. 自治原则　　B. 权利平等原则
   C. 能者多劳原则　　D. 透明原则

4. 应对伴侣之间金钱观差异的有效策略是______。
   A. 顺应一方策略　　　　B. 折中妥协策略
   C. 冲突策略　　　　　　D. 互不干涉策略
5. 哪些情况下不可以要求返还彩礼______。
   A. 双方未办理结婚登记手续的
   B. 双方办理结婚登记手续但确未共同生活的
   C. 婚前给付并导致给付人生活困难的
   D. 办理结婚登记后，共同生活不和谐，随即离婚的

8.1　恋爱中经济学原理

经济学家认为，金钱仅是一个用于物物交换的工具。它理性而客观、简明而准确，不带有任何感性色彩。然而，在恋爱和婚姻关系中，爱情、承诺和契约赋予了金钱不同的内涵。例如，在以男性挣钱养家的传统社会中，热恋中的男性可能会为女友抢先买单而感到羞愧；已婚妻子对自己挣的钱和丈夫给她用于生活开支的钱会有不同的感觉；同样，一个已婚男性对于赌博赢的钱（他妻子不知道）和他给妻子用于管家的工资也会感觉不同。在恋爱和婚姻关系中，金钱与爱、权利和责任交织在一起。它不再准确而理性，它变成了一种感性的心理状态。那么，我们应该如何理性看待恋爱中的经济问题？

恋爱经济学，指的是用经济学的原理和方法来合理地解释恋爱行为。如果把所有男女之间的恋爱称为恋爱市场，那么这个市场中就存在着供给和需求，也存在着成本和收益。

8.1.1　恋爱市场中的供给与需求

供给与需求是市场出现和存在的必然前提，如商品市场的供求双方是厂商和消费者，劳动力市场的供求双方是工人和雇主，而恋爱市场的供求双方则是有恋爱需求的男性和女性。只有准备谈恋爱或者正在恋爱的男人和女人才属于恋爱市场中的供给者和需求者，而没有准备恋爱的人和已经结婚的人则不是恋爱市场中的成员。恋爱市场中的供给者和需求者是一个相对的概念，对女性求偶者来说，男性市场就是供给方，女性是需求方；反之亦然。

恋爱的供给者与需求者的数量也不是一成不变的，它是在不断发生变化的，原因是人口和社会生活在不断发生着变化。恋爱的时间也在不断变化，在古代人们十几岁就已经结婚了，而现代人可能 30 岁才开始第一次谈恋爱，其原因是随着受教育年限的增加、工作节奏的加快、生活的丰富多彩，人们的空闲时间变少，有许多事情比恋爱更重要或更有趣，因此人们对恋爱的需求减少，表现为人们恋爱结婚时间的推迟。例如，在工作节奏更快、生活更丰富多彩的大城市中居住的人恋爱结婚明显比在小城市或乡村中生活的人更晚。除了恋爱时间的变化，恋爱的空间也会发生变化。远古时代人们恋爱通婚的范围就是一个部落，封建社会人们恋爱（当然大部分人的婚姻都是父母之命、媒妁之言）

的范围可能是几个村落，现代社会人们恋爱的范围越来越大，跨国之恋也越来越多，互联网的普及和网恋的增多使恋爱的空间范围变得更大。

8.1.2 恋爱市场中的择偶偏好差异

在商品市场中，消费者对一件商品的需求是否能够得到满足要看消费者手中的货币是否充足，“价高者得”是商品市场中的游戏规则。在恋爱市场中，数量较少的一方往往掌握主动权，能够对供给方提出更高的要求。进化心理学对该现象进行了科学的解释。

根据进化心理学理论，人类面临的两大问题之一是繁衍，其根本目的在于寻找配偶，使生物个体基因流传下去，并使自己的后代获得更多生存的机会。如何挑选合适的配偶并成功繁育后代，由于两性面临着不同的适应性问题，在择偶策略方面男女两性存在着巨大的差异。

大量科学研究表明，男性和女性在选择配偶的标准和心理机制方面是截然不同的。男性在选择配偶时，更加看重女性的年龄和美貌；而女性在选择配偶时，更加看重男性的社会地位和经济条件。不同性别的择偶偏好差异在进化心理学中给予了解释。

男性为了让自己的基因流传下去，希望能够更多、更成功地繁殖后代。因此，男性在择偶时倾向于选择那些具有较强生殖潜力的女性。研究表明，女性在 20 岁以后，其生育能力随着年龄的增长而不断下降；超过 40 岁以后，其生育能力就很低了；而到了 50 岁时，女性的生育能力几乎为零。因此，20～40 岁的女性是男性择偶的首选对象，这也在一定程度上体现了现代社会年长男性对年轻女性偏爱的原因。

对于女性而言，与男性看中外表的择偶标准截然不同，她们更加看重男性的社会地位和经济条件。因为人类亲代投资（为抚育后代而进行的投资）的关键阶段如受孕、十月怀胎都发生在女性体内，并且女性还要承担更多抚养孩子的任务。因此，女性的亲代投资要远远大于男性。因此，女性在配偶选择方面会更加挑剔，并倾向于选择那些拥有大量资源并愿意养育后代的负责任的男性。而社会地位是资源和权势的一种象征，并且处于社会支配地位的男性往往占有更多的资源。所以，女性在选择配偶时，更倾向于社会经济状况好，有较高社会地位的男性。此外，有关研究也表明，女性也非常看重男性的可靠性特征，如诚实、勤奋、责任感等。因为即使男性拥有大量的社会资源和较高的社会地位，如果他们不愿为养育后代做出承诺，同样会使女性及后代面临生存的危机。因此，选择可靠、有责任感的男性，对女性稳定获得自己和后代所需要的资源非常重要。

由于在恋爱市场中，数量较少的一方往往掌握主动权，能够对供给方提出更高的要求。因此，进化心理学也提出了性别比例失衡对男女性择偶偏好的影响。当男性人口过剩时，稀缺的女性会增加对男性社会经济地位的重视，这也从侧面反映出导致中国部分农村地区婚恋市场彩礼高的原因是什么，而当女性人口过剩时，稀缺男性更加看重女性的美貌，这也变相导致了女性在外貌修饰方面的竞争。

8.1.3　恋爱的成本和收益

爱情的成本包括为选择一个恋爱对象而放弃其他恋爱对象的“机会成本”、搜寻恋爱对象的搜索成本、热恋时期的恋爱成本以及失恋以后的失恋成本。其中，搜索成本是指为找到恋爱对象所花费的搜寻各种信息的成本，如熟人介绍、征婚广告等。恋爱成本则包括为取悦对方、刻意制造浪漫的成本以及其他成本，主要包括时间和金钱。失恋成本主要是失恋后的痛苦感受和为抚平或发泄痛苦情绪所花费的成本，以及对工作或学习生活造成的负面影响的成本等，诸如向亲友诉说的电话费、疯狂购物的采购费，借酒浇愁等。理论上，时间、感受都是可以用货币来进行计量的，这样我们便可以计算出爱情总的货币成本。

爱情的收益主要是一种愉悦的身心感受以及婚姻的形成。

如果爱情进展顺利并以步入婚姻的殿堂而结束，那么爱情的收益就是大于成本的，反之，如果爱情最终以失恋或离婚而告终的话，其收益就小于其成本。

8.1.4　恋爱中的博弈

有人说，现代博弈理论中有一些理论是来源于男女间的爱情，这确实是有些道理的。比如，在博弈论中，有这样一个例子：一个男人和一个女人谈恋爱，男的喜欢看足球，女的则希望去看电影，这样就产生了一个矛盾，即到底是去看足球还是去看电影？博弈理论分析证明，这个博弈的均衡点是要么两人都去看足球，要么两人都去看电影，而到底是去看足球还是去看电影则取决于谁会先去买票。另外，静态不完备信息博弈的例子在爱情中也随处可见。比如，一个才貌双全的女孩子面对一个男孩子的求爱，女孩子的选择要么是拒绝，要么是接受，只有这两种选择。女孩子是会接受还是会拒绝这个男孩子，则取决于她对这个男孩子的品德的判断及其自身的偏好，但是女孩子并不太了解这个男孩子的品德的好坏，博弈理论表明，女孩子的决定取决于她对男孩子品德概率的判断。

8.2　爱情和金钱的关系

8.2.1　谨防恋爱陷阱

基于进化心理学中男女择偶偏好的差异，男性更加偏爱年轻美貌的女性，而女性在择偶中更加看重男性的社会地位和经济条件。因此，男性的“炫富”行为就成了他们吸引女生注意的一个重要方法。现有研究表明，寻求配偶的动机会导致男性进行更多的炫耀性消费，即那些能够突显个人身份、地位或经济能力的行为，如购买名车、名表及给女性购买奢侈品牌等。同时，这种炫耀性消费在男性的短期求偶动机被激活时表现得更加明显。这意味着，如果女生看到一个男生在你面前炫富，那么你就要提高警惕了，因为他可能只是在找一个短期暧昧对象，而不是长期的结婚对象。

得克萨斯大学桑迪教授及其合作者曾经做过一项实验，来测试男性的炫富行为到底是为了获得短期暧昧对象，还是长期结婚对象。首先，他们从一所大学里招募了 240 名大学生作为被试来参加这项实验。这些被试被随机分成三组，每组被试都阅读了不同的实验材料。

第一组被试读到了一个关于“短期爱恋”的故事：你在国外度假的最后一天遇到了一个极受欢迎的异性，并且与他（她）度过了一个浪漫的下午。最后，你和他（她）在洒满月光的沙滩上深拥而吻，两人都知道即将到来的分别就是永别，将再也见不到对方了。

第二组被试读到一个“相守一生”的故事：你在大学校园里遇见你的那个她（他），你们在一起度过了一个浪漫的夜晚，有烛光晚餐和甜蜜的晚安之吻。你们约定终身，承诺成为彼此最忠诚的人生伴侣。

第三组被试作为对照组，读到的是一个没有浪漫情节的平淡故事：你在自己的房子里到处找东西。

读完故事之后，研究者测试了每一名被试的炫耀性消费倾向，即让他们回答“你分别会在以下八种炫耀性产品上花多少钱”（采用 9 分制打分，1 分表示花费比普通同学低很多，5 分表示花费与普通同学相当，9 分表示花费远高于普通学生），这八种产品分别是与朋友共进晚餐、新车、新手表、新手机、正装鞋、新太阳镜、新夹克和漂亮衬衫。最后研究者将这八个项目的得分合并成一个炫耀性消费倾向指数。最后，研究者还测量了每一名被试对待感情的认真程度，即他们是只想玩一玩，还是想要找一个伴侣共度余生。

结果发现，对待感情认真的男生们（想要找一个伴侣共度余生的男生）无论读到什么故事，都不太会影响他们的炫耀性消费倾向，得分在 5.0 左右，即与普通同学相当。但是，那些对待感情不认真的男生（只想玩一玩的男生），读完平淡故事之后的炫耀性消费倾向得分只有 4.7，读完“相守一生”故事后炫耀性消费倾向就上涨到 5.3，而他们读完了“短期爱恋”的故事后，炫耀性消费倾向的得分就上升到了 5.9。这项研究的结果表明，男性的炫富行为可能只是为了吸引暧昧对象，并不是想要跟她相守一生。

因此，女生要谨防这样的恋爱陷阱：如果一个男生用炫富的方法来吸引女生注意，那他很可能不是想和她过一生，而是只想和她拥有一段短暂的浪漫关系。

8.2.2 理性看待恋爱中的拜金主义

拜金主义现象在消费社会中逐渐滋生蔓延，其中，择偶标准的金钱化是一种突出的表现。近年来，随着相亲征婚类电视节目的火爆，“宁愿坐在宝马车里哭，也不坐在自行车上笑”等拜金言论频频产生，加之我国部分地区居高不下的“天价彩礼”现象，拜金主义的话题造成了诸多不良的社会影响。由此，择偶标准的金钱化也越来越多地引发了人们的关注和争论。

在现实生活中，一部分人过度追求金钱和物质，将对方现实的经济实力作为择偶的首要甚至唯一标准，而在进入婚姻生活之后，因对方的经济收入无法满足家庭消费而冷落、嘲讽、谩骂对方，有的甚至因此与之离婚。虽然进化心理学对女性偏爱男性社会地位和经济条件的择偶策略进行了解释，但是为什么有些女性比另一些女性在择偶时更加看重金钱？心理学家发现，这是因为她们对人缺乏安全感。

研究表明，当人们无法从生命中重要的人那里获得安全感时（也就是缺爱的时候），人们就会更爱钱。美国堪萨斯大学的基费尔教授曾做了一项实验来证明这一点。他招募了一群大学生作为被试。被试被分成了两个小组。第一组被试被要求写下最近在自己特别需要帮助的时候，身边亲近的人让自己感到失望的三件事；第二组被试被要求写下最近在自己特别需要帮助的时候，最亲近的人陪伴在身边的三件事。接着，研究者要求被试填写了“物质依恋程度”的测量问卷，如“我可以从拥有的东西上获得安慰、鼓励或者安全感”“当我不能拥有什么东西时，我觉得自己很脆弱”等。实验结果表明，当人们想到在自己最需要帮助的时候，最亲近的人却不能及时出现时，便对物质表现出了更高的依恋程度，平均分为 3.16（满分为 4 分）；如果人们想到的是，亲近的人在自己最需要的时候亦陪伴在自己身边的情景，那么他们的物质依恋得分就降低了很多，只有 2.66 分。这个结果就表明，当人们无法从亲密关系中获得安全感时，物质便成了他们的依靠。

美国杨百翰大学的迪恩教授等在 2007 年发起了一项调查。他们访问了 600 名已婚夫妇。结果发现，夫妻当中的一方越爱钱，他们的婚姻满意度就越低。这说明，对钱的爱会伤害到真正的爱。当人们没法得到爱时，就会转而更加爱钱。因此，爱像一张保护网，它让我们远离“金钱的陷阱”。当人们缺爱时，会有一种不安全感，这种不安全感会点燃人们对金钱的渴望。但是，当人们拥有了爱，有勇气战胜一切时，金钱便失去了魔力。

8.2.3　金钱和幸福的关系

无论恋人还是夫妻，常常会认为有钱才能得到幸福。也有许多证据表明，金钱确实能使我们更快乐。例如，根据传统经济学的理论，钱可以买到幸福，因为它可以被用来交换那些可以增加个人效用的商品。但是，心理学家却得出了不同的结论。心理学研究发现金钱和幸福之间的显著关系很微弱，事实上人们常常高估了金钱对幸福感的影响。我们现在的生活比起 40 年前人们的生活状态，物质层面富裕了很多，但可能没有比 40 年前的人更幸福。许多国家都进行了长达十余年的纵向调查，结果发现，虽然人们的收入水平不断提高，但是人们的幸福感和生活满意度并没有显著的变化。也就是说，收入的增加并没有带来幸福感的增长。

既然这样，为什么现实生活中的人们还是觉得有钱人比穷人更幸福呢？这源于“聚焦幻觉”的影响。聚焦幻觉指的是，我们把注意力放在哪个部分，就会夸大哪一部分的重要性。心理学家斯特拉克为了揭示这个幻觉的存在进行了一项实验。他招募了 180 名大学生，以不同的提问顺序问了他们同样的两个问题。

提问方式一：你认为自己有多幸福？等被试回答完之后再问：上个月你约会了几次？这样的提问方式，会让被试觉得约会几次跟幸福的程度之间没有太大的关系，有没有约会不会对个人的幸福感造成影响。

提问方式二：上个月你约会了几次？等被试回答完之后再问：你认为自己有多幸

福？这样的提问方式会促使被试把自己的幸福感在很大程度上归因于上个月约会的次数，这就是聚焦幻觉。研究者用第一个问题把被试的注意力聚焦到约会次数上，当被试在回答幸福感问题的时候，就会根据约会次数来判断自己是否幸福。由此可见，聚焦幻觉会让我们高估一件事的重要性。

同样地，如果一个单身人士每天都聚焦于自己的婚姻大事，那他就会把自己的幸福感跟是否能找到良人佳配建立起很强的联系；如果一个已婚家庭每天都在讨论居住环境或房价的问题，那么他们对自己家庭幸福的评价也会建立在房子、房价的基础上。聚焦幻觉告诉我们，我们正在注意什么，我们就会看重什么。如果没有钱还要去关注钱，没有房子还要去关注房子，这注定会带来很多烦恼。如果希望自己变得更幸福，那么恋人或夫妻可以调整自己的聚焦点，关注到自己拥有的东西上面。这样一来，你的幸福感就能大大提升。

8.2.4 如何处理金钱与爱情的关系

热恋中的爱情诚然伟大，可以掩盖金钱所带来的种种症结。但是当情感关系和经济关系纠缠在一起时，原本不曾想到的问题就可能随之到来。金钱心理学中有一个理论叫作金钱单行道定理。这个定理认为，我们的生活中有两种关系，一种是感情关系，如朋友、恋人关系等，这些关系靠感情来维系；另一种是经济关系，如老板、同事之间的关系，这种关系靠金钱来维系。金钱单行道定理指的是，人们之间从感情关系向经济关系转变很容易，但是要从经济关系再变成感情关系却很难。例如，夫妻之前本是靠情感维系的关系，但是如若坐下来开始讨论财产分割的问题，那么他们就从感情关系变成了经济关系，而再想由经济关系变回情感关系就很难了，因为感情因经济而出现了裂痕。

现实中的一对情侣，会随着两人关系的日渐亲密，愈加了解彼此在金钱问题上的处理方式和习惯。无论是“啃老生活”“举债（信用卡）消费”，还是“花钱大手大脚”“抠搜吝啬”“勤俭节约”，都成了情侣对彼此生活经济行为的相关印象。诚然，在两人住进同一所房子或缔结婚约之前，双方都可以随心所欲地支配自己的钱财，谁都无权干涉。但也有越来越多的情侣，因为爱情的催化而在经济上“不分你我”。他们在爱情的冲动之下，彼此约定誓与对方缔结姻缘，经济上也逐渐融合。然而，这种经济的融合除了作为对爱情忠贞的表达之外，也暗藏了危机。

为了更清楚地解释这一点，请看一个极端的例子。

王峰和安夏两人情投意合，谈了几年的恋爱，都觉得对方是自己可以相处一生的人，他们互换了情侣戒指，一起憧憬童话般的婚礼和温馨的沙滩蜜月。既然决定结婚，他们两人在经济上也不再分你我。王峰提议以他的名义建立一个共同账户来管理两人的开销，作为他们共同生活的开始，安夏欣然答应，她相信王峰提出的这一切都是为了构建他们的美好未来。于是，安夏把自己名下的钱统统放进共同银行账户里，憧憬着明年的婚礼和未来的美好生活。

然而，事情并不像安夏所期盼的一样向着美好的方向发展。王峰欺骗了安夏的感情，还取走了与安夏联合账户里的全部资金，从此消失无踪。对安夏来说，还有更加糟糕的事情在等待她，三天之内就要交房租，信用卡账单也寄到了她的家里，但此时的她已经身无分文。她所有的钱都被那个曾让她陷入爱情中的人带走了。

这个极端的案例听上去充满了戏剧性，但在实际生活中，婚姻关系之外的经济融合会带来各种各样的麻烦和烦恼。分手情侣常常关于“谁花谁的钱多一点”“送你的名贵礼物要不要还回来”等话题而争执。情侣之间谈钱会让人变得理性，也会因此而伤害了感情。

于是，关于“爱情与金钱”，本章提出的建议是：在婚姻关系之外，不要与他人在钱财上相互融合。

纵然热恋中的双方都希望能和对方一起天长地久、构建幸福快乐的美好生活。但是在爱情的道路上，美好的意愿也可能被其他因素所牵绊，使你们的经济生活踏入歧途。最坏的结果是，由金钱诱发的伤害直接导致伴侣关系的终结，痛失所爱，同时也带来资产上的损失。由此可见，处在爱情中的恋人双方，应懂得如何管理自己以及彼此的金钱事务，这是情侣甚至夫妻之间的必修课。

【案例一：恋爱期间送给对方的钱物，分手时需退还补偿吗？】

小燕与男友恋爱一年，相处期间男友给她买过一些东西，如衣服、化妆品、手机等，并长期帮她交手机费。前段时间，小燕以与男友性格不合为由，提出分手。男方想努力挽回，但发现无果后也同意分手，并提出要她赔偿他给她买衣服、化妆品和手机的费用。请问，对方能找她要回那些东西吗？

从以上介绍的情况看，对方送给小燕的东西，并不是以结婚为目的的彩礼，而是一般社交礼节上的礼品，以及恋爱期间自愿赠与的礼物。赠与合同具有单务性、无偿性、诺成性等特点，只要他将自己的财产给予小燕，小燕也表示接受，赠与合同即告成立；在他将财物交付给小燕的时候，赠与活动就完成了。如果小燕不具备《民法典》第六百六十三条规定的“严重侵害赠与人或者赠与人近亲属的合法权益”“对赠与人有扶养义务而不履行”“不履行赠与合同约定的义务”这三种法定情形，对方就无权要求她返还这些财物。当然，如果小燕出于道义和同情，自愿退还对方部分财物也是可以的。

案例思考：

1. 小燕需要退还恋爱期间对方送给她的礼物吗，法律依据是什么？
2. 从道义的角度来看，小燕是否应该自愿退还对方部分财物？

8.3 婚前经济事务

婚前的经济事务发生在恋人关系确定下来以后，即谈婚论嫁之前的阶段。在这个阶段，伴侣双方的经济事务已经开始融合，这时就需要彼此把尖锐的经济问题开诚布公讲清楚，因为涉及的资金钱财的用度方案，不可避免地会对两人日后的生活产生一定影响。

8.3.1 金钱观念的冲突

每个人对金钱的观念是不同的，这与其自身经济背景、原生家庭成长经历以及自我概念、自尊水平都有密切关系。

如果你问对方，金钱对你意味着什么？或许他（她）的回答是安全感——银行账户里存的钱越多，应对突发事件的能力就越强；或许他（她）的回答是选择——有了经济实力，才可以在生活中有更多的选择，而不是一味地被生活所累；还有可能是成功和权利——有了钱就代表了成功，能够获得更多的尊重。无论这个答案是什么，都代表了对方对金钱的价值判断。这些问题的答案可以帮助你了解彼此金钱观念的异同。

伴侣之间的金钱观念接近是最理想的状态，这无疑有助于强化彼此的关系。但是，二人的金钱观念存在分歧的情况则在生活中更为常见，如你是一个花钱大手大脚的人，而你的伴侣却习惯于节俭，那么生活中的摩擦、不快和争吵也会随之而来。因此，如何解决金钱观念上的差异，就成了婚前恋人双方的必修课。

折中妥协不失为应对伴侣之间金钱观念差异的一个有效策略。每个人都有各自的禀性，没有孰优孰劣之分。从这一点出发，恋情中的任何一方都不应强制对方按照自己的意愿处理金钱问题，适当退步、双方都能接受的折中方案是最优选择。例如，恋爱关系中的两人，一个花钱大手大脚，一个勤俭节约。折中方案就意味着大手大脚的一方不再无节制地花钱，而是制定一定的预算，让自己的花销控制在一定比例之内；勤俭节约的一方同意对伴侣放松一些管制。这样一来，双方皆大欢喜，爱花钱的一方仍然可以满足自己的生活所需，只是减少了无故浪费；节俭的一方可以慢慢存钱，获得了安全感和成就感。

8.3.2 习俗与彩礼

在中国的文化背景下，谈婚论嫁总离不开彩礼与嫁妆的话题。彩礼是指为了表达男方与女方缔结婚姻的诚意，在订婚和结婚时，男方给予女方一定数量的现金或财物。在我国，彩礼是有着悠久历史的民间传统习俗，男方给付彩礼，表示愿意与女方缔结婚姻。由于这是一笔财产支出，因此男方一定是在得到女方明确的肯定答复之后才会给付。对女方而言，收受彩礼的行为则代表着愿意与男方结婚。

随着时代的变迁，中国彩礼制度从中华人民共和国成立初期的烟、酒、茶、糖、衣料、脸盆等，到 20 世纪八九十年代的彩电、冰箱、洗衣机，发展到现在的现金、房子加轿车，彩礼数额节节攀升，从象征性的表示已经变为实质性的现金支出。部分地区高价彩礼的泛滥，让婚姻披上了物质的外衣。昔日的恩爱情侣面对高价彩礼时，往往因难以承受，而最终分道扬镳。已步入婚姻殿堂的夫妇因承受着高价彩礼的重负，心生怨言，给婚后生活埋下定时炸弹，高价彩礼成为引发夫妻关系破裂的导火索。一旦婚姻走到尽头，为了索还高价彩礼，双方最终对簿公堂。因此，情侣在婚前应理性看待彩礼问题，尽可能摒除高价彩礼的恶习。同时，要了解关于彩礼的相关法律规定，维护自己的合法权益。

【案例二：婚前男方提出分手，彩礼钱是否需要退还？】

三年前，赵莹与男友经人介绍而相识，后发展成恋人关系。两人相处一段时间后，彼此感觉都不错，便见了双方家长，双方家长也表示满意。经商量后，两家决定先举办一个订婚仪式，然后再择日举行婚礼。在订婚典礼上，男方按女方家长的要求，给了女方 11 000 元的彩礼，寓意“万里挑一”。但是订婚后不久，两人就开始因为一些鸡毛蒜皮的小事发生争吵，但一般过个几天就和好了。因此，赵莹也没往心里去，她觉得情侣之间吵吵闹闹很正常。但就在上周，男友以感情不和为由，突然向她提出分手，并且让她退还订婚彩礼，这让赵莹一时难以接受。那么，她是否应该退还这笔彩礼钱呢？

从法律上看，给付彩礼的行为并非以无偿转移财产为目的，而是一种附条件的民事法律行为——附解除条件的赠与行为。所附的解除条件是婚约的解除，如果解除条件成立，则赠与行为失去法律效力，当事人之间的权利义务关系解除，赠与的彩礼应当恢复赠与前的状态。那么，哪些情况下可以要求返还彩礼呢？《最高人民法院关于适用〈中华人民共和国民法典〉婚姻家庭编的解释（一）》第五条明确规定："当事人请求返还按照习俗给付的彩礼的，如果查明属于以下情形，人民法院应当予以支持：（一）双方未办理结婚登记手续；（二）双方办理结婚登记手续但确未共同生活；（三）婚前给付并导致给付人生活困难。适用前款第二项、第三项的规定，应当以双方离婚为条件。"在本案例中，赵莹与对方订婚时，对方给付了彩礼，但没有办理结婚登记手续，符合第（一）项的规定，故应当返还。如果拒不返还，继续占有，就构成民法上的不当得利。

案例思考：

1. 赵莹需要退还彩礼钱的法律依据是什么？
2. 哪些可能的情况出现时，赵莹可以不用退还这笔彩礼？

8.3.3　婚前财产确认

婚前财产，是一个法律名词，指在结婚前夫妻一方已经取得的财产。夫妻一方的婚前财产，不管是动产还是不动产，是有形财产还是无形财产，只要是合法取得，就依法受到法律保护。婚前财产公证，是未婚夫妻在结婚登记前达成协议，办理公证。

婚前财产公证常常被误认为是对婚姻关系缺乏信心的表现，抑或是一种加以防范的暗示。一般夫妻通常会想："为什么我们还需要进行婚前财产公证？我们谁都没有什么可保留的啊。"但在很多情况下，将要结婚的准夫妇不得不进行财产公证，来保障双方的权益，请看下面的案例。

【案例三：防止因遗产继承发生纠纷，需要办理婚前财产公证吗？】

孙阿姨和老李，一个丧偶，一个离异，两人都长期过独居生活。他们各自的孩子都已经长大成人。懂事的孩子们看到老人日子过得孤独，便四处托人帮助介绍老伴儿。后经人介绍，孙阿姨和老李有缘相识。两人见了几次面之后，发现对方的脾气秉性都十分相投，便尝试着继续交往。因两人年龄都大了，也都需要有个人在身边相互照料，于是两人交往一段时间后就有了结婚的打算。由于孙阿姨和老李都有各自的子女，为防止子女们因遗产继承发生纠纷，两人商量过后，准备办理婚前财产公证。

案例思考：

案例中孙阿姨和老李的婚前财产公证很容易被人们理解和接受。那么在哪些情况下需要进行婚前财产公证呢？

一般来说，比较容易举证的财产就不需要进行婚前财产公证；比较难举证的财产，则需要进行婚前财产公证。不动产，如房子、汽车等，因为实行登记制度、产权明确，不需要婚前财产公证；而产权随时处于变动的动产，如存款、玉器、金银等贵重物品，为避免离婚时无法说明白，需要进行婚前财产公证。举个例子来说，如果一方婚前有一套房产，结婚期间，房子拆迁，这笔补偿款就是个人财产。拿到这笔补偿款后，如有必要，就要及时进行婚前财产公证。因为钱是动产，如果不公证，发生纠纷时产权不明确，就要视为共同财产。

那么哪些情况不需要进行婚前财产公证呢？

（1）婚前一方已经取得产权证的。因为《民法典》第一千零六十三条规定“下列财产为夫妻一方的个人财产：（一）一方的婚前财产”。婚前的财产永远是个人的，不会因结婚达到一定年限而转变为夫妻共同财产。

（2）婚后所住房屋为自己父母的房屋或是承租的公房，判决标准是房屋产权证。因为这种情况下房子在谁名下就是谁的财产，所以离婚时该住房不是夫妻共同财产，不能分割。

（3）婚前已经交付了全部房款，婚后才能拿到房产证的。这种情况并不以拿到房产证的日期来界定财产归属，否则显失公平。

（4）婚前按揭购房，已办理了贷款手续，购房合同和银行的贷款合同都是以自己名义签的。这种情况下，房子是婚前个人财产，但婚后所还贷部分是夫妻共同财产，应补偿给对方一半。

【案例四：婚前财产协议范本】

婚前财产协议

甲方：**

乙方：**

甲乙双方于2021年3月16日履行了手续，都愿共筑爱巢，白头偕老。但为防止今后可能出现的纠纷，现双方理智地协商，就婚前财产达成如下协议。

一、婚前财产范围：甲方的财产有：奥迪A6型轿车一部，木器加工厂一座（资产总价值为50万元），住房一套（**市**区**路***号**居民小区*号，面积为130平方米），家具、日常生活用品一套，银行存款30万元。乙方的财产有：银行存款2万元、新大洲踏板摩托车一辆。为建立家庭，双方共出资购买了夏华牌40寸液晶彩电一台、海尔立式冰箱一台、LG中央空调一套、双人床一个、其他生活用品一套。

二、婚前财产的权利归属：甲方的轿车、工厂归甲方个人所有，甲方在轿车使用过程中产生的相关费用、责任由其自行承担，工厂生产经营过程中产生的利润、责任由甲方享有和承担；住房归甲方所有，甲方与乙方婚后共同使用，婚后增值或者价值下降等后果由甲方承担；甲方的其他财产归甲乙双方共同所有。乙方的摩托车归乙方个人所有，使用过程中产生的相关费用、责任由乙方自行承担，存款归甲乙共同所有。双方为建立家庭共同出资购置的财产归甲乙双方共同所有。

三、婚后双方各自收入归个人所有和支配，对方不得干预。夫妻共同生活的日常开支由双方分摊。

甲乙双方无其他财产争议。

协议经公证机关公证后生效

立协议人：甲方：**乙方：**

8.4 婚后家庭的经济事务

8.4.1 婚姻的经济学本质

当男女双方两情相悦，经过一段时间的恋爱之后，最终从爱情走向婚姻，即以法律的形式确定两者的夫妻关系，保障双方的合法权益。由此，西方一些哲学家站在契约论的立场上认为婚姻的本质是男女之间的契约。诺贝尔经济学奖获得者加里•贝克尔认为，婚姻是男女双方为了保护自己的利益而订立的长期契约，人们结婚的目的在于从婚姻中得到最大化的收益。也就是说，在经济学看来，结婚的目的和归宿是使夫妻双方结合在一起，产生通过结婚来实现“1＋1＞2”的经济效益。

经济学研究的基本问题是如何合理配置和合理利用稀缺资源，实现利益最大化。婚姻中的稀缺资源主要包括相貌、身材、健康状况、学历、职业、经济条件、地位、家庭背景等要素，作为男女双方中任何一方都很难拥有全部的资源，选择配偶的行为也就是选择资源配置的形式。由此，在现实的婚姻生活中形成了三种资源配置类型，即强—强婚配型、强—弱婚配型、弱—弱婚配型。

强—强婚配型，即男女双方都拥有较丰富的资源，这种组合将使男女双方在物质和精神上得到更大的满足，甚至使两个家族从中受益。

强—弱婚配型，即男女中一方拥有的资源较丰富，而另一方资源较少，这种婚姻组合，可以使弱的一方借此姻缘，获得另一方已拥有的资源，往往常见于男方强而女方弱的情形。

弱—弱婚配型，即男女双方拥有的资源都很少，甚至无法得到较强一方的青睐，但即使是这种组合的婚姻，也可以实现“1＋1＞2”的目的。

8.4.2 婚姻的收益和成本

1. 婚姻的收益分析

从经济学角度看，婚姻有“六大收益”：一是可以获得安全的性满足；二是可以促进资源的充分利用，如两个人是单身时需要两套住房和家具，各自承担住房成本和生活费用，结婚后可只使用一套住房和家具，共同承担住房成本，成本可以减少近一半；三是可通过劳动分工实现比较利益和递增报酬，如女主内男主外或女主外男主内要比每个人既主内又主外效率高；四是互相提供信用，协调人力资本投资的收益，通过婚姻男女双方结成利益共同体，可以不需要付出代价获得对方提供的信用支持；五是可分享家庭共有品，如通过婚姻生育的子女，可享受天伦之乐，彼此的知识和智慧的分享等；六是健康身心、防灾保险，结婚后夫妻双方需要共同承担家庭及子女教育、赡养老人的责任，使夫妻双方在工作中增强责任意识，在生活中彼此关爱、照顾，养成良好的生活习惯，有利于双方的身心健康。

产生上述收益的经济原因主要有：①家庭内部的劳动分工和专业化，使得夫妇的生产力大为提高；②规模经济，即两个人单独生活比两个人共同生活开支大；③产品共享，即夫妻双方都可享有双方共有的产品；④风险整合，如若夫妻中一方失业，另一方就会增加对劳务的参与；⑤效用放大，即由于伴侣的消费或者伴侣的出现，而使消费的效用放大，如与伴侣一起看球赛或外出旅游比独自一个人更有乐趣。

2. 婚姻的成本分析

婚姻除了收益，也需要支付成本。婚姻的成本具体包括三个部分。第一，婚恋机会成本，婚恋机会成本是指因追求恋爱或结婚所投入的物质和精力，追求恋爱或结婚必然要放弃一些资源，如一个新的学习机会、事业上的发展机会、与其他好友一起玩耍的机会等。第二，结婚成本，结婚成本主要是指男女双方在办理结婚过程中所花费的费用。第三，婚后成本，它是指男女双方组合家庭后共同生活所产生的支出，如日常生活成本、抚养子女、赡养老人的成本等。

8.4.3 婚后共有财产

1. 夫妻共同财产的内涵界定

《民法典》第一千零六十二条规定："夫妻在婚姻关系存续期间所得的下列财产，为夫妻的共同财产，归夫妻共同所有：（一）工资、奖金、劳务报酬；（二）生产、经营、投资的收益；（三）知识产权的收益；（四）继承或者受赠的财产，但是本法第一千零六十三条第三项规定的除外；（五）其他应当归共同所有的财产。夫妻对共同财产，有平等的处理权。"依该条规定的精神，对夫妻共同财产应当这样理解。

（1）从夫妻共同财产的来源方面着手，强调"夫妻一方或双方在婚后所取得的财产"。

（2）从夫妻共同财产的所有权性质着手，则强调"属于夫妻共有的财产"。

对于夫妻共同财产的界定，有两点需要注意。

（1）夫妻共同财产是在婚姻关系存续期间所取得的。婚姻关系存续期间，是指从男女双方登记结婚之日起，至双方离婚或一方死亡之日的时间段。

（2）夫妻共同财产的取得是指财产所有权的取得，并不只是财物的实际得到。财产所有权的取得和具体财产的取得有时是同步的，有时则是先后发生的。因此，划分共同财产和个人财产的关键是取得该项财产所有权的时间，在婚姻关系存续期间具体取得的财产，不一定就是共同财产，只有在婚姻关系存续期间取得财产权利的，才属于共同财产。

2. 夫妻共同财产的范围

根据《民法典》第一千零六十二条规定，结合上面对夫妻共同财产的相关界定，下列财产为夫妻共同财产。

（1）工资、奖金、劳务报酬。工资是指作为劳动报酬而按期付给劳动者的货币或实物；奖金是指用人单位为了鼓励和表扬劳动者而向其给予的货币或实物；劳务报酬指的是婚后任一方利用空闲时间的劳务付出获得的报酬。

（2）生产、经营、投资的收益。夫妻一方或双方从事个体经营、租赁或承包经营所得的收益为夫妻共同财产。例如，配偶一方或双方以农村承包经营户的名义从事生产经营活动，以个体工商户的名义从事工商业生产活动，以个人合伙的名义从事合伙生产经营，依据相关法律的规定从事生产经营活动所获得的货币或实物；投资的收益指婚后投资，也包含了婚前财产在婚后的投资收益。

（3）知识产权的收益。知识产权包括人身权和财产权的内容，其中人身权只能由作者、发明创造者所享有；而对于知识产权中的财产权，权利人可通过转让或许可使用知识产权中的财产权而获得收益，其收益属于夫妻双方共同所有。

（4）继承或者受赠的财产。在婚姻期间，夫妻双方或一方所继承或接受遗赠而取得的财产，属双方共同财产，如夫妻一方或双方所继承的其去世父母的遗产，又如结婚时一方或双方受赠的礼金、礼物。

（5）其他应当归夫妻双方共同所有的财产。结合现实生活，其他应当归双方共同所有的财产主要有以下几类：①婚后对个人财产加以改良后增加的价值部分，如夫妻双方在婚姻关系存续期间对一方婚前个人所有房屋进行修缮、装修、重建而使该房屋增值的，该增值部分为夫妻双方共同所有的财产；②夫妻双方婚后财产所产生的利息，应为夫妻双方的共同财产；③夫妻一方或双方在婚姻关系存续期间取得的一次性买断工龄的补偿费应为夫妻双方共同所有的财产；④夫或妻因偶然中奖所得的奖金或奖品；⑤夫或妻在婚姻关系存续期间所取得的养老金、退休金、失业保险金、医疗保险金，应当作为夫妻双方共同所有的财产；⑥夫妻双方对外所拥有的共同债权为夫妻双方的共同财产，如夫妻共同生产经营所产生的债权。

【案例五：夫妻一方积攒的“零花钱”属于个人财产还是共同财产？】

前不久，孙女士在家里进行卫生大扫除的时候，无意中发现了一张存折，经询问是她丈夫结婚后私自积攒的零花钱。对于这张存折的权属问题，他们夫妻双方发生纠纷，孙女士认为，存折是丈夫婚后攒下来的，属于婚后所得，属于夫妻共同财产；丈夫则认为，这是他利用自己的零花钱积攒的“私房钱”，属于个人财产，其他人无权支配。两人为此闹得不可开交。

《民法典》第一千零六十五条规定：“男女双方可以约定婚姻关系存续期间所得的财产以及婚前财产归各自所有、共同所有或者部分各自所有、部分共同所有。约定应当采用书面形式。没有约定或者约定不明确的，适用本法第一千零六十二条、第一千零六十三条的规定。夫妻对婚姻关系存续期间所得的财产以及婚前财产的约定，对双方具有法律约束力。”《民法典》第一千零六十二条列举了夫妻在婚姻关系存续期间为夫妻共同财产的五种情形，体现了法定夫妻财产制是婚后所得共同制。该法第一千零六十三条列举了属于夫妻一方财产的五种情形。因此，如果孙女士夫妻双方并未就积攒的“零花钱”的归属做出约定或约定不明，应适用法定夫妻财产制，即应认定“零花钱”属于夫妻共同财产。

案例思考：

根据以上案例的解析，婚后哪些财产可能不属于共同财产？

8.4.4 婚后家庭资金管理

无论生活中的境况如何，夫妻二人在家庭框架内管理好钱财都是十分具有挑战性的工作，这是任何夫妻每时每刻都要面对的重要家庭事务。夫妻二人在金钱用度问题上发生的分歧、口角和争吵实际上很少是单纯的经济问题。相反，争吵的焦点往往隐含了关于权利、独立性、自尊心、安全感以及控制欲等与这些因素有关的情绪，而家庭内部的金钱管理模式恰恰提供了一条通路，它涉及了家庭内部资源的再分配问题，反映了一个家庭中夫妻“谁管钱”以及“如何管”的问题。

1. 家庭资金管理模式

研究表明，目前家庭内部资金管理的模式如表 8.1 所示。

表 8.1 Vogler 和 Pahl 的家庭资金管理模式研究

谁管钱	管钱模式	支出分工
妻子管钱模式	模式一：妻子收入完全由自己掌管，丈夫将自己的全部工资交给妻子，自己只留一小部分作为个人零用钱	妻子：负责所有公共开支 丈夫：只负责自己个人开支
	模式二：双方收入几乎完全共享，但由妻子主要负责	妻子：负责支付税单、燃料费、电话费、保险和贷款或租金等
共同管钱模式	双方收入完全共享，任何一方都能接触到家里所有的钱，并且都可从共同账户中取用	丈夫、妻子：共同负责家庭各项开支
丈夫管钱模式	模式一：丈夫收入完全由自己掌管，妻子一般没有收入，也没有个人零花钱	丈夫：负责家庭各项财务支出
	模式二：收入几乎完全共享，但由丈夫主要负责	丈夫：负责支付税单、燃料费、电话费、保险和贷款或租金等
	模式三：每月给妻子固定数额的钱作为家用津贴，而丈夫剩下的钱则由其自己掌管	妻子：负责日常家用开支 丈夫：负责大额公共开支，如天然气账单、汽车、家具等

家庭资金管理模式是一个复杂的系统，现有研究强调了经济资源是家庭权利的重要来源。因此，不少学者将家庭日常经济的管理权作为家庭权利的衡量指标。然而，家庭经济支配权不仅体现了夫妻相对权利的强弱，还可能与个人兴趣、时间充裕程度、财务管理才能的比较优势有关，因此有些家庭的财务管理决策并不能体现为家庭权利，而是责任和义务的表现。

2. 家庭资金管理的原则

一个家庭无论采用哪种资金管理模式，都可以遵循以下三条原则。

（1）自治原则：无论使用哪种家庭管钱模式，都要尽可能允许关系双方每月每人可以自由支配一定数量的钱财，相互不得干预或质疑。这样就在家庭共有资金管理的前提下为各方提供了某种限度的自治空间，可以打消对两人因消费选择不同而产生摩擦的顾虑。

（2）透明原则：夫妻双方各自的账户以及其他形式的资产都要向对方保持公开、透明，从而使双方都能对家庭的总体经济状况有所了解。这种做法有助于强化婚姻中的经济安全感——这正是减少家庭经济中紧张、压力、不满和矛盾的关键因素。

（3）权利平等原则：无论选择哪种理财方式，夫妻双方在收入的每分钱上享有平等的利益。也就是说，双方有平等的权利决定大家赚回来的钱该怎么花。

最后，笔者认为，在家庭经济事务的细枝末节中，金钱大战的根源并非因为金钱，而是因为在金钱问题上缺乏有效的沟通和交流。如果夫妻双方能有效顺畅地讨论家庭日常经济中暴露出来的问题、找到两人共识的基础，而不是一味地指责，那么一个家庭就能在经济上做到游刃有余、幸福长久。

课后测试

一、简答题

1. 你认为婚前财产应该包含哪些内容？
2. 你认为应该如何处理爱情和金钱之间的关系？

二、案例分析题

程女士的弟弟和李某（女）在网上相识，见了三次面后，他们彼此感觉都挺好，就打算“闪婚”。而后，双方签订了“婚约”，选好了结婚的良辰吉日，随后程女士家也替弟弟支付了 2 万元彩礼。谁知还没办理结婚登记，对方就反悔了。

问题：类似这种情况，程女士的弟弟该怎么办？

第9章

消费者意识与权益

课程目标

□了解并掌握消费者决策的相关知识
□了解商家如何对消费者决策产生影响
□了解如何有效进行消费者维权
□辨别不同的消费诈骗，以及可能的应对措施

当今社会人人都是消费者。但是作为消费者的我们，是否真正了解自己的消费行为？当面对商家巧妙繁多的营销手段时，如何确保我们不被套路？当我们面临众多选择的时候，如何保证做出正确的消费决策？当发生消费纠纷时，我们该如何保护自己的合法权益？面对如今不断升级的电信诈骗，我们该如何防范？本章将为大家揭开消费者行为背后的奥秘，教会大家如何保护消费者自身权益，并在此基础上提高大家对消费诈骗的防范意识。

课前小测

1. 林嘉在使用她刚买的电扇的时候受了伤并且需要医疗援助，她应该______。
   A. 退回商店　　B. 联系消费者维权机构或政府机关
   C. 联系公司　　D. 采取法律措施
2. 酒店“谢绝自带酒水”侵犯了消费者的______。
   A. 安全保障权　　B. 知悉真情权
   C. 自主选择权　　D. 公平交易权
3. 以下哪一项不是消费者进行信息搜索的渠道______。
   A. 个人渠道（家庭成员、亲友、熟人）
   B. 商业渠道（广告、销售人员、经销商网站、包装、展示）
   C. 公共渠道（大众媒体、社交媒体、在线搜索和同行评议）
   D. 专业调研渠道（聘请调研公司大规模调查）
4. 消费者组织的任务不包括______。
   A. 提供商品和服务的质量信息
   B. 对商品和服务进行监督、检查

C. 对不合格的商品和服务予以揭露、批评

D. 勒令违法商家对消费者进行赔偿

5. 以下哪一项不是消费者协会履行的职能______。

A. 向消费者提供消费信息和咨询服务

B. 受理消费者投诉，并对投诉事项进行调查、调解

C. 代替受损害的消费者向法院提起诉讼

D. 对商品和服务的质量问题提请鉴定部门鉴定

9.1 消费者决策

消费者每天都会做出许多购买决策，这正是商家和营销人员的关注点。大多数大型公司都仔细研究消费者的购买决策，分析消费者购买什么、在哪里购买、如何购买、花了多少钱、何时购买以及为何购买等问题。商家和营销人员可以通过研究消费者的实际购买行为来了解他们购买的商品、地点以及花费的金额，但是要了解消费者购买行为的原因却不容易，这些答案常常隐藏在消费者的内心深处。事实上，消费者通常自己也不能洞悉影响他们购买的因素是什么。因此，为了防止自己在消费时被商家套路，消费者应该首先了解自己的购买决策过程以及可能的影响因素。

9.1.1 消费者决策的主要内容

在市场经济中，消费者时时刻刻都会遇到各种决策问题，但是主要的消费决策包括如下五个方面：买什么（what to buy）、买多少（how much to buy）、在哪里买（where to buy）、何时买（when to buy）和如何买（how to buy），即 3W2H。

1. 买什么

决定买什么是消费者最基本的任务之一。它是决策的核心和首要问题。不确定买什么，当然就不会有任何购买活动的产生。决定购买目标不仅要对购买类别进行决策，而且要明确具体的购买对象。比如，夏季到了，为了防暑降温，不能仅仅从买空调还是买电扇中做出抉择，还要具体到款式、品牌和颜色等。例如，如果决定购买空调，就要明确是买分体的还是买立式的？买什么品牌及颜色？等等。

2. 买多少

买多少的决策用于决定购买的数量。购买数量取决于消费者的实际需要、支付能力及市场的供求情况等因素。如果某种产品在市场上供不应求，消费者即使目前并不急需或支付能力不强，也可能借钱购买；反之，如果市场供给充裕或供过于求，消费者既不会急于购买，也不会购买太多。

3. 在哪里买

在哪里买即确定购买地点。购买地点的决定受多种因素的影响，如路途的远近，可挑选的商品品种、数量、价格以及商店的服务态度等。一般来说，各个商店都可能会有不同的优势。比如，一个商店可供选择的货物品种不多，但离家却很近；而另一个商店的价格略高，但是服务周到。消费者决定在哪里购买和买什么关系十分密切。有研究发

现，购买衣服最常见的决定顺序是商店类型、商店、品牌、地点选择，而购买照相机的决定顺序是品牌、商店类型、商店、地点选择。

4. 何时买

何时买即确定购买时间。决定何时购买会受到以下因素的影响：消费者对某商品需要的急迫性，市场的供应情况、营业时间、交通情况和消费者自己的空闲时间等。此外，商品本身的季节性、时令性也会影响购买时间。

5. 如何买

如何买涉及的是购买方式的确定。比如，是直接到商店选购，还是函购、邮购、预购或托人代购；是付现金、开支票还是分期付款等。

9.1.2 消费者决策过程

消费者在每一次深思熟虑的购买活动中，都会经历五个阶段：识别需求、信息搜寻、选择评估、购买决策和购后行为。商家对消费者决策的操纵和干预贯穿于人们的整个决策过程。

1. 识别需求

识别需求即消费者意识到自己需要解决的问题或需要。这种购买需求可能由内部刺激物激发出来。当人的正常生理需求（如饥渴、寒冷）上升到足够高的水平时，就会转化为一种驱动力，促使人们产生购买行为，来弥补这种未满足的状态。需求也可能被外部刺激物所激发，如一个广告、一个推销电话抑或一个朋友的推荐，都可能会促使你考虑买辆车。商家常常研究消费者的需求，并将这种需求引向特定的产品。

2. 信息搜寻

当消费者产生需求以后，他可能会搜寻更多相关产品或品牌信息。例如，一旦你决定买一辆新车，那么你就会留意身边的汽车广告、朋友的爱车，以及有关汽车的谈话。消费者可以从许多渠道获取信息。这些渠道有个人渠道（家庭成员、亲友、熟人）、商业渠道（广告、销售人员、经销商网站、包装、展示）、公共渠道（大众媒体、社交媒体、在线搜索和同行评议）以及经验渠道（测试和使用产品）。这些信息渠道都成为商家影响消费者购买决策的重要信息手段。

3. 选择评估

在获得了众多产品和品牌信息之后，消费者如何在众多可供选择的品牌中做出选择呢？这取决于个人情况和具体的购买情景。假定你已经把汽车的选择范围缩小至三个品牌，并且你主要对汽车的四种属性感兴趣：价格、风格、使用的经济性以及保修情况。毫无疑问，不同的品牌有不同的产品诉求。如果你更看重风格，你就会买一辆你认为最有风格的汽车。但是大部分顾客会同时考虑几个甚至更多属性，但每个属性的重要性都不同。营销人员通过了解顾客分配给每个属性的权重，可以更可靠地预测顾客需要的车型。营销人员研究顾客的心理，从而了解顾客是怎样评估品牌选择的。如果营销人员知道评估过程是怎样进行的，他们就可以一步一步地影响顾客的决策。

4. 购买决策

在评估阶段，顾客会对品牌进行排名，从而形成购买意图。一般来说，顾客的购买决策更倾向于首选品牌。但是，有两个因素会影响顾客的购买意图和购买决策，其中之一就是别人的态度。如果一个对顾客来说比较重要的人认为其应该买廉价的车，那么，顾客想要买高价车的欲望就会降低。另一个是不能预测的情景因素。顾客可能会基于预期收入、预期价格和预期产品收益这些因素形成购买意图。然而，突发事件会改变顾客的购买意图，如经济衰退、同行降价或者朋友对你中意的车感到失望，这些都是突发事件，都有可能影响顾客的购买意图。因此，偏好或者购买意图并不总是影响顾客实际的购买选择。

5. 购后行为

在购买产品后，消费者可能对产品感到满意，也可能感到不满意。是什么决定了消费者的满意度呢？答案是顾客的预期和产品的实际性能之间的关系。如果产品的实际性能达不到预期，消费者就会对其感到失望。如果刚好符合预期，消费者就会基本满意。但如果超出预期，消费者就会十分满意。因此，建议商家仅仅承诺它们能提供的服务，而不是夸大其词，这样顾客的满意度会高一些。

通过研究顾客的全部决策过程，商家有可能找出促成顾客购买的方法。例如，如果顾客因为对产品没需求而无动于衷，商家就可以向顾客发送广告信息以引起他们的需求和欲望，同时也可向顾客展示他们的产品能解决顾客哪些方面的问题。如果顾客已经了解了产品的信息却因为对产品的印象不太好而不愿购买，那么商家就会找出改变产品或者顾客感知的方法，最终达到促使顾客购买的目的。

9.1.3　影响消费者决策的营销因素

商家会通过各种销售刺激来影响和干预消费者的购买决策过程，从而达到促进购买的效果。常用销售刺激包括 4P：产品（product）、价格（price）、渠道（place）和促销（promotion）。

1. 产品

商家会通过产品（或服务）的品牌、功能、特征、风格、包装等特质来影响消费者决策，请看案例一。

【案例一：包装如何影响消费者决策？】

产品包装会传递出不同的视觉效果。图 9.1 展示了生活中常见的两种爆米花包装。两张图片中爆米花的量实际是一样多的，但由于包装 A 本身体积较大，给消费者“没有装满”的感觉，而包装 B 采用了细长的包装，实际等量的爆米花却给人“多得要溢出来”的感觉，大大提高了消费者的满意度。这种包装上的视力错觉是商家影响消费者决策的一种常见手段。

(a) 包装A　　(b) 包装B

图 9.1　两款不同的爆米花包装

案例思考：

在生活中，你还发现哪些商家使用包装来影响消费者决策的例子？

2. 价格

价格是消费者购买一件产品或一项服务所收取的费用。一直以来，价格都是影响买家选择的主要因素。商家对产品的定价除了要涵盖成本、不能超过顾客可接受的最高价格以外，还要考虑与竞争者比较的相对价格、消费者的价格心理等要素。以下两种订阅方案，你会如何选择？

【案例二：参考价格如何影响消费者决策？】

两种不同的订阅方案如图 9.2 所示。

方案一：

「经济学人」杂志推出的订阅选择。
- 选项A：网络版杂志59美元
- 选项B：印刷版杂志125美元
- 选项C：网络版杂志 + 印刷版杂志125美元

方案二：

「经济学人」杂志推出的订阅选择。
- 选项A：网络版杂志59美元
- 选项C：网络版杂志 + 印刷版杂志125美元

图 9.2　两种不同的订阅方案

这是 Dan Ariely 在麻省理工学院做过的一个关于杂志订阅的实验。在第一种订阅方案中，100 个麻省理工学院学生中有 16 个选了 A，84 个选了 C，无人选择 B。既然没人选 B，那么把选项 B 去掉，是否影响学生选择 A 和 C 的比例呢（即方案二）？结果在方案二中，68 个选了 A，32 个选了 C。

对比两个方案的结果可以发现，选项 B 的出现，导致了更多的人选择 C。其原因很简单，没有 B 时，人们很难比较 A 和 C 哪个性价比更高，因为 A 是价格低内容少，C 是价格高内容多。但有了 B，比较突然变简单了，因为 C 和 B 价格一样，却比 B 多了内容 A，因此 C 更划算。这里 B 就是 C 的诱饵选项。通过提供诱饵选项，商家改变了消费者的购买选择。

案例思考：

在生活中，你还发现哪些价格促销的例子？

3. 渠道

渠道是指产品（服务）从生产者向消费者（用户）转移所经过的路线，是连接生产和消费之间的“桥梁”和“纽带”。商家通过改变商品（服务）转移到消费者手中的路线，从而影响消费者对商品的选择。例如，淘宝不通过实体店来销售商品的模式改变了零售业模式；直播带货开启了疫情之下的渠道新思路。

4. 促销

促销是商家用来传播客户价值和建立客户关系的工具，包括广告、公共关系、人员推销和销售促进，这是商家用来影响消费者决策的常用手段。

【案例三：广告如何通过影响消费者自尊从而影响其消费决策？】

研究表明，明星类广告可以通过社会比较来影响消费者的自尊水平，从而影响人们的购买决策。广告常常选用富有吸引力的模特来演示产品，在这一过程中消费者会试图将自己与广告塑造的形象进行对比来评价自我。例如，女生倾向于将自己的外表与广告中的模特进行对比，看到美女广告的女生比其他没有接触到美女广告的女生，对自身的外表表现出较低的满意度。为了克服由于比较而产生的外表低满意度，观看美女广告的女生会通过购买产品来塑造自己的形象。

案例思考：

在生活中，除了广告，还有哪些促销手段会影响你的购买决策？

由于篇幅的限制，本章仅呈现了商家干预消费者决策的部分案例，感兴趣的同学可以关注和学习市场营销和消费者行为相关课程，以期更加全面深入地了解消费者自身决策过程和商家对消费者决策的众多干预手段。

9.2　消费者权益

消费者为满足生活消费需要而购买、使用商品或者接受服务，他们的消费权益受到法律的保护。消费者权益指的是消费者在有偿获得商品或服务时以及在以后的一定时期内都依法享有的受法律保护的权益。消费者权益的核心是消费者权利，其有效实现是消费者权益从应然状态转化为实然状态的前提和基础，而为消费者权利的实现直接提供法律保障的，则是《中华人民共和国消费者权益保护法》。

9.2.1　消费者权利

根据《中华人民共和国消费者权益保护法》，消费者享有以下权利。

1. 安全保障权

消费者的安全保障权分为人身安全权和财产安全权。消费者在购买、使用商品和接受服务时享有人身、财产安全不受损害的权利。消费者在购买、使用商品和接受服务时，首先需要考虑的便是商品和服务的卫生、安全因素。消费者不希望因卫生安全方面存在问题，而导致自身生病、身体受到伤害，甚至产生生命危险。财产安全不仅指购买、使用的商品或接受的服务是否安全，还包括除购买、使用的商品或接受的服务以外的其他财产是否安全。消费者有权要求经营者提供的商品和服务，符合保障人身、财产安全的要求。

【案例四】 2017 年 8 月，王先生在车行购买了一辆某品牌的二轮摩托车。2018 年 9 月该摩托车起火燃烧造成直接财产损失达 18 526 元。经调解，消费者的财产损失由商家及生产厂家共同承担。

2. 知悉真情权

消费者享有知悉其购买、使用的商品或者接受的服务的真实情况的权利。经营者应遵守诚实信用的基本准则，不隐瞒实情，不做虚假承诺，否则就构成对消费者知悉真情权的侵犯。一旦因此而发生争议或造成损害，消费者就有权要求经营者给予赔偿。

【案例五】 赵女士于2011年3月在某红木家私经营店购买了一张海南黄花梨八仙台，

价格为20万元。使用期间，先后有多位朋友怀疑是越南黄花梨。2011年3月21日赵女士向消费者协会投诉。经调解，经销商退货并返还19万元货款。

3. 自主选择权

消费者享有自主选择商品或者服务的权利。消费者选购商品或服务的行为必须是自愿的，经营者不得将自己的意愿强加给消费者。同时消费者自主选择商品和服务的行为必须合法，不能把自主选择权建立在侵害国家、集体和他人合法权益之上。此外自主选择权通常只能限定在购买商品或接受服务的范围内，不能扩大到使用商品上。

【案例六】 2001年7月15日晚，王军和几位好友为庆贺北京申奥成功，相聚于某酒楼。王军特意带上一瓶珍藏十多年的酒与好友相聚，并亲手开启了这瓶名酒。但在饭后结账时，酒楼除收了饭菜款186元外，还加收了“自带酒水开瓶费”20元。王军说被告收取自带酒水开瓶费是违法行为，而服务员说这是酒店规定，并说王军自带酒水是小气行为，如不给20元就不能离开等。

酒店关于“谢绝自带酒水”的规定本质上限制了消费者的自主选择权，是一种变相的强制交易行为。从法律的角度来看，这种限制性的规定是不合法的。但由于许多消费者法律意识淡薄，再加上一些经营者过度追求利润，于是就促使了这一现象的蔓延。如果消费者在遇到酒店、餐厅等消费场所提出“禁止自带酒水”或者“收取开瓶费”等不合法的要求时，应当学会用法律武器来抵制这种无理要求，向消费者协会投诉，更好地维护自己的合法权益。

4. 公平交易权

经营者在提供商品或服务时，必须保证质量、价格合理，计量正确，不得违反平等自愿、公平交易的市场准则，违背消费者的意愿强制交易。

【案例七】 2009年11月12日，洛阳某公司做12周年店庆促销活动，王先生购买了：①女羊毛大衣一件，售价为1282元，活动前价格为1090元；②某品牌女童装两套，售价为936元，活动前每套价格为327元；③某品牌男童马甲两件，售价为478元，活动前每套价格为195元；④某品牌内衣三套，售价为1104元，活动前每套价格为198元。被告故意提高价格进行返券，导致原告过度消费。2009年12月1日，王先生向洛阳市有关部门进行举报，政府对洛阳某公司的违法行为进行了处罚，后王先生将洛阳某公司诉至法院。

公平交易权是指消费者在购买商品或者接受服务时，有获得质量保障、价格合理、计量正确等公平交易的权利。《中华人民共和国消费者权益保护法》第二十条规定：“经营者向消费者提供有关商品或者服务的质量、性能、用途、有效期限等信息，应当真实、全面，不得作虚假或者引人误解的宣传。”经营者故意告知消费者虚假情况，或者故意隐瞒真实情况，诱使消费者购买商品或者接受服务的，为欺诈行为。商家在店庆活动期间提高商品价格，进行返券促销，存在诱使消费者购买商品的行为，故构成欺诈。《中华人民共和国消费者权益保护法》第五十五条规定 “经营者提供商品或者服务有欺诈行为的，应当按照消费者的要求增加赔偿其受到的损失，增加赔偿的金额为消费者购买商品的价款或者接受服务的费用的三倍”。所以，王先生可以向洛阳某公司主张其购买的商品的价款的三倍赔偿。

5. 获得赔偿权

消费者因购买、使用商品或者接受服务受到人身、财产损害的，享有依法获得赔偿的权利。消费者在购买、使用商品或接受服务时，可能会因经营者的过失使其人身权和财产权受到侵害。这里的人身权指的是消费者的生命健康权、姓名权、名誉权、荣誉权等；财产权包括直接的财产损失和间接的财产损失。对于商品的购买者、使用者、接受服务者以及在别人购买、使用商品或接受服务的过程中受到人身或财产损害的其他人而言，只要其人身、财产损害是因购买、使用商品或接受服务而引起的，都享有求偿权；商品的生产者、销售者或服务者均要承担赔偿责任，而不论其是否有过错；除非是出于受害者自己的过错，如违反使用说明造成的损害，则商品的制造者、经销者不承担责任。按照法律规定，消费者除因人身、财产的损害而要求获得赔偿损失这一基本、常见的方式之外，还可以要求其他多种民事责任承担方式，如修理、重作、更换、恢复原状、消除影响、恢复名誉、赔礼道歉等。

【案例八】 2018 年 4 月 12 日，魏女士在某超市购买了价格为 11.80 元的一瓶牛肉酱，回家食用时吃出一粒石子，并将一颗牙齿硌掉一半。消费者找到超市要求赔偿，超市却只给退货拒绝赔偿。经市消费者协会调解，消费者获得 1500 元赔偿。

【案例九】 刘先生于 2012 年购买安装了暖气片，2013 年 12 月 14 日一组暖气片爆裂，造成房间被水浸泡，高档地板及部分家具受损严重。2014 年 1 月 18 日，刘先生向市消费者协会投诉，经市消费者协会与外地企业联系沟通，消费者终获赔偿 8 万元。

6. 结社权

消费者享有依法成立维护自身合法权益的社会团体的权利。消费者组织起来依法成立消费者社会团体，形成对商品和服务的广泛社会监督，及时处理侵害消费者权益的行为、指导消费者提高自我保护意识和能力，通过调解、仲裁等方式，及时解决消费纠纷。

【案例十】 2006 年 9 月，吉林市消费者协会接到吉林省消费者协会转办的投诉，榆树市城发乡山河村三组 45 户农民在吉林市北方农业新品种研究所购买的种子，种植后，经吉林省消费者协会工作人员现场勘查和吉林省种子管理总站专家鉴定，造成了大面积减产。吉林市消费者协会工作人员接到转办的投诉后立即与丰满区消费者协会工作人员到吉林市北方农业新品种研究所调查情况。经调解，依据《中华人民共和国消费者权益保护法》第十一条“消费者因购买、使用商品或者接受服务受到人身、财产损害的，享有依法获得赔偿的权利”及第五十二条“经营者提供商品或者服务，造成消费者财产损害的，应当依照法律规定或者当事人约定承担修理、重作、更换、退货、补足商品数量、退还货款和服务费用或者赔偿损失等民事责任”之规定，考虑到企业经济存在困难的现状，双方初步达成协议：分两年三个阶段付给农民补偿款。2007 年底，当补偿款到位一半时，吉林市北方农业新品种研究所就解体了，企业法人失踪。2008 年 3 月 19 日，农民代表又找到丰满区消费者协会，经过吉林市消费者协会和丰满区消费者协会工作人员的共同努力，通过各种渠道找到了原吉林市北方农业新品种研究所的一位出资人，在做了大量细致的工作后，最终省、市、县三级消费者协会联手，历时三年，最终为农民挽回经济损失。

7. 获得有关知识权

消费者享有获得有关消费和消费者权益保护方面的知识的权利。消费知识包括：消费态度知识，可使消费者科学指导自己的消费行为；有关商品和服务的基本知识及有关市场的基本知识，可指导自己做出正确消费选择。消费者权益保护方面的知识包括：有关消费者权益保护的法律、法规和政策，消费者权益保护机构，以及消费者和经营者发生争议时的解决途径等。

【案例十一】 2019 年 2 月份，李梅在某商店买了一个高压锅，购买时她曾问过商店的销售人员这个高压锅有没有毛病，当时商店的销售人员没有仔细检查，只是看了看就告诉她质量绝对没问题。后来李梅回家在使用高压锅煮饭的时候，高压锅发生爆炸，造成了财产损失，无人员受伤。过后，李梅找有关机构对高压锅进行检验，发现高压锅本身存在缺陷，喷气阀门不通疑致高压锅发生爆炸，于是李梅要求该商店赔偿她的损失，该商店称他们不知道高压锅有毛病，即使有也是生产商的问题，他们只管销售，因此不承担高压锅爆炸造成的损失。请问：李梅能否要求该商店赔偿由高压锅爆炸造成的损失？

在本案中，商店作为高压锅的销售者，没有尽到对产品质量说明、发出安全警告的义务，也没有采取相应的防范措施；商品经营者也没有向消费者提供有关商品或服务的真实信息，作了引人误解的宣传，使消费者相信产品的质量是可以信赖的，因此要承担所出售的商品造成的损害赔偿责任。

8. 监督批评权

消费者享有对商品和服务以及保护消费者权益工作进行监督的权利，有权检举、控告侵害消费者权益的行为和国家机关及其工作人员在保护消费者权益工作中的违法失职行为，有权对保护消费者权益工作提出批评、建议。

【案例十二】 王先生在超市购物时，发现超市的饼干过了保质期，于是向超市经理提出饼干下架的意见。

【案例十三】 段先生发现商品质量有问题，向当地的工商部门举报，工商部门不但不予查处还劝说段先生不要没事找事，段先生向政府有关部门举报工商局的不作为。

9. 人格尊严和民族风俗习惯受尊重权

消费者在购买、使用商品和接受服务时，享有其人格尊严、民族风俗习惯得到尊重的权利。尊重消费者在消费活动中的人格尊严是消费者享有的最起码权利，任何人都无权加以污辱和诽谤。公民的人格尊严权利包括姓名权、名誉权、荣誉权、肖像权等。对于侵犯消费者人格尊严的行为，法律视情节轻重予以相应民事制裁。情节特别严重构成犯罪的，还应予以刑事制裁。中国民族众多，各民族饮食、服饰、居住、婚葬、节庆、娱乐、礼节、禁忌等风俗习惯有所不同，都应受到尊重，保护少数民族消费者的合法权益是关系到民族平等团结、促进安定团结的大事。

【案例十四】 2000 年 4 月 22 日、4 月 28 日及 5 月 1 日，在北京工作的高彬 3 次欲进入某酒吧消费，均被酒吧工作人员以其“面容不太好，怕影响店中生意”为由挡在门外。2000 年 7 月，高彬向北京市朝阳区人民法院提起诉讼，认为酒吧工作人员的行为侵害了其人格尊严，要求被告赔偿精神损失费 5 万元及经济损失 2847 元，并公开赔礼道歉。

9.2.2　消费者维权的途径

《中华人民共和国消费者权益保护法》规定："消费者在购买、使用商品时，其合法权益受到损害的，可以向销售者要求赔偿。""消费者或者其他受害人因商品缺陷造成人身、财产损害的，可以向销售者要求赔偿，也可以向生产者要求赔偿。""消费者因经营者利用虚假广告或者其他虚假宣传方式提供商品或者服务，其合法权益受到损害的，可以向经营者要求赔偿。"如消费者在要求赔偿中与销售者、经营者发生争议，可以通过下列途径解决：①与销售者、经营者协商和解；②请求消费者协会调解；③向有关行政部门申诉；④根据与销售者、经营者达成的仲裁协议提请仲裁机构仲裁；⑤向人民法院提起诉讼。

1. 与销售者、经营者协商和解

在协商和解时，消费者应注意以下问题。

（1）针对销售者、经营者故意拖延或无理拒绝消费者协商和解建议的行为，消费者应立即采取措施，用其他途径解决争议问题，即可用投诉、申诉或仲裁、起诉手段解决纠纷。如果销售者、经营者的故意拖延和无理拒绝，致使消费者财产损失扩大的，销售者、经营者除了应当满足消费者正常要求外，还应当就扩大的损失承担赔偿责任。

（2）针对销售者、经营者故意推卸责任，认为产品出现质量问题是生产厂家的事，要求消费者直接找厂家交涉的行为，按《中华人民共和国消费者权益保护法》第四十条规定："消费者在购买、使用商品时，其合法权益受到损害的，可以向销售者要求赔偿。销售者赔偿后，属于生产者的责任或者属于向销售者提供商品的其他销售者的责任的，销售者有权向生产者或者其他销售者追偿。消费者或者其他受害人因商品缺陷造成人身、财产损害的，可以向销售者要求赔偿，也可以向生产者要求赔偿。属于生产者责任的，销售者赔偿后，有权向生产者追偿。属于销售者责任的，生产者赔偿后，有权向销售者追偿。消费者在接受服务时，其合法权益受到损害的，可以向服务者要求赔偿。"因此，当消费者遇到商品质量问题时，如销售者、经营者推卸责任，认为是生产厂家的问题，并要求消费者直接找厂家交涉时，消费者应当有自我保护意识，不能夹在中间让厂家和经营者当"皮球"踢，要以法律规定为依据，切实维护自己的合法权益。

（3）针对销售者、经营者以店堂通知、声明、告示为由，拒不承担责任的行为，按《中华人民共和国消费者权益保护法》第二十六条规定："经营者不得以格式条款、通知、声明、店堂告示等方式，作出排除或者限制消费者权利、减轻或者免除经营者责任、加重消费者责任等对消费者不公平、不合理的规定，不得利用格式条款并借助技术手段强制交易。格式条款、通知、声明、店堂告示等含有前款所列内容的，其内容无效。"因此，当消费者因商品质量和服务问题与商家交涉、协商时，千万不能为其店堂内服务规则或商品销售告示所约束，这些服务规则于法无据，没有法律效力，应视为无效规则。

2. 请求消费者协会调解

为了规范我国工商行政管理部门处理消费者投诉程序，及时处理消费者与经营者之间发生的消费者权益争议，保护消费者的合法权益，2014 年 2 月国家工商行政管理总局局务会审议通过并向社会公布了《工商行政管理部门处理消费者投诉办法》（国家工商行政管理总局令第 62 号），自 2014 年 3 月 15 日起施行。

消费者可以通过信函、传真、短信、电子邮件和12315网站投诉平台等形式投诉。但无论采取哪种形式，都要有以下内容。

（1）投诉方及被投诉方基本情况。投诉方的姓名、地址、邮编、联系电话等；被投诉方的名称、地址、邮编、联系电话等，消费者委托代理人进行投诉的，应当向消费者协会提交授权委托书。

（2）具体的投诉内容。损害事实发生的过程及与经营者交涉的情况。

（3）具体的证据。消费者有义务提供与投诉有关的证据，证明购买、使用商品或接受服务与受损害存在因果关系。消费者协会一般不留存争议双方提供的原始证据（原件、实物等）。

（4）具体的投诉请求。

（5）投诉的日期。

消费者协会在接到投诉后的七个工作日内按规定做出是否受理的决定。不予受理的，告知投诉人不予受理的理由。投诉案件受理后，一般应在十五个工作日内进行调解。案情复杂，情况特殊的，征得双方同意可延长至三个月。

3. 向有关行政部门申诉

消费者和经营者发生权益争议后，可以请求政府有关行政部门依行政程序解决争议。与其他争议解决途径相比，申诉具有高效、快捷、力度强等特点，申诉流程如下。

消费者决定申诉时，应依照商品和服务的性质向具有相关职能的行政部门（如卫生部门、检验检疫部门、质量部门、工商部门、建设部门等）提出，消费者申诉一般应采用书面形式，一式两份，并载明下列事项：①消费者的姓名、住址、联系电话、邮编；②被申诉人的名称、地址、联系电话、邮政编码；③申诉的要求、理由及相关的事实根据；④申诉的日期。必要时，消费者可委托代理人进行申诉活动，但需向有关行政部门提交授权委托书。

消费者向有关行政部门提出申诉后，如果与经营者协商和解，达成和解协议的，可以撤回申诉，请求有关行政部门根据和解协议做出调解书。如果与经营者达成仲裁协议，可以撤回申诉，向仲裁机构提请仲裁。如果想通过法律途径解决，可以撤回申诉，向人民法院提起诉讼。

4. 根据与销售者、经营者达成的仲裁协议提请仲裁机构仲裁

双方当事人在争议发生前或者争议发生后达成协议的，自愿将他们之间的争议提交双方所同意的仲裁机构居中调解，做出判断或裁决的活动。

仲裁具有当事人自愿、程序简便、一裁终局、专家仲裁、费用较低、保守机密、相互感情影响小等特征。当事人采取仲裁方式解决纠纷，应注意以下几点。

（1）当事人采用仲裁方式解决纠纷，应当是双方自愿，并达成仲裁协议。

（2）向哪个仲裁组织提请仲裁，由当事人协议选定。

（3）可以选择或者委托仲裁组织指定仲裁员。

（4）可以自行和解，达成和解协议的，可以请求仲裁庭根据和解协议做出裁决，也可以撤回仲裁申诉。

仲裁费用原则上由败诉的当事人承担，当事人部分胜诉，部分败诉的，由仲裁庭根据当事人各方责任大小确定其各自应当承担的仲裁费用比例，当事人自行和解或者经仲裁庭调解结案的，当事人可以协商确定各自承担的仲裁费用的比例。

5. 向人民法院提起诉讼

消费者因其合法权益受到侵害后，可以向人民法院提起诉讼，请求人民法院依照法定程序进行审判。

在我国，诉讼大致分为三种形式：①刑事诉讼；②民事诉讼；③行政诉讼。消费者因其合法权益受到侵害而提起的诉讼属于民事诉讼范畴。

提起诉讼必须具备的法定条件有以下四点。

（1）原告必须是与本案有直接利害关系的公民、法人和其他组织。

（2）有明确的被告。

（3）有具体的诉讼请求和事实、理由。

（4）属于人民法院受理民事诉讼的范围和受诉人民法院管辖。

符合以上条件的起诉，人民法院才会予以受理。

9.3　电信诈骗

当今社会，科技高速发展。在我们享受科技给予我们无限便利的同时，利用高科技完成的电信诈骗也在高速蔓延当中。在电信诈骗的诸多案例中，公众较为熟知的可能还是 2016 年的“徐玉玉案”：2016 年 8 月，即将入学的女生徐玉玉因被诈骗电话骗走上大学的费用 9900 元，在报警回家途中身体出现不适，经抢救无效死亡。2017 年 7 月，该案涉案主犯陈文辉被判无期徒刑。艾媒网发布的《2017 年上半年中国受访网民遭遇网络安全问题分布》显示，2017 年上半年，43%的国人曾遭遇过网络诈骗。

电信诈骗是指不法分子通过电话、网络和短信方式，编造虚假信息，设置骗局，对受害人实施远程、非接触式诈骗，诱使受害人给不法分子打款或转账的犯罪行为。2016 年 12 月，最高人民法院、最高人民检察院、公安部发布《关于办理电信网络诈骗等刑事案件适用法律若干问题的意见》再度明确：“利用电信网络技术手段实施诈骗，诈骗公私财物价值三千元以上、三万元以上、五十万元以上的，应当分别认定为刑法第二百六十六条规定的‘数额较大’‘数额巨大’‘数额特别巨大’。”

9.3.1　电信诈骗的常见手法

目前，电信诈骗的常见手法主要有以下几种。

1. 冒充公检法[①]进行诈骗

【案例十五】 2016 年 4 月，宋某接到陌生电话称其信用卡在上海欠款。宋某否认后，接到一个自称警察的电话，称其卷入一起经济案件，并通过网络给她发了一份“逮捕令”。宋某于是按对方要求操作，先后被转走 50 余万元。

① 公检法即公安局、检察院、法院的简称。

提醒与建议：警方不会通过电话做笔录，逮捕证由警方在逮捕现场出示，不会通过传真发放，更不会在网上查到。公检法机关不会通过电话要求当事人转账汇款。

2. 冒充熟人诈骗

【案例十六】 2016 年 10 月，李某接到电话，对方直接叫出李某的名字并称是其朋友“张某”。次日，李某再次接到其电话称手头急需用钱，后李某在银行给对方汇款 4 万元，之后很快就发现“张某”是冒充的。

提醒与建议：记住一条，不管谁借钱，尤其是通过网络或者电话借钱的，一定要通过拨打对方常用号码或者视频聊天等方式核实对方身份后再做决定。

3. 高薪兼职、找工作诈骗

【案例十七】 2017 年，李某通过某网络招聘平台找工作，拿到一家公司的录取通知。不久后，李某发现被骗入传销组织。事后查明，该公司是一家“李鬼”公司，打着招聘的名义通过网络招聘平台将人骗入传销组织。

提醒与建议：找兼职、工作的过程中，“高佣金”“先垫付”这些词是诈骗的高频词汇，若招聘方没有留下固定电话和办公地址，更需警惕。此外，过急的心态容易被对方利用，事先最好查证对方的资料。

4. 利用伪基站实施诈骗

【案例十八】 乌鲁木齐一市民曾收到一条号码显示为“10086”发来的话费充值短信，他点击链接充值 200 元并填写身份信息。随后，他收到短信验证码并输入，但显示充值失败。很快，他收到银行扣款通知，银行卡被扣款 3899 元。

提醒与建议：一般情况下，如果你没在银行、通信营业厅办理相关业务，却收到“银行卡密码升级”“积分兑换”“中奖”等含有链接的短信，都可以当作垃圾短信处理。

5. 谎称网购平台诈骗

【案例十九】 郝某花 29 元在网购平台买了一个手机支架。6 月 4 日，他接到自称“××客服”的电话，电话称因工作人员失误，将郝某加入到“钻石会员”，如不取消，每月会自动扣款。郝某配合“客服”操作，被骗走 12 万余元。

提醒与建议：在网购的过程中，卖家与买家的交易行为仅在平台上进行，若对方有超越平台边界的行为，那么买家则有权要求其自证“清白”。

6. 考试诈骗

【案例二十】 高考前，广州警方接到消息称，有人在 QQ 群中售卖屏蔽器、放射器、橡皮擦接收器等考试作弊器材。经侦查，警方抓获 3 名涉嫌销售考试作弊器材及从事贩卖“高考试题”诈骗活动的犯罪嫌疑人。

提醒与建议：在考试的过程中，漏题、改分等行为本身就是非法的，即便抱有侥幸得到了高分，也会有“东窗事发”的一天，所以建议同学们踏实学习，没有捷径可走。

7. 校园贷诈骗

【案例二十一】 2017 年 10 月，邓某等向大学生放贷，每笔 8000 元，签订合同后，又以各种名义扣费，学生实际所得很少。邓某又故意制造借款人违约，通知发生逾期，要求大学生一次性还清本金、利息、违约金、催收费等，总计在 12 000 元至 16 000 元。若不还钱，就对其采取骚扰、威胁、非法拘禁等手段。

提醒与建议：学生申请借款或分期购物时，要衡量自己是否具备还款能力。对于关乎自身信息、财产安全的事，要多方求证，不要轻易透露个人信息。发现危险，及时报警。

8. 投资返利诈骗

【案例二十二】 今年 3 月，杨女士经朋友介绍，了解到一个“境外投资项目”。她通过朋友添加“项目客服”为好友，并提供隐私信息，将 11 000 元转入“客服”指定的账户。前两天每天都会准时收到一笔返利，第三天却被对方拉黑。

提醒与建议：投资本身便有极大的风险性，对于那些号称“低投入、高收益、无风险”的投资理财项目，一般情况下都需要提高警惕，切勿盲目追求高息回报。

9. 保健品购物诈骗

【案例二十三】 70 岁的刘某接到一个“保健专家”的电话，经忽悠，刘某买了 1 万多元的保健品。然而，对方又称只要购满 50 万元，即可获得补助款 104 万元。当刘某真的购买了远超 50 万元的保健品后，那个从未谋面的专家就再也联系不上了。

提醒与建议：一般在电话中自称“保健专家”的人基本上都可以判定为骗子，专家不会通过陌生电话的形式去引诱个人购买某款产品。遇到此类事件时，老人需要多问问身边的年轻人。

9.3.2　蔓延的原因

1. 公民防范意识差

公众的防范意识不强，不关心也不去了解日常生活中的诈骗典例，直到上当受骗后才后悔莫及；电信运营商以及互联网运营商的监管存在漏洞，技术监测反应不及时；公安机关打击犯罪的能力和水平还需要进一步提高，使防范犯罪的宣传更加及时、更加有效，扩大宣传的覆盖面。

2. 社会处于转型期

诈骗犯罪的增多是由经济社会发展和刑事犯罪规律所决定的。任何事物都有发展的过程，当前中国正处在经济社会转型期，诱发刑事犯罪的各种消极因素大量存在。刑事犯罪一定程度上是社会各种消极因素的综合反映，在当前社会的各个管理环节还有不少的漏洞和问题。在这种社会发展的大背景下，应该说刑事犯罪在今后一段时间内仍然会处于一种高发的状态，应该说这些年来案件也一直都处于高发的状态。电信诈骗作为刑事犯罪中的一种也不例外。

3. 低成本高回报

电信诈骗是一种低成本、高回报的犯罪，诈骗的手法很简单，很容易传播、仿效。前两年就有一起案件，有一个不法分子花了两三万块钱买了一个短信群发器，在短短一个多月时间就骗了好几万块钱，使很多老百姓都上当受骗。电信诈骗是一种投入很低、回报很高的犯罪形式，在这种情况下很多不法分子都会去做这个事。

4. 处理偏轻

法律的支持力度还不够，处理上偏轻，抓到以后判几年刑后很快就给放出来了。处理偏轻不利于遏制这种犯罪的发生。

9.3.3 电信诈骗的防范措施

不管犯罪分子的诈骗手段如何复杂，其最终目的都指向了用户的财产，因此在接到此类电话时，要多问几个为什么，多调查核实，就会发现事情的真相；另外对于对方提出的转账要求，千万不要轻信。

公检法等若要采取法律行动，通常会派人上门或者寄送书面材料，若接到电话或短信称要进行“笔录”或“调查”，多半是诈骗行为。凡是遇到疑似诈骗电话，请立即挂断电话，以策安全。

9.4 消费者维权实用案例

【案例二十四：在某宝上购物，发现实物与广告不符，能否要求退货？】

两个月前，曲女士在某宝购物网站看到一款新型玫瑰色智能手机，因广告彩页和网站图片上所刊登的该型手机的图片均装有超高像素的双摄像头，曲女士在简略看过商品介绍后便订购了这款手机。但她没有注意到，这款手机的宣传广告中超高像素摄像头的标注为该手机的选购配件，也就是说，她订购的这款手机正常情况下是不配置超高像素摄像头的。她在完成网络订购后，按要求向卖家支付了相应货款，待其收货后才发现，卖家实际交付的产品与广告宣传的产品不符。曲女士要求无条件退货，但卖家以没有欺骗消费者为由予以拒绝。请问：她能否要求退货？

案例解读：这既是一起消费合同纠纷，也是一起较为典型的网络购物纠纷。本案中，曲女士的真实意思是想要购买带超高像素双摄像头的智能手机，但信息的不对称和对网络购物缺乏必要的了解，导致其所购买的产品与真实意愿不符。这种情况在网络购物中十分常见，甚至是无法避免的问题。本案中，曲女士与卖家通过网上订购确立的买卖关系合法有效，卖家在宣传广告网上定制页面和用户手册中均载明超高像素摄像头为该型手机的选购配件，因而不存在欺诈行为。卖家根据原告的网上订购情况向原告交付相应产品系依约履行义务的行为，曲女士在未对新款手机的宣传资料、实际配置和网络订购程序作充分了解的情况下即上网订购该产品，应自行承担有关责任。

据现有的法律法规，从维护交易安全、保护善意相对人的角度出发，只能把曲女士通过点击确认的网上订单作为认定其意思表示的依据，至于曲女士因为自身失误或者对交易程序不了解而导致的损失，只能由曲女士自行负担。但曲女士是通过网络平台订购的商品，有七天的冷静期。根据《中华人民共和国消费者权益保护法》第二十五条的规定：“经营者采用网络、电视、电话、邮购等方式销售商品，消费者有权自收到商品之日起七日内退货，且无需说明理由，但下列商品除外：（一）消费者定作的；（二）鲜活易腐的；（三）在线下载或者消费者拆封的音像制品、计算机软件等数字化商品；（四）交付的报纸、期刊。”除前款所列商品外，其他根据商品性质并经消费者在买下时确认不宜退货的商品，不适用无借口退货。消费者退货的商品应当完好。经营者应当自收到退回商品之日起七日内返还消费者支付的商品价款。退回商品的运费由消费者承担。因此，曲女士可以要求退货，但需承担由此而产生的运费。

【案例二十五："定金"与"订金"有哪些区别？】

近日，广西北海的祁女士在某 4S 店举行的车展上看中了一辆新款某品牌轿车。听了销售人员关于轿车的性能介绍及配置介绍后，她怦然心动，加之当时店里正在进行"进店有礼，现订有奖"的优惠促销活动，就头脑一热，现场交付一万元定金。一周后，祁女士在某汽车论坛恶补汽车知识时，有网友告诉她：她订购的这款轿车是厂家目前刚上市的主流车型，广告推介与让利销售的力度非常大。她迅速与厂家联系，厂家证实了此事，并说这个活动已经通知到各个 4S 店。但祁女士交定金时，那家 4S 店并没有告知这些优惠政策。后经她反复追问，4S 店才承认确有此事。祁女士因 4S 店故意隐瞒事实的情况而对 4S 店失去信任。于是，想换一家 4S 店购买同类型轿车。结果收受定金的 4S 店经理说，如果不在他们店买车就不退定金，因为她交的是"定金"而不是"订金"。请问："定金"与"订金"有哪些区别？

案例解读：所谓定金，是指合同当事人为了确保合同的履行，依据法律规定或者当事人双方的约定，由当事人一方在合同订立时或者订立后履行前，按照合同标的额的一定比例（不超过 20%），预先给付对方当事人的金钱或其他替代物。它是作为债权担保的一定数额的货币或者财物，属于一种法律上的担保方式，目的在于促使债务人履行债务，保障债权人的债权得以实现。签合同时，对定金必须以书面形式进行约定，同时还应约定定金的数额和交付期限。给付定金一方如果不履行债务，无权要求另一方返还定金；接受定金的一方如果不履行债务，需向另一方双倍返还定金。债务人履行债务后，依照约定，定金应抵作价款或者收回。订金，在法律上并没有严格的界定，从文字的理解上来说，"订"的含义是订立、预订之意。在司法实践中一般被视为预付款。即使认定为一种履约保证，这种保证也是单方的，它只对给付方形成约束，即给付方对接受方的保证，不具有担保债的履行的作用，也不能证明合同的成立。收受预付款一方违约，只需返还所收款项，而无须双倍返还。可见，"定金"和"订金"虽只一字之差，但其所产生的法律后果是不一样的。

课后测试

一、简答题

1. 在日常生活中，商家的哪些行为会影响你的购买选择？
2. 当你的消费者权益受到侵害时，你该如何保护自己的合法权益？

二、案例分析题

张宇通过网络购物的方式为妻子买了一件毛衣。他收到毛衣的时候发现有轻微残损。在他退回毛衣后，又收到了新寄来的毛衣，但同时也收到了二次扣款的通知。对方称张宇要为两件毛衣买单。对此张宇应该怎么做？为什么？

第10章

财 务 困 境

课程目标

□说出一些可能导致困境的信贷使用方式
□解释如不能及时支付账单，首先应采取哪些步骤
□了解并掌握破产的相关知识
□了解并掌握失业的相关知识
□了解并掌握理财规划及相关内容
□了解并掌握作为当代大学生，应该如何避免财务困境

本章将帮助学生了解产生财务困境的原因，并对财务困境的预警信号加以重视，进而有效避免陷入财务困境的风险。

一般地，家庭主要劳动力出现重大变故、上当受骗、过度消费及因违法犯罪受制裁等情况，都可能致使家庭成员陷入财务困境。

出现上述困境时，当事人首先应当求助亲属或运用信用机制通过借贷纾困，其次应当全力改变自己的消费模式，最后也可以考虑寻求社会支持系统的协助。

课前小测

一、简答题

1. 列举消费者未能支付账单的四个最常见原因。
2. 列举财务困境的五大警示征兆。
3. 如果你发现自己无法支付账单，首先应当采取哪些步骤？

二、判断题

1. 信用修复公司可以帮助消除不良信用记录。
2. 如果你逾期付款，贷方有权向征信机构汇报这一信息。
3. 除了周日之外，收债人可以在任何时间联系你，无论白天或黑夜。
4. 如果你不偿付债务，收债人骚扰或威胁你是非法的。
5. 收债人必须以书面形式通知你债务数额和贷方名称，并向你阐述你针对这项债务拥有质疑的权利。

6. 即使你仅仅拖欠汽车贷款分期还款中的一期，债权方依然有权收回你的车。

10.1 了解财务困境

在这一部分，首先，我们要帮助同学理解什么是财务困境，包括财务困境的概念、内容与出现的信号。然后，帮助同学解决在出现了财务困境之后应该如何面对的问题。

10.1.1 财务困境

财务困境，又称财务危机或财务困难，是指现金流量不足以补偿现有债务。此概念常用于公司或企业层面，企业界在使用财务困境这个词时，其含义是多样的，主要有以下几个层次：①企业的现金流量不足以支付负债的付现成本，表现为预提利息、应交税金等的积欠；②现金流量无法支付到期债务，包括应付款项、各类借款等；③企业现有资产与负债不匹配，现有财务实力无法支撑过度膨胀的债务规模。

10.1.2 财务困境的形式

个人财务困境的常见形式包括：①失业；②入不敷出；③上当受骗；④过度消费；⑤重大疾病。

思考：同学们身边有没有遇到这样财务困境的例子？你是怎么看待这些问题的？

10.1.3 财务困境的原因

根据研究数据，困境出现的原因往往包括以下几个方面。

（1）收入损失（48%），包括：①失业、破产（24%）；②疾病（16%）；③其他（离婚、死亡）（8%）。

（2）开支超过正常范围（25%），包括：①理财不善；②遇到突发事件；③追求物质享受；④即兴消费。

（3）产品或服务缺陷（20%）。

（4）信用卡欺诈（4%）。

（5）其他（3%）。

【案例一：理财平台“爆雷”，大学生屡陷“校园贷”】

今年27岁的小谢，有33万元放在网贷平台中无法取回，这33万元除了自己和妈妈8.5万元的存款外，有15万元是从亲戚那里借来的，剩下的9.5万元全是来自信用卡。如今所有的钱石沉大海，有去无回。面对信用卡的催账单，她不得已再走老路，继续办新卡套现还账。凌晨十二点半，给孩子喂完奶后，小谢打开电脑开始处理自己从外面接的一些私活。“现在已经很绝望了，只能拼着老命找钱还钱了，逼得太紧只有贱命一条了。”实在无处发泄时，她偶尔也会说出一两句狠话。

她曾在情窦初开的年纪未婚先孕，男方答应如果生下的是男孩就结婚。她以为凭借感情可以跨越现实的阻碍，然而事与愿违，女儿的降生并未使她顺利走进婚姻的殿堂，加上父亲的开颅手术，经济负担沉重，男方明确提出不再联系后便消失不见。她哭过、闹过，但也最终为了孩子接受了成为单身妈妈的现实。可是这个年轻的单身妈妈在经历了一次人生冒险后，又一步踏进了另一个险滩。

2016 年，P2P 理财广告扑面而来，高于银行利息，随用随取的便捷成了很多并不擅长理财，却又渴望资产增值的人的首选。从一两千元开始，连续两年的陆续存放曾让小谢获得了 6 万多元的利息收入。在“稳定”的高回报诱惑下，她铤而走险不断借钱，从四张信用卡套现，把亲戚朋友都借了个遍。当她期待着能用这笔到期的收入努力支付房屋首付，给妈妈和孩子换一个好一点的房子时，现实再次给了她重重一击。

理财平台“爆雷”，她的生活再次跌入黑暗。一家五口人，父母奶奶和孩子都需要有人照顾。对于月收入 3500 元的她来说，20 多万的债务就像一座大山一样压得她喘不过气来。当她把家里所有的积蓄和孩子的奶粉钱都孤注一掷时，或许她并不曾意识到，这本身就是一个赌局，甚至死局。

公安部、教育部等相关部门公布的典型案例中，这样的例子屡见不鲜。

2017 年 9 月 7 日，华商报报道，21 岁的陕西大二学生朱某某贷款 20 多万元，用于同学聚餐以及偿还贷款等，当无力偿还时跳江自杀。

2017 年 8 月 15 日，20 岁的北京某外国语高校的大学生范某某，在吉林老家溺水而亡。家人发现他留下的遗书后，他的手机还不间断收到威胁恐吓其还款的信息。通过其家人介绍得知，他此前曾在多个网络借贷平台借“高利贷”，已累计达 13 万余元，其中一笔借款数额为 1100 元，一周后需还 1600 元，周利息高达 500 元。

2017 年 4 月 11 日，厦门某学校一名大二女生因陷“校园贷”，在泉州一宾馆自杀。据报道，该女生借款的校园贷平台至少有 5 个，仅在某一家平台就累计借款 257 笔共 57 万多元。其家人曾多次帮她还钱，期间曾收到过“催款裸照”。

案例思考：

（1）小谢现在的财务困境是由哪些原因造成的？你遇到过这样的困难与诱惑吗？

（2）案例中三位大学生财务困境是由哪些原因造成的？如果你是案例中三位大学生的好朋友，你会怎么帮助他们？

1. 失业

国际劳工组织将失业定义为某个年龄以上，在考察期内没有工作，但有工作能力，并且正在寻找工作的人。从整个经济来看，通常把一定年龄阶段的人口称作劳动年龄人口，其中一部分处于工作状态的，称为就业者，一部分处于寻找工作而尚未找到的称为失业者。还有一部分不愿工作或不寻找工作的，称为不在劳动人口，失业人口占劳动人口的比重即失业率。宏观经济学有四大目标，即充分就业、经济增长、物价稳定和国际收支平衡。其中充分就业是宏观经济学的第一目标，可见宏观经济学对于就业问题的重视程度。

劳动就业是每个人的权利，也是绝大多数人获得收入、维持生存的主要手段，但是在现实生活中，总是有一部分人无法就业。2018 年我国城镇登记失业率为 3.8%，城镇登记失业人口达到 827 万，如果不能在短时间内找到合适的工作，那么这部分人口的生活就会陷入困境。当然，失业现象并非仅存在于我国，目前世界上所有的国家，无论是发达国家，还是发展中国家，都不同程度上存在着失业问题。

1）失业的种类

失业有很多种类，根据主观愿意就业与否，可分为自愿失业与非自愿失业。

（1）自愿失业，是指工人不愿意接受现行的工作条件和收入水平而未被雇用而造成的失业。由于这种失业是由于劳动人口主观不愿意就业而造成的，所以被称为自愿失业，无法通过经济手段和政策来消除，因此不是经济学所研究的范围。

（2）非自愿失业，是指有劳动能力、愿意接受现行工资水平但仍然找不到工作的现象。这种失业是由于客观原因造成的，因而可以通过经济手段和政策来消除。经济学中所讲的失业是指非自愿失业。非自愿失业又可以分为摩擦性失业、结构性失业和周期性失业。

摩擦性失业是指生产过程中难以避免的，由于转换职业等原因而造成的短期、局部失业。这种失业的性质是过渡性的或短期性的。它通常起源于劳动的供给方，因此被看作一种求职性失业。一方面存在职位空缺，另一方面存在着与此数量对应的寻找工作的失业者，但由于劳动力市场信息的不完备，厂商找到所需雇员和失业者找到合适工作都需要花费一定的时间。摩擦性失业在任何时期都存在，并将随着经济结构变化而有增大的趋势，但从经济和社会发展的角度来看，这种失业存在是正常的。

结构性失业是指劳动力的供给和需求不匹配所造成的失业，其特点是既有失业，也有职位空缺，失业者或是没有合适的技能，或是居住地点不当，因此无法填补现有的职位空缺。结构性失业在性质上是长期的，而且通常起源于劳动力的需求方。结构性失业是由经济变化导致的，这些经济变化引起特定市场和区域中的特定类型劳动力的需求相对低于其供给。

周期性失业是指经济衰退或萧条时，因社会总需求下降而造成的失业。当经济发展处于一个周期中的衰退期时，社会总需求不足，因而厂商的生产规模也缩小，从而导致较为普遍的失业现象。周期性失业对于不同行业的影响是不同的，一般来说，需求收入弹性越大的行业，周期性失业的影响越严重。也就是说，人们收入下降，产品需求大幅度下降的行业，周期性失业情况比较严重。

除了上述失业类型外，经济学中常说的失业类型还包括隐藏性失业。隐藏性失业是指表面上有工作，但实际上对产出并没有做出贡献，即有职业无工作的人，也就是说，这些工作人员的边际生产力为零。当经济中减少就业人员而产出水平没有下降时，即存在着隐藏性失业。美国经济学家阿瑟·刘易斯曾指出，发展中国家的农业部门存在着严重的隐藏性失业。

2）失业的影响

失业会产生诸多影响，一般可以将其分成两种：社会影响和经济影响。

失业的社会影响虽然难以估计和衡量，但它最易为人们所感受到。失业威胁着作为社会单位和经济单位的家庭的稳定。没有收入或收入遭受损失，户主就不能起到应有的作用。家庭的要求和需要得不到满足，家庭关系将因此而受到损害。西方有关的心理学研究表明，解雇造成的创伤不亚于亲友的去世或学业上的失败。此外，家庭之外的人际关系也受到失业的严重影响。一个失业者在就业的人员当中失去了自尊和影响力，面临着被同事拒绝的可能性，并且可能要失去自尊和自信。最终，失业者在情感上受到严重打击。未来的一二十年是经济发展的关键时期，大量的农村富余劳动力转移到城镇就业，城镇新增的适龄就业人员也有较大的就业需要，这就使得我国在未来这一二十年内面临着较大的就业压力，就业问题是我国政府宏观经济政策要解决的最主要问题之一。

2. 破产

破产是指当债务人的全部资产不足以清偿到期债务时，债权人通过一定程序将债务人的全部资产供其平均受偿，从而使债务人免除不能清偿的其他债务，并由法院宣告破产解散。

1）破产方式

不同国家的破产法律有很大的差异，一般来说常见的破产方式有两种，破产清算和重整或债务重组。

（1）破产清算是指破产主体停止一切经营活动，财产被查封拍卖用于抵偿债务。

（2）重整或债务重组是指破产者在债权人或破产管理人的监督下可继续经营，并在规定期限内向法院和债权人提出重整计划。重整计划中破产者可以请求减免某些无力履行的债务或契约，或者改变偿还方式，并给出继续经营和偿还债务的计划。如果债权人投票通过重整计划则破产者有可能重新恢复经营，否则可能会进入清算程序。在许多情况下，允许仍有盈利潜力的企业继续经营可能会获得比单纯拍卖其资产更多的收益，从而使破产者和债权人都获得比破产清算更好的结果。有时，这也被称作破产保护。

资产低于负债不代表破产，企业可能有足够的收入来支付所有到期债务。比如，百事可乐分离的百胜公司早期有16亿美元的股东赤字（负的股东权益），但是因为百胜现金流转很强，所以这对负股东权益和企业没有造成财务困境。

2）中国破产规定

在中国，企业破产与企业关闭、企业倒闭不同。企业破产是法律概念，依据《中华人民共和国企业破产法》，企业申请破产有严格的法律程序，而企业关闭、企业倒闭是依据《中华人民共和国公司法》偿还所欠债务清盘解散。

依照规定，当企业法人不能清偿到期债务，并且资产不足以清偿全部债务或者明显缺乏清偿能力时，可以向法院申请重整、和解或者破产清算。当债务人不能清偿到期债务时，债权人可向法院申请对债务人重整或者破产清算。需要说明的是目前破产仅限于企业法人，而不适用于自然人。

3）破产特征

破产主要有如下四个特征。

（1）债务人不能清偿到期债务。

（2）存在多数债权人。如果只有一个债权人，只需采取一般民事执行程序即可。当存在多个债权人时，如采取一般民事执行程序，由于债权人竞相请求对债务人财产强制执行，可能造成部分债权人得不到偿还或只得到少量偿还的情况，产生显失公平的结果，因而需要一种特殊的程序——破产程序，以保证各债权人的损益公平。

（3）债权人公平受偿。债务人的全部财产不足以清偿全部债务，因此债权人无法被全额清偿。而按照“同质债权、同等地位”的要求，必须依照法定顺序，按照同一比例，将债务人的财产在各个债权人之间分配，以保证债权人之间的公平。

（4）免除未能清偿的债务。

4）破产程序

（1）申请。破产申请，是指当事人向法院提出的宣告公司破产的请示。

（2）受理。人民法院受理破产申请的，应当自裁定作出之日起五日内送达申请人。债权人提出申请的，人民法院应当自裁定作出之日起五日内送达债务人。债务人应当自裁定送达之日起十五日内，向人民法院提交财产状况说明、债务清册、债权清册、有关财务会计报告以及职工工资的支付和社会保险费用的缴纳情况。

（3）宣告。法院对债权人或债务人提出的破产申请进行审理，确认其具备法定条件的即可宣告破产。

（4）清算。破产清算是破产宣告后，清算组在有关当事人的参加下，对破产企业的财产依法进行保管、清理、估价、处理和分配，了解破产企业债务的活动与程序。

破产财产变卖应遵循以下原则：成套设备应当整体出售，不能整体出售的可以分散出售；破产财产属于限制流转物的，由国家指定的部门收购；变卖应以公开拍卖方式进行。

清算组在对破产财产进行清理的基础上提出分配方案，经债权人会议讨论通过，报请法院裁定后执行。破产财产在优先清偿破产费用和共益债务后，依照下列顺序清偿：①破产人所欠职工的工资和医疗、伤残补助、抚恤费用；②破产人欠缴的除前项规定以外的社会保险费用和破产人所欠税款；③普通破产债权。只有清偿完第一顺序后，才能清偿第二顺序，以此类推。破产财产不足清偿同一顺序的清偿要求的，按照比例分配。

（5）破产终结。破产终结是指法院裁定的破产程序的终结，是指破产企业无破产财产可分或破产财产分配完毕，由破产清算组提请法院结束破产程序，并向破产企业原登记机关办理注销登记的程序。

3. 受骗

随着社群关系的复杂化、虚拟化发展，各类骗术也在升级迭代，其方式升级，危害在加大。施骗者用虚构事实或隐瞒真相的方法骗取数额较大的财物，轻者令受害者烦恼，或陷入经济困境，影响其正常的生活，对其身心造成沉重打击，重者会使受害者自杀或导致刑事案件发生，常见的骗术有以下几种。

1）彩票骗局

加拿大有组织犯罪团伙给一些英国家庭（通常是老年人）打电话，并告诉他们中了加拿大的彩票大奖，而要兑奖，必须先缴纳一定数额的手续费。尽管手段很拙劣，但仍有很多英国人上当，有人甚至被骗走4万英镑。

——案例源自《晚报文萃》“揭秘史上最强十大骗局”

彩票类骗术一般有如下几种。

概率二分法骗术：如骗子发短信告知可以预测当天晚上双色球蓝球号码，他并不立即要求付款，而是先给受骗者免费测试的机会。如果他预测为单数号，实际也为单数号，则下期继续发短信告知预测号码；如果预测为单数号，实则为双数号，骗子就将剔除掉这一部分收到错误答案的人。骗子每次群发短信都有固定的套路，第一期他将号码分成两部分，一部分发单数号，一部分发双数号。不管结果如何，在第二期时他将在正确的一半号码里面继续如法炮制，以此类推，直到收到短信的人动心或者收到错误答案为止。这是一种利用数学来骗人的骗术。

先予后取的 App（application，应用）钓鱼骗术：这类骗术的操作是让被骗者免费下载 App 试玩，让其看到“赢钱很简单”，然后逐渐诱导受骗者往 App 里面充钱开始赌博。

合买诱惑骗术：骗子声称有秘诀可以猜到彩票结果，但是又不能够自己去买彩票，理由大多为知道太多被有关部门限制购买彩票等，然后向受骗者兜售秘诀，达到骗人的目的。

2）传销诈骗

2011 年“女人授权给女人”的金字塔传销诈骗案成为世界媒体重点报道的对象，这一诈骗案席卷整个英国，令许多英国妇女遭受巨大损失。这一骗局采取缴纳入会费的方式，鼓励女性投资，许诺投资 3000 英镑就可以得到 2.4 万英镑的回报，还竭力从会员那里套取其家人和朋友的联系方式。很多人因此失去了 3000 英镑的入会费。

——案例源自《经济学》

很多人认为，传销无非是“限制人身 + 强卖商品”的组合。但随着我国经济高速发展以及互联网时代的到来，传销犯罪的外衣也在不断更新中日益趋于隐蔽，“经济邪教”在逐渐危害社会。传销陷阱的模式可分为三种。

纯线下传销陷阱：犯罪分子多以歪曲事实或者利用“国家项目”的名头、炒作社会热点，以各种噱头不断推出新名目进行传销活动，但其实质往往是拉人头、推销，传统线下传销案件除了“交会费、拉成员、建层级”这些要求，还有限制人身自由以及强卖商品等特点。

纯线上传销陷阱：纯线上传销陷阱形式多样、名目繁多，如爱心慈善互助、投资消费返利、金融互助、虚拟货币、网络社交平台等。无论以何种形式，都离不开“交会费、拉人头、建层级”这个传销本质，而且大多宣传“无风险、高收益”，诱惑性强。

线上线下相结合传销陷阱：这种传销模式算是传统线下传销的“更新换代”，线上推广、线下体验，多以销售高科技生物产品、保健品、消费返利、免费购物等为幌子欺骗公众。该类型传销充分结合线下、线上传销的特点，更为隐蔽，且蔓延更迅速。

传销组织编织的是五彩斑斓的“梦想”，是致命的诱惑，带走的除了口袋里的钱财，还有可能是人们善良的本性，甚至可能是整个社会人与人之间的互相信任。传销并不可怕，不明白传销本质才可怕。传销是典型的金字塔骗局、庞氏骗局[①]。金字塔传销骗局的架构是：由所谓某项“投资”或“买卖交易”之办法推广组织，利用几何级数的增长方式，赚取被骗加入组织的新成员缴纳费用，牟取暴利。

那么我们应该如何预防传销诈骗呢？首先，投资前应保持理智，提前了解项目，慎重考虑再决定是否投资；其次，树立正确的投资观念，风险永远与收益正相关；再次，切实提高防范意识，不被高利诱惑，自觉抵制传销犯罪活动；最后，发现涉嫌传销的组织或人员，或发现自己被骗误入传销，一定要保持理智，先保证生命安全，再设法尽早脱离，并及时拨打110报警。

3）征婚骗局

人们常说，爱情会蒙蔽人的眼睛。这或许是越来越多爱情骗子通过互联网交友中心诈骗的原因。2013年初，一位名叫拉姆的新加坡已婚妇女因利用征婚骗钱而被判入狱6个月，她以结婚为诱饵，骗取了一名美国男子4.5万美元。

——案例源自《晚报文萃》“揭秘史上最强十大骗局”

在以往常见的征婚交友类诈骗中，嫌疑人往往通过网络交友（如微信、QQ等）、相亲网站，编造出“高富帅”或“白富美”等虚假身份，在与受害者进行网络交流，骗取受害者信任、确立交往关系后，选择时机提出借钱周转、家庭遭遇变故等各种理由，骗取钱财后销声匿迹。

民警发现近期众多此类案例中，犯罪嫌疑人大多是以“高回报”“稳赚不赔”等借口诱导受害者“投资”“充值”，而大多数受害者都是被诈骗分子的花言巧语与表面行为所迷惑，并未认真核实其真实身份。要预防征婚骗局，需要征婚者在交友时，及时、认真核实对方身份。在涉及钱财问题时，不要轻信征婚交友对象的任何借口、说辞。

4）电信诈骗

2019年11月5日，小王同学手机收到一条短信，内容是：“尊敬的商户您好！由于购物平台网络系统升级，请您及时点击以下网址（www.xxx.cn）认证账号信息，以免影响正常接单！回复T退订”。随后小王点开了短信内容中的网址，进入该网站之后按照提示输入账号和密码，随后一步步操作之后，银行卡内余额被洗劫一空。

——案例源自吕梁市公安局网络安全保卫支队《电信诈骗案例解析》

电信诈骗是指通过电话、网络和短信方式，编造虚假信息、设置骗局，对受害人实施远程、非接触式诈骗，诱使受害人打款或转账的犯罪行为，通常以冒充他人及仿冒、

---

① 庞氏骗局是对金融领域投资诈骗的称呼，是金字塔骗局（pyramid scheme）的始祖。很多非法的传销集团就是用这一招聚敛钱财的。庞氏骗局实质上是将后一轮投资者的投资作为投资收益支付给前一轮的投资者，以此类推使卷入的人和资金越来越多，简言之就是利用新投资人的钱来向老投资者支付利息和短期回报，以制造赚钱的假象进而骗取更多的投资。庞氏骗局源自查尔斯·庞兹（Charles Ponzi），他是一名出生于19世纪末的意大利裔投机商。庞兹1903年移民到美国，1919年开始策划一个阴谋，欺骗人们向一个事实上子虚乌有的企业投资，许诺投资者将在三个月内得到40%的利润回报，然后，庞兹把新投资者的钱作为快速盈利付给最初投资的人，以诱使更多的人上当。由于前期投资的人回报丰厚，庞兹成功地在七个月内吸引了三万名投资者，收到约1500万美元的“投资”。这场阴谋持续了一年之久，被利益冲昏头脑的人们才清醒过来，后人称之为“庞氏骗局”。1920年8月，庞兹破产。1949年，庞兹在巴西的一个慈善堂去世。

伪造各种合法外衣和形式的方式达到欺骗的目的，如冒充公检法、商家公司厂家、国家机关工作人员、银行工作人员等各类机构工作人员，伪造和冒充招工、刷单、贷款、手机定位和招嫖等形式进行诈骗。

电话诈骗主要有以下几个特点。第一，蔓延比较快，发展很迅速。电信诈骗者往往利用人们趋利避害的心理，在极短的时间内通过编造虚假电话、短信地毯式地给群众发布虚假信息，发布范围很广、侵害面很大，损失覆盖面也比较大。第二，诈骗手段翻新速度很快，且从最原始的中奖诈骗发展到勒索、电话欠费、汽车退税等，花样层出不穷。第三，团伙作案，反侦查能力非常强。一般采取远程的、非接触式的诈骗，团伙组织严密，采取企业化的运作，分工细密，不同工序之间互不了解。

公安机关破获的无数诈骗案件有一个共同的规律，无论诈骗犯如何花言巧语，无论手法如何翻新，最后都要落到一个点上，就是犯罪分子都会索要受害人的银行卡密码和账号，并引诱受害人将资金汇入其指定的账户。在日常工作生活中，不要轻信来历不明的电话、短信，不要轻易透露自己的身份证和银行卡的信息，如有疑问，应及时拨打公安机关电话，或向亲友等比较有见识的人询问、了解、核实。

5）网络贷款骗局

陶先生报警称，他本人在“XX 钱”App 软件上申请过一笔贷款，可是没过多久便接到自称是“北京 XX 投资担保有限公司”的员工打来的电话，对方声称能够帮助陶先生办理网贷业务，但是需要绑定陶先生本人的工商银行卡。陶先生信以为真之后，便将本人工商银行卡号发送给对方。

之后，对方还要求陶先生向卡内转存 1.6 万元，待钱款到账后，对方又再次要求陶先生告知其手机收到的验证码，随后陶先生卡里的存款均被转走。对方对陶先生的解释是，为其刷银行的流水。其后，对方仍以各种理由要求陶先生转账，而陶先生却迟迟没有收到贷款到账，此时陶先生才意识到自己上当受骗。

——案例源自 https://www.youcash.com/zpsbjq-child/73636.html

网上贷款正在成为一种趋势，借助互联网的优势，可以足不出户便完成贷款申请的各项步骤，了解各类贷款的申请条件、准备申请材料、递交贷款申请等，都可以在互联网上高效完成。然而，由于网络交易的虚拟性，无法认证借贷双方的资信状况，容易产生欺诈和欠款不还的违约纠纷。近年来深陷网络贷款骗局的人不在少数。

网络贷款常见骗局套路有以下几种。

（1）无须任何担保。不少网上的贷款广告都宣传自己家的贷款“不要担保、无须抵押”，其实他们是利用这些虚假广告来吸引那些急需借钱贷款的人，将他们引入骗局。此类骗局性贷款几乎不设立任何贷款条件，无抵押无担保，且利息较低。但是这既不是高利贷，又没有设立门槛，天下没有免费的午餐，真的会有这么好的事情吗？借款人应仔细考虑。

（2）贷款要先交费。一般来说，正规的贷款机构在成功放款之前是不会收取任何费用的。所以如果借款人在网上申请贷款时，贷款机构需要让借款人预先支付手续费等费用时，那么借款人需要谨慎考虑自己是否上当受骗。

（3）利率低，零利息。通常来讲，相较于其他贷款机构，银行的贷款预期年化利率相对较低。但是即使银行的贷款是偏低的，小额无抵押贷款的预期年化利率也会在 8%左右。并且，因为网贷属于信用贷款，所以网贷的利息要比银行高。而网贷公司现存较多的是“套路贷”“校园贷”“培训贷”，他们的骗局基本都是利率低、没有利息等。所以如果借款人在网上申请小额贷款时，贷款机构宣称自己的贷款产品和银行贷款预期年化利率相同甚至更低，借款人需要谨慎考虑自己是否身陷骗局。

（4）审核不严，手续简单。抵押贷款都是需要有抵押物的，而无抵押贷款也是需要借款人拥有稳定的工作、银行工资流水还有良好的个人信用才能成功申请。完全不存在只用一张身份证就可以获得贷款的情况。有些人认为网贷产品很快就能办理，不需要审核这一点正中骗子公司下怀。他们会告诉借贷人办理网贷只需要一张身份证就可以办理贷款，其实这也是骗局之一。

【案例二：历史上著名骗局】

1. 连环信骗局

连环信是传销骗局的一种形式，其程序一般是某人收到一封信，信中要求他将 1 美元（或 10 美元或 100 美元）存入某一账户（这一账户通常为传销骗局上层的账户），并在五日内将这封信转发给五个亲朋好友。收信人每存 1 美元，他就会在 30 日后收到 64 美元的“投资”收益。

据说，戴夫·罗斯是世界上连环信的始作俑者。多年前，第一封格式化的连环信从邮局发出，连环信的标题是“快速赚钱”，信中要求收信人将一定数额的钱寄到信中列出的几个名字名下，然后将这封信复制寄到其他地址。连环信中许诺，这样做的结果就是用小投资赚大钱，在 60 天内就能赚到 4 万英镑。但戴夫·罗斯是否真有其人，谁也无从知晓。

我们常在社交软件或诈骗短信里见到“转发就能话费增值”“把此消息传给 10 位好友，将获得 10 元话费。我刚试过是真的，试后请查费……”等。这类诈骗消息就是连环信骗局的变种。

2. 巴洛·克洛斯骗局

巴洛·克洛斯骗局是英国历史上臭名昭著的骗局之一。20 世纪 80 年代，巴洛·克洛斯公司吸收了 1.8 万位私人投资者的资金，这些受骗者都认为自己投资的是没有风险的债券。实际上，大笔资金进入了公司的创始人彼得·克洛斯的私人账户，他把这笔钱用来购买私人飞机、豪华汽车、豪宅和豪华游艇，过着奢侈的生活，直到被揭发出来，锒铛入狱。

3. 尼日利亚“419 诈骗案”

曾有人收到过一封英文电子邮件，写信人自称是尼日利亚政府某高官的家人，因政变或贪污行为暴露，其银行账户被冻结，需要有人帮助才能将数千万美元转移出来，然后要求收信人提供资金以及银行账号，帮助他们转移这笔资金，并许诺丰厚的回报，但实际上他们会取空收信人的账户。这就是尼日利亚“419 诈骗案”（419 是尼日利亚刑典中的相关部分）。据调查，尼日利亚骗子每年在网上行骗钱财达 4000 万美元。

——案例源自《晚报文萃》“揭秘史上最强十大骗局”

10.1.4 财务困境出现的信号

财务困境出现的信号主要有：①你不了解自己欠了多少钱；②你总是推迟支付账单；③你用新贷款去还旧贷款；④你每个月只能偿还最低限额；⑤你用来偿债的金额已经超过了净收入（支付房租或房贷后）的 20%；⑥如果你失业将立即出现财务问题；⑦你花的比赚的多，开始使用储蓄来弥补日常开支。

【案例三：现在的年轻人都不愿意存钱了吗？】

“今朝有钱今朝花”，听说，最近几届的年轻人都不爱存钱了？

朋友圈里晒着拿几个月工资买的包包；每过一个购物节，就喊着要“吃土”；世界太大，我想去看看，今天飞日本、明天飞巴黎，口号是“买买买”。

现如今不少年轻人奉行“今朝有钱今朝买”“早买早享受”的消费观念。比起省吃俭用，他们更倾向通过“买买买”在衣食住行上让自己变得更精致，让生活更加舒适惬意。

“前几天在网上看到一家网红餐馆，今天问问朋友有没有空。”“马上到夏天了，我又没衣服穿了，这周末去逛商场。”“今天碰到一位小姐姐，她穿的鞋好好看，感觉好适合我，买它。”“同事买的新款手机不错，就是有点贵，卡里钱不够了，花呗分期吧。”

据 2018 年《中国养老前景调查报告》显示：中国 35 岁以下的年轻一代，有 56%的人暂未开始储蓄，开始储蓄的 44%的人中，每月平均储蓄仅 1389 元。所以，现在的年轻人都不愿意存钱了吗?

“现在没有存款，只有花呗欠款。”25 岁的王某在一家媒体工作，虽然收入还可以，但每月的工资仅够自己的日常消费。“像我一个月除了吃喝、买护肤品和化妆品，还要定期美容、按摩。拿去美容院为例，每月大概需要 5000 元的花费，根本存不了钱。”王某表示。

——案例源自中国新闻网

案例思考：

案例中哪些是财务困境出现的信号？具体是哪种信号？

10.1.5 财务困境的应对策略

1. 通过合法途径寻求帮助

在面临财务困境时，首先可以通过合法的贷款路径获取必需的资金。那么当前中国有哪些合法贷款渠道和合法贷款机构呢？1996 年 6 月 28 日中国人民银行发布的《贷款通则》第二十一条规定：“贷款人必须经中国人民银行批准经营贷款业务，持有中国人民银行颁发的《金融机构法人许可证》或《金融机构营业许可证》，并经工商行政管理部门核准登记。”目前国内合法的贷款途径主要有银行贷款、信托贷款、民间小额贷款等。

银行贷款，是指银行根据国家政策以一定的利率将资金放贷给资金需要者，并约定期限归还的一种经济行为。一般要求提供担保、房屋抵押或者收入证明，个人征信良好才可以申请。根据不同的划分标准，银行贷款具有各种不同的类型，按贷款资金来源和经营模式不同，可分为自营贷款、委托贷款和特定贷款；按偿还期不同，可分为短期贷款、中期贷款和长期贷款；根据贷款的保障方式不同，可分为信用贷款、担保贷款和票据贴现。

2. 寻求社会支持系统

当一个人处于的财务困境已经严重影响到学习、生活时，应当主动向辅导员、班主任告知情况，通过临时困难补助、国家奖助金、专项奖助金、勤工助学岗等综合途径形成自己的经济支持系统，与此同时，也可以通过向社会支持系统寻求支持帮助。

（1）生活上可以通过社区（村）向所在街道（乡镇）申请最低生活保障（即低保）。低保指因家庭成员存在重度残疾或因疾病丧失劳动力，享受最低生活保障补助的家庭。其住房或收入明显低于当地低保标准的居（村）民。城市低保是在城市已经建立了国有企业下岗职工基本生活保障、失业保险和城市居民最低生活保障等“三条保障线”制度的基础上，建立实行的最低生活保障制度。

（2）因家庭变故有重大经济困难的情况还可以向街道（乡镇）申请临时困难救助。临时救助制度指国家对遭遇突发事件、意外伤害、重大疾病或其他特殊原因导致基本生活陷入困境，其他社会救助制度暂时无法覆盖或救助之后基本生活暂时仍有严重困难的家庭或个人给予的应急性、过渡性的救助。因此，因突发性事件导致陷入财务困境的可以通过申请临时困难补助得到解决。

（3）向社会公益组织或所在单位申请特别救助。近些年一些单位的内部捐赠筹款、水滴筹、轻松筹等社会筹款平台在解决重病致贫等问题上发挥了积极作用。与传统慈善机构相比，新兴的网络筹款平台申请门槛低，在线操作方便，筹款快速、高效，而且支持资金发放至个人账户，大大降低了个人发起求助和捐款的门槛，帮助许多贫困大病患者解了燃眉之急。

3. 理财规划

理财规划是指运用科学的方法和特定的程序为特定对象制订切合实际、具有可操作性的包括现金规划、消费支出规划、教育规划风险管理与保险规划、税收筹划、投资规划、退休养老规划、财产分配与传承规划等某方面或者综合性的方案，使其不断提高生活品质，最终达到终身的财务安全、自主和自由的过程。

个人理财规划又称私人理财规划，是指个人或家庭根据家庭客观情况和财务资源（包括存量和增量预期）而制订的旨在实现人生各阶段目标的、一系列互相协调的计划，包括职业规划、房产规划、子女教育规划、退休规划等。

1）理财规划的主要步骤

（1）回顾自己的资产状况。资产状况包括存量资产和未来收入的预期，知道有多少财可以理，这是最基本的前提。

（2）设定理财目标。设定理财目标需要从具体的时间、金额和对目标的描述等来定性和定量地厘清理财目标。

（3）弄清风险偏好是何种类型。不要做不考虑任何客观情况的风险偏好的假设，如很多客户把钱全部放在股市里，没有考虑到父母、子女，没有考虑到家庭责任，这个时候其承担的风险超过了他能够承受的范围。

（4）进行战略性的资产分配。资产分配即在所有的资产里做资产分配，然后选择投资品种、投资时机。理财规划的核心就是资产和负债相匹配的过程。资产就是以前的存量资产和未来获得收入的能力，即未来的资产。负债第一是家庭责任，要赡养父母，要抚养小孩、供他上学。第二是目标，要有高品质的生活，让你的资产和负债进行动态的匹配，这就是个人理财最核心的理念。可以看出，理财规划应是每个人都需要具备的，并不在于资产有多少。

2）理财规划的主要内容

（1）必要的资产流动性。个人持有现金主要是为了满足日常开支需要、预防突发事件需要、投机性需要。个人要保证有足够的资金来支付计划中和计划外的费用，所以理财规划师在现金规划中既要保证客户资金的流动性，又要考虑现金的持有成本，通过现金规划使短期需求可用手头现金来满足，预期的现金支出通过储蓄和短期投资工具来满足。

（2）合理的消费支出。个人理财目标的首要目的并非个人价值最大化，而是使个人财务状况稳健合理。在实际生活中，减少个人开支有时比寻求高投资收益更容易达到理财目标。制订消费支出规划，可使个人消费支出更合理，使家庭收支结构大体平衡。

（3）实现教育期望。教育为人生之本，时代变迁，人们对受教育程度要求越来越高。再加上教育费用持续上升，教育开支的比重变得越来越大。客户需要及早对教育费用进行规划，通过合理的财务计划，确保将来有能力合理支付自身及其子女的教育费用，充分实现个人（家庭）的教育期望。

（4）完备的风险保障。在人的一生中，风险无处不在，理财规划师通过风险管理与保险规划做到适当的财务安排，将意外事件带来的损失降到最低限度，使客户更好地规避风险，保障生活。

3）理财规划的策略

（1）保本型理财策略。该理财策略的目标是保本：一是保证本金不减少；二是理财所得资金可以抵御通货膨胀的压力。该理财策略比较适合风险承受能力比较低的理财者，如超级保守型和有点保守型家庭，主要理财工具是储蓄、国债和保障型险种。参考理财组合：储蓄和保险占 70%，债券占 20%，其他占 10%。

（2）稳定-增长型理财策略。该理财策略的目标是在稳定收入的基础上寻求资本的增值，比较适合具备一定风险承受能力的理财者，如理想型理财者，主要理财工具是分红保险、国债、基金。参考理财组合：储蓄和保险占 40%，债券占 20%，基金和股票占 20%，其他理财占 20%。

（3）高收益型理财策略。该理财策略的目标是获取高收益，比较适合具备较高风险承受能力的理财者，如冲动型理财者，主要理财工具有股票、基金、投资连接保险等，如有足够的资金还可以买房、炒外汇。参考理财组合：储蓄保险占 20%，债券和股票占 60%，外汇和房地产等占 20%。

无论是何种理财组合，每个家庭都必须拥有保险计划，只不过不同的理财组合中保险所占的比例和类别有所不同。随着理财型产品的出现，保险已不仅仅具有保本安全的功能，它还兼有理财的功能，成为家庭实现资本增值的理想理财工具。

10.2 后期的信用修复

信用修复是信用法治保障体系的重要组成部分。2016 年，国务院发布的《关于建立完善守信联合激励和失信联合惩戒制度加快推进社会诚信建设的指导意见》明确提出，要建立健全信用修复机制，支持有失信行为的个人通过社会公益服务等方式修复个人信用。2017 年，国家发展和改革委员会、中国人民银行联合印发《关于加强和规范守信联合激励和失信联合惩戒对象名单管理工作的指导意见》，明确提出了鼓励和支持自主修复信用，规范信用修复流程。

信用修复机制就是对已产生的不良信用进行重建，建立有利于自我纠错、主动自新的社会鼓励与关爱机制，允许失信当事人通过参与社会公益性服务来修复个人信用，信用修复是保护主体合法权益的重要途径。建立有利于自我纠错、主动自新的社会鼓励与关爱机制，鼓励列入“黑名单”主体通过主动纠正失信行为、消除不良社会影响等方式修复信用，认定部门（单位）可将信用修复情况作为“黑名单”退出的重要参考。

信用修复制度是社会信用体系建设的一个重要机制，是完善守信联合激励机制和失信联合惩戒机制的重要环节，是构建以信用为核心的事中事后监管机制的必然要求，是失信主体退出惩戒措施的制度保障。建立和完善信用修复机制，有利于推动信用法治保障体系建设的规范化、系统化。红黑名单、联合奖惩、信用修复都是信用体系建设中的一环，应该形成管理闭环。

10.2.1 信用修复的原则

信用修复应遵循的原则主要有三个方面。

一是政府推动社会共建。充分发挥政府在信用修复机制建设中的组织、引导、推动和示范作用，规范发展信用服务的市场，发挥行业商业协会的作用，鼓励调动社会力量广泛参与，共同推进，形成信用修复机制建设的合力。

二是逐级修复，梯次退出。科学地界定可修复的失信行为，明确修复内容，规范与失信严重程度相对应的修复条件和程序，逐项开展信用修复。

三是明确主体，落实责任。明确信用修复过程中各类主体的责任与义务，建立健全跨部门信用修复的协调机制，逐步实现信用修复机制，实现对失信惩戒领域的全覆盖。

10.2.2 信用修复的分类

1. 以主体划分

从主体角度对信用修复进行分类，可以简单地分为个人的信用修复和企业的信用修复。

个人的信用修复起源于个人信用评价较为发达的英美国家，是信用运行的必然结果。个人信用的修复可以分为普通个人的信用修复以及涉诉个人的信用修复。普通个人的信用修复是指，当信用评价机构告知相关自然人其信用报告中出现负面信息时，相关主体可以申请修复其不良信息。修复的理由，往往分为两类：一是数据本身存在错误，不能真实反映信息主体的实际情况；二是不良记录确实是因信息主体自身问题产生的，需信息主体主动申请修复。涉诉个人的信用修复，是指进入司法程序的案件当事人，判决后作为被执行人基于主客观等不同原因进行降低或消除信用负面信息的修复活动。

企业的信用修复实质上包括两个方面：一是不良信息产生时如何最大限度降低此不良信息的负面作用；二是企业在产生负面信息后采取什么纠正措施可以提高企业信用。在第二个方面，常见的纠正措施有纠正信用评价机构自身的错误信息采集行为，以及纠正第三方过错下的不良信用信息采集行为。

企业信用的修复可以分为普通企业的信用修复和破产企业的信用修复，前者与普通个人的信用修复相类似，可以理解为当企业因自身问题或者因第三方过错等问题导致信用评价降低时，依照一定的程序申请信用评价机构删除自己的不良信用信息，以实现企业信用的恢复；而破产企业的信用修复问题具有复杂性，企业破产重整的重要支点在于信贷资金，基于信用在资金融通中的重要作用，破产企业的信用修复直接影响到其是否能获得信用贷款，继而决定了其破产重整能否成功。

2. 以失信程度划分

不良信用的评价是信用修复的前置程序，基于这一评价结果的不同，信用修复相应地可以分为一般失信的信用修复和严重失信的信用修复。一般失信的信用修复，是指针对被评价为“一般”程度的不良信息，失信主体在采取补救措施或者在举证非其过错后，在一定时间内经过一定程序向相关主体申请信用修复。

严重失信的信用修复，是指针对诸如强制执行记录、行政处罚记录、职业资格吊销信息等严重不良信息申请的信用恢复，这种信用恢复的特殊性在于，其不良信息对应的失信行为必须已经补正，或者其不良信息对应的行政处罚等措施已经解除，只有在此前提下，才能通过主动申请的方式请求信用恢复。同时，针对严重失信进行的信用修复效果也具有特殊性，其修复效果通常不能达到失信前的程度，即只能在一定范围内恢复信用评价。

3. 以失信领域划分

从失信领域角度进行划分，信用修复可以分为政府信用修复、商务信用修复和社会信用修复及司法信用修复四大类。

政府信用修复包括行政许可、政府采购、招标投标、劳动就业、社会保障、科研管理、干部选拔任用和管理监督、申请政府资金支持等领域的信用修复。

商务信用修复包括生产、流通、金融、税务、价格、工程建设、政府采购、招标投标、交通运输、电子商务、统计、中介服务业、会展和广告等领域的信用修复。

社会信用修复包括医药卫生和计划生育、社会保障、劳动用工、教育和科研、文化体育和旅游、环境保护和能源节约、互联网应用和服务领域及社会组织和个人的信用修复。

司法信用修复包括法院公信、检察公信、公共安全领域公信、司法行政系统公信、司法执法和从业人员的信用修复。

10.2.3 信用修复的主要途径与内容

信用修复机制按照措施的作用划分，可分为补偿措施和激励措施，以下分别介绍两种作用的构成。

失信主体信用修复的补偿措施包括以下几部分：失信主体在规定期限内主动纠正失信行为，失信主体进行异议申请，失信主体进行公开信用声明，信用主体积极主动地参与各类信用修复的专题培训、接受协同的监管、持续提交信用报告、失信主体主动参与志愿服务和社会公益事业等内容。

第一，主动纠正失信行为，失信信息超期自动删除。青年在获知个人不良信息后，如果确有不良信息所描述的失信行为，可以立即主动纠正失信行为。例如，如发现有逾期贷款，立即还清；如发现有欠缴税费，立即补缴；如发现曾经有违反规章的行为，立即停止该类行为等。如果能及时纠正失信行为，那么在法律法规规定的期限后，不良信息就会自动删除，个人信用就能得到修复。世界各国大多都规定了不良信息的保存期限，以保护信息主体的重建信用记录权。我国《征信业管理条例》第十六条规定“征信机构对个人不良信息的保存期限，自不良行为或者事件终止之日起为5年；超过5年的，应当予以删除”；上海、吉林、辽宁、内蒙古、陕西等地区关于公共信用信息的规定中也有关于保存期限的相关款项；《最高人民法院关于修改〈最高人民法院关于公布失信被执行人名单信息的若干规定〉的决定》第二条规定“纳入失信被执行人名单的期限为二年”。

第二，异议申请。我国关于个人信息管理的国家及地方的政策法规中基本都包含了异议处理方面的条款，因此青年在获知个人不良信息后，如果发现信息中有错误或不完整，可以通过提交异议申请的方式要求相关机构核实并更改，从而达到修复个人信用的目的。人为录入失误、系统更新不及时、信息传输故障等各种原因都会导致信息错误或不完整，因此信息不准确也是不良信息产生的原因。2014 年美国消费者金融保护局受理的48 800件信用报告投诉中，77%为信息不准确。据统计，2007年至2014年，中国人民银行征信中心共受理个人征信异议近4万笔，其中，2014年中国人民银行征信中心共受理全国范围内个人异议申请9692笔。个人异议处理的平均回复和解决天数约为9天。

第三，公开声明。个人信用报告中一般都设置了“本人声明”的信息段，当信息主体对异议处理结果不满意，或存在需进一步说明的特殊情况时，还可以提交个人声明。本人声明中对非主观恶意违约等的相关解释和陈述将帮助青年争取金融机构的理解，为建立新的良好信用记录创造更多机会，因此本人声明的内容对于青年修复个人信用也具有积极意义。此外，有些个人征信机构提供的个人信用报告中还有“机构说明”一项，青年也可以在纠正失信行为后请金融机构在此处说明其主动还款的事实，这可以帮助青年对不良记录进行解释，而且源于金融机构的信息更可靠，更易被采信，对青年修复个人信用有一定的帮助。当然，如果涉及纠纷或侵权事件，青年还可以直接去法院投诉，用法律手段维护个人权益。

第四，社会公益。社会公益包括志愿服务、慈善捐助、社区义工等。随着我国社会信用体系建设的不断推进，一些地区开始尝试为信息主体提供通过参加社会公益活动来修复个人不良信息的方式。比如，2014 年 12 月，江苏省发布的《江苏省机动车驾驶人文明交通信用管理办法（试行）》中就规定了“1 年内参加文明交通志愿服务活动满 60 个小时，或因见义勇为被市级以上表彰评为先进个人的，可以对一般交通失信信用记录进行修复”的条款。江苏省宿迁市于 2017 年 3 月发布的《江苏省宿迁市青年信用体系建设工作实施意见》中规定：“经认定，当年参与志愿服务满 50 小时的普通志愿者，对因拖欠水电费产生的不良记录予以修复；当年参加文明交通志愿服务时间满 60 小时的普通志愿者，对一般交通信用失信记录予以修复（限一次）。各县区团委要联合有关职能部门，进一步探索通过志愿服务可修复的轻微失信行为，完善青年轻微失信行为修复机制。”目前，许多地区都有关于志愿服务等社会公益活动的相关政策，但是将社会公益与个人信用修复相关联的地区还很少，而且可以通过社会公益修复的个人不良信息一般仅限于公共事业缴费、交通违规等公共信用信息领域，但不包括信贷逾期等金融领域的不良信息。

另外，信用修复机制的作用，不应只是对失信行为补偿的机制，还应该包括对单纯的正面行为进行奖励的举措。正面行为包括部分具有突出表现的守信行为和为国家、社会做出的贡献。

10.2.4 信用修复的流程

失信个人可以向处罚机构部门咨询，或请专业人员帮忙处理；失信企业可以登录“信用中国”网站，按照国家规定程序进行修复。其中，需要准备的材料分别为：信用修复承诺书原件照片、扫描件，须加盖申请单位公章；行政相对人（申请单位）主要登记证照原件照片、扫描件或加盖申请单位公章的复印件；已履行行政处罚相关证明材料原件照片、扫描件或加盖申请单位公章的复印件；由行政处罚机关出具《涉及一般失信行为的行政处罚信用修复表》原件照片、扫描件；主动参加信用修复培训的证明材料原件照片、扫描件或加盖申请单位公章的复印件；信用报告原件照片、扫描件或加盖申请单位公章的复印件。

10.2.5 信用修复的意义

建立和完善信用修复制度，有利于深化放管服服务，推动信用建设规范化、系统化，有利于规范市场经济的秩序，释放市场主体的活力，有利于激发失信主体守信意愿，保障失信主体的合法权利。对进一步提升政府公信力，弘扬诚信文化，培育诚信环境，有重要的意义。

人无信不立，国无信不昌。近年来，我国高度重视社会诚信建设，自 2016 年国务院印发《关于建立完善守信联合激励和失信联合惩戒制度加快推进社会诚信建设的指导意见》至今，国家层面先后又发布了多个联合惩戒备忘录和联合激励备忘录，各省区市也陆续出台了守信激励和失信惩戒办法，初步构建了政府部门协同联动、信用服务机构参与的共治格局，有力促进了社会诚信建设。

各地在推进失信惩戒机制建设的过程中，往往注重对失信者予以信用惩戒，而忽视失信者的信用修复，无形中让当事者在接受信用惩戒后，因信用修复不及时，不得不背上“终身失信”的黑锅，明显有背离公平公正的法治原则。特别是因为信息失真而导致的信用惩戒“误伤”现象，更是凸显了信用修复的重要性和紧迫性。有鉴于此，建立有利于自我纠错、主动自新的社会鼓励与关爱机制，支持信用失信者通过各种有效方式修复自身信用，无疑是公平公正法治原则的基本要求，又是保障信用主体合法权益不受损害的必然选择，其对于社会诚信建设的重要性而言，可以说是鸟之一翼，车之一轮。

毋庸置疑，“信用修复”作为社会信用体系建设工作中的重要环节之一，其对构建诚信社会不仅具有非常积极的促进作用，而且具有警示、教育及示范等多重意义。

10.3 大学生如何避免财务困境

讨论：下面哪些同学的观点是错的，为什么？

（1）小明家庭条件不好，但看到同宿舍的室友都换了新出的手机，自己却还在用3年前的手机，小明坚持贷款买手机。

（2）小张生活费有限，因此决定周末做兼职赚取生活费。

（3）小王月初制订了本月的支出计划，发现要购买学习用品并缴纳考试报名费，所剩余额不多，因此减少了不必要的外出活动。

（4）小李听说某平台的校园贷款很方便且利率比银行贷款还低，虽然对此平台并不了解，但他还是选择了向该平台贷款。

（5）小赵对金融方面特别感兴趣，自学了投资理财的相关知识，并且用闲余资金投资了股票、基金。

（6）小周双十一冲动消费，超过自身的积蓄，向借呗借了10 000元。

10.3.1 端正观念，科学识财

大学生要消除财务困境，保持健康的财务状况，最基本的要求就是树立正确的财富观和消费观，坚持取财有道、量入为出。这样才能在面对各种诱惑或骗局时，保持清醒的头脑分析识别，让财务困境远离自己。

10.3.2 克服虚荣，理性消费

克服虚荣心理，理性消费，不盲目、不冲动、不攀比，不要超过自己的消费能力。同时，大学生可以养成编制预算的良好习惯，明确每月支出计划。比如：50%的钱用于吃饭，10%的钱用于学习，10%的钱用于社交，20%的钱用于临时备用，10%的钱存起来。合理的预算要求理性地消费，预算编制好后一定要严格执行，否则编制预算没有任何意义。预算的执行可通过记账来支持。通过记账，能知道自己收入、花销状况和节余状况，并且从每个月的开销中总结出各项开支的比例和一些根本不必要花销的项目，对不合理的花费有督导的作用，从而在今后的生活中加以改善。这样一来不必要的花销将逐渐减少，最终做到开支有计划，节省费用。坚持记账，能清楚知道钱的流向和开支的合理性，对预算的执行进行动态监控，使预算的执行更加有效，提高对自身财务的掌控能力。

10.3.3 勤工俭学，自力更生

勤工俭学是目前常见的、也是值得倡导的大学生“开源”方式，大学生可根据自己的实际情况选择做家教、餐厅服务、商品直销、市场调查、信用卡推销、行政文秘等兼职工作，或者承担高校设立的助教、助研、助管等勤工助学岗位工作。这些都是能够帮助大学生增加收入的途径。勤工助学是一项不需要预付任何资本的纯增值方式，而且几乎没有什么风险，但要占据一定的时间，因此，要注意兼顾好学业。勤工俭学对大学生来说，一方面可以增加工作经验，为毕业后走上工作岗位奠定基础；另一方面也可以扩大收入来源，增加手中的可支配资金。勤工俭学可以让大学生真正感受到赚钱的不易，真正在生活中重视理财，同时提升大学生社会适应能力，培养财务自立的意识。

10.3.4 遵纪守法，洁身自好

大学生作为知识群体的代表，其行为和举止一定要符合社会规范和遵守法律法规。如今网络的盛行，各种非法或是变相欺诈类的网络活动也开始渗透进校园里，由于社会阅历较少，有些学生对于这些非法的网络现象不是十分清楚，被人引诱参与网络“赌博”“赌球”等非法活动，或是被一些不良的校园网贷平台所坑害。因此，我们一定要擦亮眼睛，坚决不做违法违纪或有损大学生形象的事，充分认识网络“赌博”“赌球”及不良借贷存在的隐患和风险，增强金融风险防范意识。严密保管个人信息及证件，注意保护隐私，包括个人信息及证件等。同时，如果有贷款需要，一定要到合法的机构和平台进行贷款，各银行业金融机构都有专门针对学生群体的助学贷款等项目。

10.3.5 培养财商，学会理财

大学生理财，最大的意义不是赚取了多少收益，而是通过理财，强化主动理财意识，养成量入为出和储蓄的良好习惯，不断丰富理财知识，提高理财能力，为未来的美好生活构筑起坚实的财务基础。大学生学习能力、理解能力和接受能力都比较强，可以多读一些理财相关书籍，或通过网络了解银行存款、货基、互联网理财、基金定投等理财产品的不同特点，不断积累理财知识，逐步培养主动理财的意识。另外，大学生可以参加一些金融理财行业相关的知识讲座，多接触实践中的投资信息。考虑到大学生的消费特点，可以选择把生活费存入风险低、流动性好的宝宝类产品。如果手头有短期不用的闲置资金，也可选择收益更高的银行智能存款产品。智能存款安全性高，提前支取靠档计息，流动性较好，利率也比宝宝类产品更有优势。有的智能存款持有 1 个月年化利率就可以达到 4%，持有 1 年利率可达 4.5%。而对于那些具备理财知识和实际基础的大学生来说，可以根据自身的资金基础进行投资实践，建议从股票、基金、债券等基本的投资理财工具入手。

课后测试

一、选择题

1. 经济困难的一个常见原因是______。

A. 没有养成良好的理财习惯
B. 需要额外的职业培训
C. 未及时准备纳税申报表
D. 没有足够的人寿保险

2. 合并贷款的目的在于______。

A. 从个人薪水中扣除所欠款额
B. 优先偿还某一张信用卡的欠款
C. 数项债务合并偿付
D. 降低欠款额，以缴纳联邦所得税

3. 以下哪些属于公平债务催收______。

A. 假扮推销员收债
B. 威胁将采取法律行动，达到收债目的
C. 即使债务人在工作时间不允许接打私人电话，仍然拨打其电话
D. 在晚上8点之前拨打债务人的家庭电话

4. 以下哪些行为属于破产的流程______。

A. 获得延期付款许可
B. 获得信贷咨询服务组织援助
C. 采取法律手段减免债务
D. 采取法律手段，从薪水中扣除所欠款额

二、判断题

1. 经济困难通常是由超前消费导致的。
2. 处于经济困难中的人可以向消费信贷咨询服务组织寻求帮助。
3. 合并贷款的主要功能是为创业提供资金。
4. 收债人通常有权在晚上8点之前拨打你的家庭电话。
5. 如拖延还款达到几个星期，可以建议此人申请破产。

三、案例分析题

1. 李华最近由于生病，几个礼拜没有上班。他因此被扣掉一部分薪水，无法按时支付账单和贷款。你推荐他采取哪些行动？

2. 王超的每月净收入为8100元。他的每月固定开销包括：1500元的房租（他与两个朋友分摊房租）。他的每月灵活开销包括：450元他应付的那一份水电煤气费用和电话费；950元的饭钱；500元的个人用品和家庭用品；500元的交通费；400元的休闲娱乐费用。他目前的还款责任包括：需向花呗偿还2320元，每月最低还款额为250元。王超的两个室友之一在应交付下月房租的前两天决定搬家。王超和另一个室友可以凑出足够的钱缴纳房租，但王超就没有足够的钱支付自己那一份电话费、水电煤气费用和信用欠款了。

如果你是王超，你会怎么办？

第11章

投资风险与收益

课程目标

□了解货币时间价值的基本概念
□认识现金流量时间线
□了解利率水平的基本概念
□了解复利终值和复利现值
□了解年金终值和现值
□了解风险与收益的概念
□了解单项资产的风险与收益
□了解证券组合的风险与收益

随着经济的发展，越来越多的人开始将闲置资金进行投资，如何科学地在可接受的风险水平下获取收益成为大家迫切需要解决的问题。所有有意义的投资决策都既蕴含收益又存在风险，一切决策都是收益与风险的二维问题。我们权衡投资机会的时候需要考虑的不应当是“有多少收益”而应该是“收益与风险是否适当”。因此，学习和了解财务管理的价值观念，正确认识投资的风险和收益，有利于我们树立正确的投资理念和风险意识，提高自身的财富管理能力。本章将重点为大家介绍投资的风险和收益的相关内容，主要包括时间价值的概念、现金流量时间线、风险与报酬的概念、投资的主要类型及特点等。

课前小测

1. 你是否曾进行过投资？何种形式？是否从中获益？
2. 你是否主动关注政策和财经方面的要闻？获取政策和财经信息的渠道有哪些？（可多选）

A. 电视新闻　　B. 报纸　　C. 微博、微信
D. 炒股软件　　E. 其他

11.1　投资的基本概念

投资是特定经济主体为了在未来可预见的时期内获得收益或是资金增值，在一定

时期内向一定领域投放足够数额的资金或实物的货币等价物的经济行为，其本质在于获得未来预期收益。投资的意义是什么？物价一直在上涨，钱越来越不值钱，存在银行的本金的利息有时跟不上物价上涨的幅度。因此，我们可以选择投资，用钱去挣钱，实现财富增值。投资的具体形式有定期存款、国债、货基、银行理财、股票基金、黄金等。

【案例：如何选择理财手段？】

李女士每月有 2000 多元节余，一年下来，发现工资卡上只有 100 多元利息。“物价涨得这么快，存款利息完全跟不上通货膨胀的脚步，这可怎么办啊？”看着工资卡上的存款余额，李女士一脸无奈。

其实像李女士这样的年轻白领，可以在每月发工资后，选择把固定节余整存整取一年期，这样的话一年下来就有 12 张存单，一年后每个月都会有一张存单到期。如果需要用钱，可以把钱取出来，如果不需要用钱，则可将到期存款加上当月节余再一起存起来，这样既确保了具有流动资金，而且获得了比活期存款高的利息。比如，每月有 2000 元节余，如果只是放在工资卡里吃活期利息，以活期利率 0.525%计算，一年后有 24 126 元，而如果循环储蓄，将每月现金结余都存成一年期定期储蓄存款，按 2.25%的一年期定期利率计算，一年后会获得 24 540 元，利息将多出三倍多。绝大多数白领的工资都是直接存在银行卡上，一般用多少取多少，每月节余部分放在卡里存活期，不利于积累资本。循环储蓄能够使资金变得更灵活，并且收益更高。

赵先生计划存一大笔钱到银行，而又不确定需要用钱的时间及数量。如果存活期，取钱虽然方便但利息太低；如果存定期，万一需要用钱的话只能在定期存款到期之前取出，利息也很低。赵先生究竟应该选择定期存款还是活期存款呢？

假设赵先生有现金 10 万元，他可以把这笔钱分成 4 万元、3 万元、2 万元、1 万元，并把它们分别存定期（一年期）。一年时间里如果有用钱需求，就将需求金额差不多的定期存款取出，剩余部分依然能够获得定期利息。如此一来可在不耽误用钱的前提下获得较高的利息。该理财手段的适用范围为：预期一年内有用钱需求且无法确定用钱时间及数量的人。采用这一理财手段获得的利息高于活期存款，并且能够在有用钱需求的时候损失较少利息。

案例思考：

如果你是李女士或赵先生，你会采取怎样的理财手段？打算采取的理财手段有风险吗？有哪些风险呢？

11.2　时间价值

货币的时间价值原理能够揭示不同时点上资金间的换算关系，是投资决策的基础。即使在没有风险和没有通货膨胀的条件下，今天 1 元钱的价值也大于 1 年以后 1 元钱的价值。我们投资 1 元钱，就失去了当时使用或消费这 1 元钱的机会或权利，按时间计算的这种付出的代价或投资收益，就叫做时间价值。

那么，货币时间价值是如何产生的呢？马克思经济学原理告诉了我们货币时间价值的产生实质。它揭示了时间价值就是剩余价值。在发达的商品经济条件下，商品流通的变化形态是“资金—商品—资金”。企业将一笔资金投入生产，用于购买生产资料、劳动力等必需资源，然后生产产品并销售，最终获得一笔资金。在产品生产过程里，企业将人力、物力、财力等投入，它们被转换成产品价值的一部分。而且，工人除了创造了补偿其劳动消耗所必需的价值之外，还创造出了剩余价值，这部分价值使生产出的产品的价值高于投入的价值。时间价值的真正来源是工人创造的剩余价值，它不可能由时间创造，也不可能由耐心创造，只能由工人的劳动创造，如果没有工人的劳动，就算有一大笔资金也不会产生时间价值。这也告诉我们，货币如果闲置不用是没有时间价值的，只有当作资本投入生产和流通后才能增值。

美国政治家本杰明·富兰克林说：钱生钱，并且所生之钱会生出更多的钱。这就是货币时间价值的本质。因为当前拥有的货币可以进行投资获利，其比未来收到的同样金额的货币具有更大的价值。即使存在通货膨胀，只要有投资机会，货币当前的价值就可能大于它的未来价值。

货币的时间价值就是指当前所持有的一定量货币比未来获得的等量货币具有更高的价值，是指一定量的资金在不同时点上的价值量差额。货币的时间价值是现代财务管理的基本观念之一，即理财的“第一原则”。它反映的是由于时间因素的作用而使现在的一笔资金高于将来某个时期的同等数量的资金的差额或者资金随时间推延所具有的增值能力。资金的循环和周转以及因此实现的货币增值，需要或多或少的时间，每完成一次循环，货币就增加一定数额，周转的次数越多，增值额也越大。因此，随着时间的延续，货币总量在循环和周转中按几何级数增大，使得货币具有时间价值。

货币之所以能够随时间的推移而增值，必须满足两个基本条件：一是商品经济的存在和发展；二是货币借贷关系的存在。例如，如果某人一年前向你借了 10 000 元钱，你是希望他现在归还还是一年或更长时间以后再归还呢？显然，大多数人都愿意选择前者。首先，人们会担心风险问题，欠账的时间越长，违约的风险就越大；其次，通货膨胀会导致物价上涨、货币贬值。然而，即使排除违约风险和通货膨胀这两个因素，人们还是希望现在就收回欠款，收回后可以立即将其投入使用而得到一定的回报；如果一年或者更长的时间以后收回欠款，则牺牲了这段时间的投资回报。所以，一年后 10 000 元的价值要小于其现在的价值。这种资金增值的现象便是资金具有时间价值的属性。资本主义国家传统的观点认为，资金的时间价值就是资金所有者由于推迟消费而要求得到的按推迟时间长短计算的报酬。

既然资金具有时间价值，那么在生活中人们可以怎样有效运用资金的时间价值呢？资金使用者从资金所有者那里取得资金是要付出代价的，那么运用资金所获得的收益必须高于所付出的代价，使用者才能得到好处。资金时间价值在生活中的实际运用存在于多方面。比如，某人计划每年为 12 岁的孩子存入一笔钱，打算等 10 年后孩子大学毕业时，送孩子出国留学。办理各种手续和出国第一年费用大概需要 180 000 元，那他现在每年应该存入的钱并不是简单的 180 000 元除以 10，而是小于 18 000 元。

在人们的日常生活中，还有很多地方可以利用资金的时间价值来确定个人和家庭的各种投资行为，只要我们在面临多个不同的可选方案时，不仅仅着眼于当前的和表面的利益，而把眼光放长远一点，充分考虑资金的时间价值和机会成本，那么投资就是可行的，也是有效的。

11.2.1　现金流量时间线

现金流量时间线是重要的计算货币资金时间价值的工具，可以直观、便捷地反映资金运动发生的时间和方向。它是一种揭示经济系统资金运动状态的图式，也就是把经济系统现金流绘入同一时间坐标图中，反映现金流入、流出及相应时间的对应关系。一个项目的现金流量时间线如图 11.1 所示。

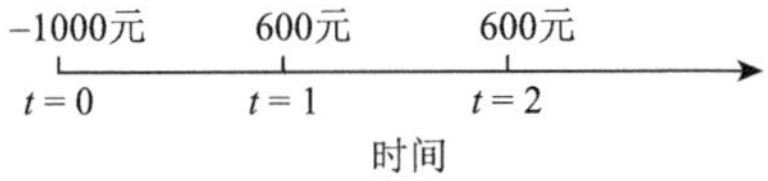

图 11.1　现金流量时间线

这个项目的初始投资为 1000 元，然后分别在第一期和第二期盈利 600 元，那么从资金时间价值的角度，这个项目是否盈利呢？事实上这个问题并没有一个固定的答案。它取决于预期收益率的高低，如果预期收益率高，那么这个项目便有可能亏本（尽管看上去第一期和第二期相加大于初期投资的 1000 元）。

11.2.2　利率

利率指的是在一定期限内因持有一定量某种计量单位（人民币、美元、购买力等）而承诺的回报率。利率是衡量利息高低的指标。利率就其表现形式而言，指的是一定时间范围内利息额与借贷资本总额的比率。利率是在单位时间内单位货币的利息水平，反映了利息的数量。多年来，经济学家始终在探索可以充分解释利率结构与变化的理论。“古典学派”认为，利率是资本的价格，而资本的供给和需求决定利率的变化；凯恩斯则把利率看作“使用货币的代价”；马克思认为，利率是剩余价值的一部分，是借贷资本家参与剩余价值分配的一种表现形式。利率通常由一个国家的中央银行控制。现在，所有国家都把利率作为宏观经济调控的重要工具之一。当经济过热、通货膨胀上升时，便提高利率、收紧信贷；当过热的经济和通货膨胀得到控制时，便把利率适当地调低。

利率是一种重要的经济杠杆。当我们说到利率水平为 3%时，必须说明它的记账单位和期限。西方国家一般以中央银行的再贴现利率为基准利率。在我国，基准利率主要是指再贷款利率（中国人民银行向金融机构发放再贷款采取的利率）和再贴现利率（金融机构将所持有的已贴现票据向中国人民银行办理再贴现所采用的利率）。衡量利率最精确的指标通常是到期收益率。我国的银行存款经常采用单利法计算利息。利率水平及未来利率的预测是做投资决策的重要环节。比如，假设某人有 10 000 元存款，银行依据短期利率作为参照向其支付利息，但存款人也可以选择将这部分钱转为以固定利率支付利息的长期存款。

存款人的决策显然根据其对利率的未来预期而定。如果认为利率未来会下降，则会希望通过期限较长的定期存款把利率固定在当前较高的水平；而如果预期利率上升，则会选择推迟购买长期存单。

利率水平由以下基本要素决定：①存款人的资金供给；②企业的融资需求；③政府的净资金供给或资金需求。

假设不存在违约风险，我们便可以把以上承诺的利率看作该计价单位在此特定期限的无风险利率。无风险利率必须对应一种计价单位和一个时间期限。例如，用人民币计价时的无风险利率在使用购买力计量时就会因为通货膨胀的不确定性而存在风险。

考虑期限为1年的无风险利率，假设1年前在银行存了10 000元，期限为1年，利率为 7%，那么到期后可以得到 10 700 元现金。但这笔投资的实际收益取决于现在的10 700元和1年前的10 000元分别可以买多少东西，而消费者物价指数衡量了城镇家庭一揽子商品和服务消费的平均价格水平。

假定上一年的通货膨胀率（消费者物价指数的变化百分率）为 5%，换言之手中货币的购买力在这一年下降了5%。利息收益的一部分将用于弥补5%的通货膨胀率导致的购买力下降。以7%的利率计，除去5%的购买力损失，最终只能得到2%的购买力增加，所以，需要区分名义利率（资金量增长率）与实际利率（购买力增长率）。

需要注意的是，储蓄存单上所给出的是名义利率，因而需要从中除去预期通货膨胀率才能得到投资项目的实际利率。未来的实际利率我们往往无从得知，人们不得不依赖预期。换言之，由于未来有通货膨胀的风险，即使名义利率是无风险时，实际利率仍然是不确定的。实际利率由三个基本利率所决定：供给、需求和政府行为。名义利率是实际利率加上通货膨胀因素的结果。预期通货膨胀率就是影响名义利率的第四个因素。

前面谈到资产的名义利率大致等于实际利率加通货膨胀率，因为投资者最为关心的是他们的实际收益率（即购买力的增加值），所以当通货膨胀率增加时，投资者会对其投资提出更高的名义利率要求，只有高的名义利率才能保证一项投资的实际收益率水平。

长期利率和长期通货膨胀率的预测并不一致。由于这个原因，不同到期期限的债券利率也有所不同。此外，长期债券价格的波动远比短期债券价格剧烈，这意味着长期债券的期望收益应当包括风险溢价，从而不同期限债券的预期实际收益率也是不同的。

11.2.3 复利终值和复利现值

利息的计算分为单利和复利。单利是指一定期间内只根据本金计算利息，当期产生的利息在下一期不作为本金，不重复计算利息；而复利不仅要计算本金的利息，利息也要计算利息，也就是通常讲到的“利滚利”。

资金时间价值的含义被复利的概念充分体现。在讨论资金的时间价值时，一般都按复利计算。

复利终值的计算公式为

$$\mathrm{FV}_n = (1+i)^n \mathrm{PV}$$

其中，FV 代表复利终值；PV 代表复利现值；i 代表利息率；n 代表计息期数。这个公式中的（$1+i$）^{n}称为复利终值系数。

$PV=\frac{FV_n}{(1+i)^n}$，由终值求现值，称为贴现，贴现时使用的利息率称为折现率。其中，$\frac{1}{(1+i)^n}$称为复利现值系数或贴现系数。

年化收益率是把当前收益率（如日收益率、周收益率、月收益率等）换算成年收益率来计算的。它不是真正的已取得的收益率，而是一种理论收益率。

七日年化收益率是货基过去七天每万份基金份额净收益折合成的年收益率。货币市场基金的收益结转方式分为两种：①“日日分红，按月结转”，即日日单利，月月复利；②“日日分红，按日结转”，即日日复利。

年收益率，就是一笔投资一年实际收益的比率。而年化收益率，是投资（货基常用）在一段时间内（如 7 天）的收益，假定一年都是这个水平而折算的年收益率。因为年化收益率是变动的，所以年收益率不一定和年化收益率相同。

例如，一家银行卖的某款理财产品，号称 91 天的年化收益率为 3.1%，如果购买了 100 000 元，则实际上能收到的利息是 100 000×3.1%×91/365 = 772.88（元），绝对不是 3100 元。我们需要注意的是，理财产品通常不像银行定期存款那样当日存款即当日计息，到期即返还本金和利息。理财产品一般有认购期、清算期等。这些期间的本金是不计算利息或者只计算活期利息的，如一款理财产品的认购期为 5 天，到期日与还本清算期间又有 5 天，实际上资金占用就有 10 天。实际资金年化收益率只有 772.88×365/(101×100 000) = 2.79%，假设实际的资金年化收益率是 y，那么可列出方程式 100 000×（91 + 10）×y/365 = 772.88，得出 y = 2.79%。绝对收益为 772.88/100 000 = 0.7729%。

对于期限较长的理财产品来说，认购期、清算期等或许能忽略不计。但对于短期理财产品（7 天、一个月以内等）来说，认购期、清算期等有着非常大的影响，如银行的 7 天理财产品，号称有 1.7%的年化收益率，但至少要占用资金 8 天，1.7%×7/8 = 1.49%，这和银行的 7 天存款差不多，但银行存款的方便程度和稳定可靠程度都远高于大多数有风险的理财产品。对于年化收益率，绝不只是看它声称的数字，而是看实际的收入数字。

七日年化收益率是按 7 天收益计算的，三十日年化收益率就是按最近 1 个月收益计算。

这个指标的设立主要是为投资者提供比较直观的数据，供投资者在比较货基与其他投资产品的收益时参考。在这个指标中，近七日收益率由七个变量决定。因此，近七日收益率一样，并不意味着用来计算的七个每天的每万份基金份额净收益也完全一样。

11.2.4　年金

年金是指一定时期内每期相等金额的收付款项，可分为普通年金、递延年金、永续年金和即付年金等几种。

年金在我们的经济生活中非常普遍，如支付房屋的租金、抵押支付、商品的分期付款、分期付款赊购、分期偿还贷款、发放养老金、按平均年限法提取的折旧，零存整取业务中每次存入的款项以及投资款项的利息支付等。

年金一词最初的含义仅限于每年一次的付款。实际上，很多种付款与年金具有相同的性质，只是时间单位并不仅仅局限于1年，所以现在已将年金一词的意义扩展到每一固定时间间隔支付一次。

参与年金计划是一种很好的投资安排，而提供年金合同的金融机构一般为保险公司和国库券等，如购买养老保险其实就是参与年金合同。年金终值包括各年存入的本金相加以及各年存入的本金所产生的利息，但是，由于这些本金存入的时间不同，所以所产生的利息也不相同。

企业年金是指在政府强制实施的公共养老金或国家养老金之外，企业在国家政策的指导下，根据自身经济实力和经济状况建立的，为本企业职工提供一定程度退休收入保障的补充性养老金制度。企业年金基金是指根据企业年金计划筹集的资金及其投资运营收益形成的企业补充养老保险基金。

职业年金是用人单位在参加国家基本养老保险的基础上，为进一步提高职工退休后的生活水平，在国家政策指导和监督下实施的一种具有一定程度互济性和强制性的社会保险项目，是基本养老保险的补充和辅助。

个人年金是指职工个人在工作期间按月从工资中提取一定比例的钱存入信托银行，退休后由信托银行分期分批拨付给职工个人，供其使用，目前在国外比较普遍。在我国刚刚开始推广的个人补充储蓄养老金，就属于这个范畴。

下面主要介绍普通年金的终值和现值、递延年金现值的计算以及永续年金现值的计算。

1. 普通年金的终值和现值

普通年金是指从第一期起，在一定时期内每期期末有等额收付的系列款项，又称“后付年金”。这种年金形式在现实经济生活中较为常见。普通年金终值犹如零存整取的本利和，它是一定时期内每期期末等额收付款项的复利终值之和。

2. 递延年金的现值

递延年金，又称“延期年金”，是指第一次收付款项发生时间不在第一期末，而是隔若干期后才开始发生的系列等额收付款项。它是普通年金的特殊形式。递延年金，是一种“零存整付”的观念，而且区分为两个阶段：第一阶段为累积期，第二阶段为清偿期。计算递延年金现值时，如遇到期初问题可转化为期末问题处理，如从第四年年初开始支付，相当于从第三年年末开始支付。

3. 永续年金的现值

永续年金，又称为“永久年金”或“无限期年金”，是指无限期等额收付的年金，可视为普通年金的特殊形式。例如，存本取息的利息、无限期附息债券的利息。由于永续年金是一系列没有终止时间的现金流，因此没有终值，只有现值。现实中优先股的股息、英国政府发行的统一公债所产生的利息、某些可永久发挥作用的无形资产（如商誉）等均属于此。其现值为每期支付的现金流金额与投资者所要求的收益率的比值。

知识拓展——历时 100 年，英国终还清一战债务

2015 年 3 月 9 日，英国政府对外发表了一则声明引起了世界关注，英国用了近 100 年的时间将在第一次世界大战所欠下的 19 亿英镑债务全部还清。什么样的债务过那么久才还？让我们一起来看一下这事的来龙去脉吧。

战争是烧钱的，即便清朝鼎盛时期，康熙、雍正等皇帝也要为打仗的开销发愁。英国也无法幸免，更麻烦的是，议会制下英国的国王、女王还不能随便干预财政政策，如通过增加苛捐杂税把战争的开销填上。那战争时期英国是如何筹措资金的呢？

1917 年英国为了获取资金，对全国发放国债，爱国宣传运动推广到位，再加上 5%的利息也很诱人，有约 300 万英国人购买了国债。第一次发放国债的十年后，温斯顿·丘吉尔将这些国债以 4%的利息打包成了合并贷款。由于当时英国经济大萧条，政府的财政十分紧张，所以时任大臣张伯伦再次祭出爱国主义，将“4%年利的永久债务”中的一部分转化为永续债券，也就是说借款人只要还在偿还利息，就可以永远不偿还本金——不过张伯伦将永久债券的年利砍到了 3.5%。第一次世界大战到 2015 年英国共付出了数十亿英镑的利息。这种永续债券就是我们本章讲到的永续年金的一种形式。

永续债券起源可以追溯到拿破仑战争时代，当时的英国财政部为筹备英法战争所需要的资金，减轻长期战争带来的财政压力，增加政府财政政策的灵活性，发行了一只没有到期期限的债券，开创了永续债券的先河。永续债券是一种没有明确的到期日，或者说期限非常长的债券，一般由主权国家、大型企业发行，被视为“债券中的股票”，是一种混合型债权工具。除了没有到期日，永续债券还具有高票息、附加赎回条款以及利率调整条款等特点。

直到今天，英国政府仍在发行永续国债以满足日常的财政需要。永续债券是在流动性非常充裕而股票估值很低时，补充资本改善负债率的良好工具。

从发行市场来看，当前永续债券的发行主要集中在欧洲，英国是永续债券较为主要的发行市场。我国永续债券的发行从 2013 年起步，2015 年起发行量快速增多，截至 2018 年底已经累计发行永续债券 1.75 万亿元，存量永续债券 1.62 万亿元，发行人主要是高评级国有企业。商业银行发行永续债券虽然历史不长，但其一问世就获得快速发展和全面推广，成为商业银行补充资本的主要途径之一。Wind 数据显示，2020 年，共有 54 只永续债券成功发行，永续债券全年合计发行规模为 6484 亿元。

案例思考：

永续债券具有怎样的特点？为什么说永续债券是年金形式？

11.3 风险与收益

现实中大多数投资项目未来的现金流都是不确定的。公司的财务决策，几乎都是在面临风险和不确定性的情况下做出的。不管是投资者的投资决策还是公司的财务决策，都要权衡收益和风险。本章将以资本市场的投资产品为例讨论其风险与收益的测算与权衡，而这些方法对于其他资产的风险和收益理解也是同样有效的。

11.3.1 收益如何衡量?

从历史上看，收益的概念最早出现在亚当·斯密的《国富论》中，亚当·斯密将收益定义为“那部分不侵蚀资本的可予消费的数额”，把收益看作财富的增加。后来，大多数经济学家都继承并发展了这一观点。1890 年，马歇尔在其《经济学原理》中，把亚当·斯密的“财富的增加”这一收益观引入企业，提出区分实体资本和增值收益的经济学收益思想。

根据“财富的增加”这一经济学思想，我们将在一定时期内投资的收益定义为：在一定时期内投资某项资产获得的收入加上市场价格的变动。比如，如果购买了价格为 1000 元的债券，持有一年后，则将得到 70 元的票面利息且到时债券价格为 1060 元，那么对投资者而言，这项投资带来的收益由两部分构成：一是 70 元的票面利息；二是 60 元的价格变动额（1060 元–1000 元）。那么一年内投资者持有这项债券的收益率可以表示为：（70 + 60）/1000 = 13%。

我们可以将一定时期收益率公式定义为

$$R = \frac{D_t + (P_t + P_{t-1})}{P_{t-1}}$$

其中，R 代表实际（预期）收益率；t 代表时间周期；D_t 代表到期末为止所获得的现金收入（如股票分红、债券的票面利息等）；P_t 代表第 t 期的资产价格；P_{t-1} 代表第 t–1 期的资产价格。该收益率公式不仅可以衡量实际的收益（基于历史数据），也可以衡量预期收益（基于未来预期的现金收入与价格）。

算一算：

若去年初你买入了五粮液股票，年末卖掉，那么一年内持有五粮液股票的收益率是多少？

11.3.2 风险如何衡量?

也许大家已经对收益的概念比较认同了，但是对于风险的衡量却没那么简单。

假如你选择购买一款一年期的国债产品，到期收益率为 8%，持有一年，你可以确定得到政府信用保障的 8%的收益率，不多也不少。而假如你选择购买一只股票持有一年，首先现金股利并不是每个公司都会发放的（不确定性）；其次年末的股票价格有可能高也有可能低于年初的股票价格（不确定性），因此很可能你的预期收益率会和实际收益率大相径庭。

我们将风险定义为：实际收益率相对于预期的偏离程度，偏离程度越高，则风险越高。那么很显然，国债是无风险的投资而股票则是风险很高的投资。

除了风险小的国债产品，其他的债券都可能出现预期收益与实际收益相去甚远的情况。我们可以把有风险的债券的实际收益率看作服从一定可能性分布的随机变量。这种可能性分布可以用两个统计学术语来描述：一是预期收益率，二是标准差。

预期收益率 $\overline{R}$，可以表示为

$$\bar{R}=\sum_{i=1}^{n}(R_i)(P_i)$$

其中，R_i 代表第 i 种可能性的收益率；P_i 代表第 i 种收益率发生的概率；n 代表各种概率的总数。因此，预期收益率可以定义为以发生的概率为权重的未来各种可能发生的收益率的加权平均值。

标准差用来测算实际收益率与预期收益率的离散程度，或者实际收益率围绕预期收益率波动的程度。标准差越大，表明投资收益的波动性越大，不确定性越大，风险也越大。标准差 σ ，可以表示为

$$\sigma=\sqrt{\sum_{i=1}^{n}(R_i-\bar{R})^2(P_i)}$$

下面我们用一个例子来讲解风险与收益的测算，假定投资者甲认为投资某只股票未来一年的收益率服从一定的可能性分布（表 11.1），那么可以通过计算得出预期收益率为 5.2%，标准差则为 7%。

表 11.1　股票收益测算表

可能的收益率 R_i	发生的概率 P_i	计算预期收益率 $\bar{R}=\sum_{i=1}^{n}(R_i)(P_i)$	计算方差 $\sigma^2=\sum_{i=1}^{n}(R_i-\bar{R})^2(P_i)$
−0.1	0.1	−0.01	$(-0.1-0.052)^2\times0.1$
−0.02	0.1	−0.002	$(-0.02-0.052)^2\times0.1$
0.04	0.3	0.012	$(0.04-0.052)^2\times0.3$
0.08	0.4	0.032	$(0.08-0.052)^2\times0.4$
0.2	0.1	0.02	$(0.2-0.052)^2\times0.1$
合计	$\Sigma=1$	$\Sigma=0.052=\bar{R}$	$\Sigma=0.005=\sigma^2$ 标准差 $\sigma=0.07$

学习了风险和收益的测算之后，我们在投资中就可以运用这些方法来辅助决策。比如，一个一年期的基金，其预期报酬率和标准差分别为 15%和 30%。那么这个基金的净值在一年内可能上涨 45%，但也可能下跌 15%。因此，如果有两只收益率相同的投资项目，投资人应该选择标准差较小的项目（承受较小的风险得到相同的收益），如果有两只相同标准差的投资项目，则应该选择收益较高的项目（承受相同的风险，但是收益更高）。

11.3.3　相对风险的衡量——离散系数

仅仅比较标准差或者仅仅比较预期收益率可能会误导决策。如果有两项投资，一项预期报酬率较高而另一项标准差较低，我们又该如何抉择呢？

离散系数是标准差与预期收益率的比值，即离散系数 = 标准差/期望值，用于判断单位报酬的风险。如果要选择几个企业进行投资，可通过计算离散系数进行分析，离散系数小的相对来说投资风险更小，更值得投资。

例如，A 基金二年期的收益率为 36%，标准差为 18%；B 基金二年期收益率为 24%，标准差为 8%，从数据上看，A 基金的收益高于 B 基金，但同时风险也大于 B 基金。A 基金的离散系数为 0.5（0.18/0.36），而 B 基金的离散系数为 0.33（0.08/0.24）。因此，原先仅仅以收益评价是 A 基金较优，但是经过标准差即风险因素调整后，B 基金反而更为优异。

11.3.4 证券组合的风险与收益

前面我们已经讲到了单项资产的收益和风险的测量。下面我们讲如何计算证券组合的风险与收益。两个或两个以上资产所构成的集合，称为资产组合。如果资产组合中的资产均为有价证券，则该资产组合也称证券资产组合或证券组合。不论投资组合中证券之间的相关系数如何，只要投资比例不变，各只证券的期望收益率不变，则该投资组合的期望收益率就不变，即投资组合的期望收益率与其相关系数无关。在其他条件不变时，这些股票收益率的相关系数越小，组合的方差就越小，表明组合后的风险越低，组合中分散掉的风险越大，其投资组合可分散的风险的效果就越大，即投资组合的风险与其相关系数负相关。以两项资产组合为例，当两项资产的收益率完全正相关时，两项资产的风险完全不能互相抵消，所以这样的资产组合不能降低任何风险。当两项资产的收益率完全负相关时，两者之间的风险可以充分地相互抵消，甚至完全消除，但限于非系统性风险。只要两种证券的相关系数小于 1，证券组合报酬率的标准离差就小于各证券报酬率标准离差的加权平均数。一般来讲，随着证券资产组合中资产个数的增加，证券资产组合的风险会逐渐降低，当资产的个数增加到一定程度时，证券资产组合的风险程度将趋于平稳，这时组合风险的降低将非常缓慢直到不再降低。在证券组合中，能够随着资产种类增加而降低直至消除的风险，被称为非系统性风险；不能随着资产种类增加而分散的风险，被称为系统性风险。系统性风险的程度，通常用 β 系数来衡量。证券组合的 β 系数是组合中所有证券 β 系数的加权平均值。因此，证券组合的风险收益率可以用无风险收益率加上证券组合的 β 系数乘以市场收益率与无风险收益率之差来计算。

11.3.5 风险态度

投资者的风险态度是一个重要的财经概念。投资者持有风险规避态度的假设是财务管理中针对风险和收益的关系理解的基石。我们可以来做一个简单的游戏理解风险态度。

假如主持人和参与人同意以简单的主持人抛硬币的方式玩游戏，如果主持人抛到正面朝上，则主持人给参与人 10 000 元，而如果主持人抛到正面朝下，则参与人一分钱都得不到。正当参与人准备选择正面朝上或朝下时，主持人提出参与人可以提议一笔金额来取消这个游戏，但这笔金额也必须使主持人同意。那么现在同学们如果把自己想象成这个参与人，可以写下你认为可以提议的金额来取消这个游戏。

同学们作为参与人写下的这笔金额，我们称为资本回收保证量，它可以使参与人对于有风险地玩抛硬币游戏带来的可能的收益和无风险确定的这笔金额感到没有差别。

那么我们来看看玩抛硬币游戏带来的预期收益如何计算？这其实是计算 50%概率得到 10 000 元和 50%概率得到 0 元的加权平均值。如果玩硬币最大收益是 10 000 元，那么根据朝面各为 50%的概率，参与者获得的预期收益为 5000 元。但这只是一种统计学理论上的计算，而在实际生活中，除非可以玩很多次，否则参与人要么得到 10 000 元，要么一无所获。这正是游戏风险所在，也是决策的含义，而你在纸上写下的那笔金额（资本回收保证量），则是你可以确定取消游戏能得到的钱。现在我们可以根据你写下的金额来简单地分析风险态度。

如果资本回收保证量＜预期收益，风险态度则为风险规避型。

如果资本回收保证量＝预期收益，风险态度则为风险中立型。

如果资本回收保证量＞预期收益，风险态度则为风险偏好型。

比一比你们写下的这笔金额，看看自己属于哪一类的风险态度呢？

在本书中，我们假定所有的投资者都是风险规避型的，只有在这样的前提下，才可以很好地理解风险和收益的关系与权衡，也就是说，有风险的投资必须提供更高的收益来补偿风险带来的不确定性，只有这样才能使投资者有意愿购买并持有这样的投资。世上没有免费的午餐，任何宣称高收益低风险的投资都有可能是个圈套，必须审慎对待。

11.3.6 投资的风险的类别

现实中大多数投资项目未来的现金流都是不确定的。比如，我们购买股票，总是希望能在未来获得投资收益。但是由于股价波动不停，无法事先准确预测，同时股份公司能否获利并派发股利也是不确定的。因此，我们会面临两种情况：一是可能获利，二是可能亏本。这就产生了投资风险。

一般来说，投资者的风险大致可分为以下几种。

1. 利率风险

由市场利率变动的影响而导致投资者负担的投资风险，分为两种情况：一是市场利率水平的变动，导致项目投资的收益率降低而产生风险；二是项目收益率相对低于市场利率水平所带来的损失风险，如果项目的收益水平低于市场利率水平，就会给投资者带来相对损失。随着全球经济一体化，中国日益频繁地到国际金融市场进行融资和贸易，而国际金融市场的利率水平波动幅度大，必须进行利率风险控制与管理，以提高中国信用等级和降低筹资成本。

2. 购买力风险

购买力风险是由于通货膨胀的影响而使项目投资者承担的风险。比如，当股市行情较好，投资者投资股票取得了收益，但同时也遇到了居高不下的通货膨胀率，由于货币贬值，使得投资者无形中损失了获利中的一部分价值，也就是说，投资者货币收入的实际购买力可能下降。通货膨胀的存在，使得投资者即使在货币收入有所增加的情况下，也不一定能够真正获得很高的收益，因为他的实际收益率中还要扣除通货膨胀率所带来的损失。购买力风险不同于利率风险和市场风险，因为投资者有可能在通货膨胀持续上升的情况下丧失购买力，许多投资者错误地认为货币越多越富裕，这种货币幻觉使投资者忽视了通货膨胀的问题。投资者只有把注意力集中在实际收益率而非名义收益率上，才能克服货币幻觉问题，而且只有当实际收益率为正值，即名义收益率大于通货膨胀率时，购买力才真正有增长。

3. 市场风险

市场风险指项目情况难以预料，使投资者决策失误而产生的风险，是恰与投资者预料相反所产生的风险。之所以出现市场风险，是因为经济周期分萧条、复苏、高涨、危机几个阶段，在各个不同的阶段，市场的变化是非常复杂的。因此，为尽量减小市场风险程度，投资者应当了解经济周期发展变化的规律，从而把握时机、减少损失、获取收益。

4. 经营风险

企业由于战略选择、产品价格、销售手段等经营决策引起的未来收益不确定性，特别是企业利用经营杠杆而导致息前税前利润变动形成的风险叫作经营风险。例如，消费者收入变化、消费者需求结构的变化、生产者供给的变化等带来的经济环境不确定性；某些原料短缺、环境污染严重等自然环境不确定性；技术变化的步伐加快、技术革新的法规增多等技术环境不确定性；管制企业的立法增多、执法更严等政法环境不确定性；持续不变的传统文化与不断更新的现代文化的冲突所带来的文化环境不确定性等造成企业在经营中面临风险。在商品流通过程中，很难避免运输或保管的商品、店铺及其他设施蒙受损伤或丢失。另外，水灾、地震等自然灾害与运输中的事故、高温、潮湿等引起商品损害或变质，可能使商品供给不足造成脱销的风险；商品不适销造成积压的风险；等等。经营风险时刻影响着企业的经营活动和财务活动，企业必须防患于未然，对企业经营风险进行较为准确的计算和衡量，是企业财务管理的一项重要工作。

5. 违约风险

违约风险是指借款人无法按时支付利息或偿还本金而给投资者带来的风险。当公司破产时，遭受损失最重的是普通股东，其次是优先股股东，最后才是债权人。违约风险是由两方面的原因造成的。首先是经济运行的周期性，在处于经济扩张期时，信用风险降低，较强的赢利能力使总体违约率降低。在处于经济紧缩期时，信用风险增加，因为赢利情况总体恶化，借款人因各种原因不能及时足额还款的可能性增加。其次是对于公司经营有影响的特殊事件的发生。这种特殊事件发生与经济运行周期无关，但对公司经营有重要的影响，如对公司生产产品的质量诉讼等可能导致公司破产而产生违约风险。

11.4 案例阅读

保守中冒险，华尔街巨头苏世民的投资原则

苏世民创立的黑石集团是全球私募股权资产管理公司和房地产管理公司的巨头。截至2019年第三季度，黑石管理的资金总额超过5500亿美元。黑石集团人均利润是高盛的9倍，过去30余年平均回报率高达30%以上。美国排名前50的公司和养老基金中，70%以上都有黑石集团的投资。

苏世民以其严谨的投资流程、创新的交易方式、多样的业务领域、做好每一件事的理念而闻名。他以独树一帜的投资原则和管理原则带领着黑石集团一步步成为全球私募股权和房地产投资公司巨头。

在黑石的发展历程中,苏世民亲历了 7 次大规模的市场下滑或衰退——分别为 1973 年、1975 年、1982 年、1987 年、1990～1992 年、2001 年，以及 2008～2010 年。他是如何成功判断经济周期的节点，为投资者实现利润最大化的呢？在其 2020 年出版的新书《苏世民：我的经验与教训》中，他对自己在投资和管理中的经验和教训进行了总结。

1. 投资法则："不要赔钱"

作为一家公司，黑石集团不断寻找并将下行风险纳入我们的决策过程中。我们也有意从过去的经验中学习，并将这种智慧运用到每笔新交易中。

我的第一大投资法则就是"不能赔钱"。每当有人听到我的这一法则都会笑。为了保障这一法则的实现，在黑石集团，我们创立了一个可以让我们不赔钱的投资流程，我们的投资决策都是基于纪律严明、冷静而稳健的风险评估。这也是在吸取经验后不断完善的结果。

要确定触底的具体时间并非易事，投资者最好不要轻易尝试。原因在于，经济真正从衰退中走出来通常需要一到两年的时间。即使市场开始出现转机，资产价值仍需要一段时间才能恢复。这意味着如果在市场触底前后进行投资，那么投资者可能在一段时间内无法获得投资回报。举个例子：1983 年，油价暴跌、市场触底，一些投资者开始收购休斯敦的写字楼。10 年过去了，1993 年，这些投资者仍在等待价格的回升。避免这种情况的方法就是，当价值从低点回升至少 10%时再开始进行投资。随着经济获得动力，资产价值往往会随之上扬。最好放弃市场刚开始复苏时 10%～15%的涨幅，以确保在恰当的时间买入资产。

在如今的环境中，波动性和不确定性很高，"不要赔钱"这一条例就显得尤为重要。我们必须持续关注我们的投资流程，以及在我们代表投资者所做出的任何决定中的潜在弊端。

2. 决策法则：摒弃"单人决策"机制

1989 年，我们向投资人募资收购了埃德科姆公司，这是一家主营钢铁加工业务的企业。但在完成交易的几个月后，钢铁价格开始急转直下，埃德科姆的原材料库存价值已经跌破了采购价，且持续走低。黑石集团因此负债。面对投资人的怒吼与责骂，我双颊通红，甚至努力控制自己不要哭出来。那一刻我感到自己的无能和不称职，觉得是我让公司和自己蒙羞。在去停车场的路上，我对自己发誓，这样的事情，以后永远都不能再发生。我对"不要赔钱"的疯狂执念在这场交易的溃败中更加深了。

此后，我们审查了公司的决策机制。首先，我自己对潜在交易机会的评估和投资方式，必须做出调整。决策系统不能再受制于一个人的能力、感受和弱点。企业要摒弃"单人决策"的做法，审查并收紧企业流程，制定规则来剔除投资流程中的个人化因素。所以我们要运用集体的智慧来评估投资的风险，提高交易审查的客观性。

于是，黑石集团颁布规定：任何提案都必须以书面备忘录的形式提交，备忘录必须完整翔实，并至少提前两天提供给参会人员，以便大家对其进行细致理性的评估。开会时，高级合伙人坐一侧，相关内部团队会在另一侧介绍交易的详情，还有初级成员观摩、学习和提供意见。而此类讨论有两个基本规则——第一，每个人都必须发言，以确保每个投资决策都是由集体制定。第二，要把讨论重点放在潜在投资机会的缺点上。

这个解剖会一旦结束，无论谁在推进交易，都有一系列要解决和回答的问题：如果经济衰退，那他们建议黑石收购的公司的业绩会如何变化？大宗商品价格崩溃，会对我们的盈利水平造成什么影响……而提案团队必须找到这些问题的答案。到第三轮会议的时候，这笔交易中不会再有任何令人不快的意外。

3. 行动法则：确定万无一失再出手，一旦出手就要快

投资应该像没有投球时限的篮球赛，只要手里有球，我们要做的就是一直不停地传球，直到确定可以得分再出手。所以我们执着而认真地分析每个潜在交易的各个不利因素，直到确保万无一失。这样我们就不会迫于压力而不得不做交易——相反，我们要等到恰到好处的时机，确定我们不能错过这个机会。但是，一旦确定了对潜在投资的信念，我们就会利用我们的标准和专业知识，迅速采取行动，以完成投资。

4. 信息法则：越多角度获取信息，越早发现异常

我们的投资流程也在不断完善，主要是为了民主化决策而服务，我们鼓励每个相关人士都进行思考和参与，无论资历和职务都要提出自己的意见，像公司的主人翁一样做事。打破等级制度让我能够了解公司的初级人员，获得对信息不同的解读。我可以从他们的语调中听出他们是喜欢这个交易，还是内心忐忑。

商业中最重要的资产就是信息。你知道得越多，你拥有的视角越多，可以建立的连接就越多，进行预测的能力就越强。我一生的兴趣都在从貌似无关的信息中寻找规律。了解得越多，拥有的视角越多，你就越能比别人先发现异常。

——摘引自：苏世民.《苏世民：我的经验与教训》.北京：中信出版社，2020

案例思考：

从苏世民的投资法则中，你学到了哪些成功投资需具备的理念和做法呢？

课后测试

一、简答题

1. 你有 6000 元用于投资，有以下四种选择，对未来利率的预期在你的决策中起到什么作用？

A. 货币市场基金，平均期限 30 天，年收益率为 4%

B. 一年的储蓄存单，利率为 5%

C. 十年国库券，到期收益率为 8%

D. 银行活期存款，年收益率约为 2%

2. 你愿意将 10 000 元投资于利率为 4%的一年期银行存单，还是投资于一年期与通货膨胀率挂钩的大额存单（年收益率为 1.2%加上通货膨胀率）。哪种投资更安全？哪种投资期望收益率更高？如果投资者预期来年通货膨胀率为 2.7%，哪种投资更好？如果了解到无风险名义利率为 4%，实际利率为 1.2%，能推出市场预期通货膨胀率是 2.8%吗？

3. 有两个两年期投资可以选择：投资有正风险溢价的风险资产，这两年的收益分布不变且不相关；投资该风险资产一年，第二年投资无风险资产。以下陈述哪些是正确的，为什么？

A. 两种投资两年收益的标准差相同

B. 第一种投资年化标准差更低

C. 对风险偏好的投资者而言第一种投资更有吸引力

D. 第一种投资两年的风险溢价和第二种投资相同

4. 某公司持有由甲、乙、丙三种股票构成的证券组合，它们的 β 系数分别是 2.0、1.0 和 0.5，它们在证券组合中所占的比重分别为 60%、30%和 10%，股票市场的平均收益率为 14%，无风险收益率为 10%，试确定这种证券组合的风险收益率。

5. 某人要出国 3 年，请朋友代为支付其母亲租用住房的房租，每年租金 2000 元，假定银行存款利率为 3%，他现在应该一次性存入银行多少钱？

6. 有一位 30 岁无正式工作的居民，打算自行购买一份养老保险，每月缴纳 150 元，一年 1800 元，缴足 20 年后就不再缴纳，从 50 岁开始每月从社保部门领取养老金 300 元。这个人购买养老保险是否合算？

第12章

股票与基金投资

课程目标

□了解股票的基本概念和种类
□了解股票市场投资交易的基本规则
□正确认识股票投资的风险
□了解价值投资，树立正确的投资理念
□认识有效市场假说
□了解基金的基本概念和种类
□了解基金定投

随着我国资本市场的发展，股票和基金已成为人们财富管理的重要投资工具，然而在散户数量全球最多的中国股票市场中，“10个散户9个亏”已成为一种普遍现象。这很大程度上是因为散户投资者缺乏正确的投资理念和风险意识。本章的主要目的是带领大学生了解股票和基金的基本概念及种类，熟悉股票和基金投资交易的基本原理，认识股票和基金投资中风险和收益的理性权衡，树立正确的价值投资理念，并了解股票和基金投资的常用方法，提高财富管理能力。

课前小测

1. 你在一个电视竞赛中有下列选择，你会选择______。

A. 1000元现钞　　B. 50%的机会获得4000元

C. 20%的机会获得10 000元　　D. 5%的机会获得100 000元

2. 你购买一只股票，在一个月后跌去了15%的总价值，假设该股票的其他基本面要素没有改变，你会______。

A. 坐等投资回到原有的价值

B. 卖掉它，以免日后它不断跌价，让你寝食难安，夜不能寐

C. 买入更多，因为如果以当初价格购买时认为是个好决定，现在看上去机会应该更好

3. 你购买一项投资，一个月后暴涨了40%，假设你找不到其他更好的基本面消息，你会______。

A. 卖掉它

B. 继续持有，期待未来可能更多的收益

C. 买入更多，也许它能涨得更高

4. 下列哪件事让你感觉最好______。

A. 你的股票价值翻了一倍

B. 你投资基金，避免了因市场下跌而损失一半资金的风险

C. 你投资货币市场，冒30%风险使资金增长了70%

5. 你为一家私营的呈上升趋势的小型电子企业工作，公司现在通过员工出售股票招募资金，管理层计划将公司上市，但至少在4年以后，如果你购买股票，你的股票只能在公司上市公开交易后才能卖出，同时，股票不分红，公司一旦上市，股票会以你购买的价格的10～20倍价格交易，你愿意做多少投资？

A. 一股也不买　　B. 一个月的薪水

C. 三个月的薪水　　D. 最大化地购买

12.1 股票发展简史

股票距今已有400余年历史，1602年，荷兰东印度公司在阿姆斯特丹创建了世界上最早的证券交易所——阿姆斯特丹证券交易所。这是第一家获得政府特许权的合资公司，可独享和东方世界的贸易。这家公司表面看是做航海贸易，但实际从事着类似“海盗”的工作，掠夺各国香料和物资。这项工作风险很高，东印度公司的航海船队每次出征前都要耗费大量资金补充弹药和粮食，等到香料掠夺回来，扣去弹药、粮食等各项支出，事实上只剩一点薄利，运气不好时甚至还可能亏本。为了解决航海船队出征的高额开销，他们绞尽脑汁想出了一个方案：让老百姓投钱进来帮助船队购买弹药、粮食等物资，等到满载而归再把钱还给老百姓，并把掠夺来的物资和黄金分一点给老百姓作为分红。但东印度公司知道并非每次都能掠夺到大量物资，假如出海带回的物资无法付给老百姓们钱怎么办？为了解决这个问题，他们未雨绸缪又搞出一个交易市场。老百姓投钱给东印度公司，公司就给他们一个纸条作为投钱的凭证，上面写着投入的金额数。如老百姓中途把钱取回，不用找东印度公司，而是可以在交易市场把凭证卖给别的老百姓。当然老百姓也可以长期持有，等待着每次船队归航时的“分红”，如果船队每次都能满载而归，超出之前预期，那么凭证就会升值。这个凭证就是现在的股票，交易市场就是证券交易市场。

透过这段历史故事，大家应该能体会到买股票赚钱的基本逻辑。在上述案例中，老百姓是股东，东印度公司是发行股票的企业，他们的成本是弹药与粮食，收入是掠夺的香料和其他物资，利润就是掠夺物质的收入扣掉购买弹药与粮食的费用。如果买股票并长期持有要赚钱，就要指望东印度公司掠夺到大量香料以及其他物资。当然还有一种赚钱的方法，就是在股票被低估时买入，在被市场高估时卖出，赚取其中的差价。交易股票需要有一个交易的场所。据文献记载，早在1611年就曾有一些商人在荷兰的阿姆斯特丹进行荷兰东印度公司的股票买卖交易，形成了世界上第一个股票市场，即股票交易所。

181 年后的 1792 年，24 名纽约经纪人在纽约华尔街的一棵梧桐树下订立协定，约定以后每天都在此进行股票等证券的交易。随着这一交易市场的日渐活跃，1817 年参加者组成了纽约证券交易管理处。1863 年，它正式更名为纽约证券交易所。这便是美国股市的起源。1882 年，道与好友琼斯在华尔街 15 号创办了道琼斯公司，并紧靠纽约证券交易所。1884 年，道最早开始尝试计算股票价格变动指数，当时采用样本均为铁路公司，这就是后来的道琼斯运输业平均指数（Dow Jones transportation average，DJTA）。1889 年，道创办了华尔街日报。1896 年 5 月 26 日，道第一次计算并对外公布了道琼斯工业平均指数（Dow Jones industrial average，DJIA），当日指数为 40.94。1929 年，道琼斯公用事业平均指数（Dow Jones utility average，DJUA）始创。1992 年，道琼斯综合平均指数（Dow Jones composite average，DJCA）诞生。近年来，道琼斯公司又跨越全球创设了相对独立的 3000 多个股价指数，统称为道琼斯全球指数（Dow Jones global index，DJGI）。然而，在上述所有道琼斯股价指数中，道琼斯工业平均指数是最重要的，它不仅是当今美国最重要股价指数之一，而且是世界上最有影响力的股价指数之一。美国另一个重要的股票交易市场“纳斯达克”，即美国全国证券交易商协会自动报价系统，成立于 1971 年，是世界上第一个电子股票交易市场。纳斯达克飞速发展，成为世界资金容量第二大的股票交易市场。

股票和股票市场在 19 世纪 60 年代末期进入中国，它最先落脚的地方是被世人誉为东方华尔街的上海。1869 年，外国商人组织了“掮客公会”，专门交易外国公司的股票，1891 年演变成了上海众业公所。今天，在上海图书馆存放的大量历史文献中，人们可以清晰地看到中国早期股票市场的历史足迹。上海众业公所，坐落在上海的外滩。作为中国土地上的第一家证券交易所，其交易的股票或企业债券却都来自国外的公司。1920 年 11 月，中国人自己的证券交易所，先后在北京、上海、汉口正式开业。上海华商证券交易所就是其中的一家。1949 年 6 月，天津证券交易所的重新设立，标志着中国当代证券市场的正式启动。1956 年，随着对农业、手工业和资本主义工商业社会主义改造的完成，传统社会主义理论和计划经济体制开始否定和排斥证券市场。1958 年以后，证券市场更是长期受到摒弃。一直到 1990 年深圳证券交易所和上海证券交易所设立以后，中国股票市场的发展才正式进入市场化运营快车道。

12.2 股票与股票市场的基本概念

股票是股份公司发行的所有权凭证，是股份公司为筹集资金而发行给各个股东作为持股凭证，股东借以取得股息和红利的一种有价证券。股票是股份公司资本的构成部分，可以转让、买卖，是资本市场的主要长期信用工具，但股东不能要求公司返还其出资。每股股票都代表股东对企业拥有一个基本单位的所有权。每家上市公司都会发行股票。同一类别的每一份股票所代表的公司所有权是相等的。每个股东所拥有的公司所有权份额的大小，取决于其持有的股票数量占公司总股本的比重。

证券交易所俗称交易所，是根据国家相关法律，经政府证券主管机关批准成立的集中进行股票证券交易的实际场所。证券交易所的职责包括提供股票交易的场所和平台，制定证券交易所的业务规则，审核批准股份制公司的上市申请，组织、监督股票交易活动，并对证券交易所内的股票市场信息进行管理等。目前中国内地有三个证券交易所，包括上海证券交易所、深圳证券交易所和北京证券交易所。在这三个交易所交易的股票有 A 股和 B 股之分。除了以上三个交易所外，我国内地企业还可以到中国香港联合交易所、纽约证券交易所、新加坡证券交易所等交易所上市，由此分别形成了 H 股、N 股和 S 股，具体的分类如表 12.1 所示。沪深 A 股个股均有代码，共由 6 位数组成。沪 A 股代码均为“6”开头；深 A 股代码以“0”或“3”开头，其中以“002”为开头表示中小板个股，以“3”开头为创业板。此外，在香港联合交易所上市的股票代码由 5 位数字组成，以“0”开头。

表 12.1　股票分类

股票类别	定义说明
A 股	A 股正式名称为人民币普通股票，是由我国境内注册公司发行，供境内机构、组织或个人（不含港澳台投资者）投资，以人民币认购和交易的普通股票
B 股	B 股正式名称为人民币特种股票，是以人民币标明面值，以外币认购和买卖，在境内（上海和深圳）证券交易所上市交易的人民币特种股票。B 股公司的注册地和上市地都在境内，只不过投资者在境外或在中国香港、澳门和台湾
H 股	注册地在我国境内，上市地在香港的中资企业股票
N 股	注册地在我国境内，上市地在美国纽约的中资企业股票
S 股	注册地在我国境内，上市地在新加坡的中资企业股票

券商，通俗来讲就是经营证券交易的公司，也叫证券公司。国内实力较强的证券公司有中信证券、海通证券、广发证券、国泰君安证券、华泰证券、银河证券等。券商其实就是证券交易所的代理商。证券公司直接与股民、机构投资者打交道，是证券交易市场的重要组成部分。目前我国大陆证券公司超过 100 家，中国证券业协会将其分为 A（AAA、AA、A）、B（BBB、BB、B）、C（CCC、CC、C）、D、E 五大类 11 个级别。A、B、C 三大类中各个级别公司均为正常经营公司，证券公司级别的划分仅反映公司在证券交易行业内风险管理能力的相对水平。D 类、E 类分别为潜在风险可能超过公司可承受范围及被依法采取风险处置措施的公司。

股票在交易所交易有一些基本的规则，交易所对交易时间、交易单位、涨跌幅限制和交易机制都做出了具体规定，具体如下。

1. 交易时间

交易时间一般为周一至周五（法定节假日除外）上午 09:30～11:30，下午 1:00～3:00。

2. 交易单位

股票的交易单位为“股”，100 股为 1 手，委托买入的数量必须为 100 股或其整数倍。

3. 涨跌幅限制

在一个交易日内，主板上市公司的交易价格相对上一个交易日收市价格的涨跌幅不得超过 10%，特殊处理（special treatment，ST）公司的涨跌幅限制是 5%，创业板和科创板上市公司在 2019 年注册制改革后涨跌幅限制为 20%。同时需要注意的是，属于下列情形之一的，股票上市首日不实行价格涨跌幅限制：一是首次公开发行股票上市的；二是增发股票上市的；三是暂停上市后恢复上市的；四是交易所或证监会认定的其他特殊情形。

4. “T + 1” 交易

“T + 1” 交易制度指投资者当天买入的证券不能在当天卖出，需待第二个交易日才可以卖出。

12.3 股票投资中的收益与风险

股票投资是指购买股票以期得到收益的行为。我们在进行股票投资时，必须充分考虑以下两个要素：收益和风险。收益即投资于股票所得的报酬。投资于股票的收益包括两个部分：一是投资者购买股票变成公司的股东，其以股东的身份，按照持股的多少，可从公司获得相应的股利（包括现金股利和股票股利）；二是因持有股票的价格上升而形成的资本增值，也就是投资者利用资本低价进高价出所赚取的差价利润。投资者购买股票，总是希望能在未来获得投资报酬。但是由于股价波动和公司股利政策的不确定性，投资者会面临两种情况：一是可能获利，二是可能亏本。这就产生了投资风险。

股票价格的波动难以预测，没有任何一种方法可以保证我们在股市中的投资一定成功。通过下面两则小资料我们也可以体会到，要准确地预测未来的股价走势，利用股价波动来“稳稳”地赚钱几乎是不可能的。股票投资更多地应该作为我们财富配置中风险资产配置的一部分，而非发家致富的押注手段。我们应该根据自己的风险偏好，通过理性权衡期望收益和风险水平做出恰当的投资选择。

小资料 1：Uber 上市前，摩根士丹利以内部配售的方式给他们银行的核心客户一个以内部价买入 Uber 股份的机会，价格是 48 美元左右，且需锁定 180 天不能卖出。结果上市没两天，股票就变成了 36 美元，很多大客户非常生气。摩根士丹利本欲献给重要客户的一片美意反而把这些客户“坑”了。

小资料 2：根据统计，1996～2015 年，以上海证券综合指数为例，如果这 20 年一直持有上海证券综合指数，那么投资回报每年可接近 10%；但是如果错过其中上涨最大的 5 天，回报就会下跌到每年 8%左右；如果错过 40 天，回报就变成每年–3.8%了。

12.4 股票投资的基本原则

在股票投资中，普通投资者一般应当遵循如下原则以避免股票市场波动给个人生活带来过大的冲击。

1. 量力而行

投资往往需要丰富的经验，即便是市场上的投资老手和专家也无法保证每次投资都能成功。对于大部分大学生而言，经济还未完全独立，资金并不充裕，且缺乏社会经验和投资经验，此时应当量力而行，利用闲散资金进行投资，切忌拿输不起的钱去炒股。不要把股票当成“孤注一掷”的“发财”捷径。对大部分普通投资者来说，股票只是资产配置的一部分，需要通过固定收益资产和股票等风险资产的组合来达到符合我们风险承担能力和风险偏好的最佳投资组合。我们应当追求的不是简单的收益最大化，而是在风险承担能力范围之内达到预期收益最大化。

2. 分散投资

分散投资，就是在资金投入时不能过于集中。分散投资包含两方面含义：一方面是不要将资金过于集中地投入到一种或少数几种股票，要建立合理的股票组合，也就是通常所说的“不要把鸡蛋全都装在一个篮子里”；另一方面是不要将资金在一个时点上集中投入，应将其分期分批地投入股市，使资金的投入在时间上有一定的跨度，在价格选择上留有一些余地。

分散投资虽不能完全消除投资风险，但通过股票组合，可将好坏股票互相搭配，避免单个股票带来的风险。通过分期分批投入，可将高低价格予以平均，虽然失去了在最低价位一次性买入的机会，但能避免将资金在最高价位全部套牢的风险。分散投资一方面是在股票投资中要注意选择不同行业和种类的股票进行搭配组合。仅选择一种股票，一旦该公司经营不善甚至倒闭，就会血本无归。如果对多种股票或几家公司同时投资，即使其中一种或数种股票不能盈利，但其他股票中有效益好的，绩优股票就能抵消绩差的，其投资收益起码能达到整体的平均水平。在股票搭配上，也不能都集中在某一个行业。另一方面是将资金分批分期地投入，这样就可有效地防止整个股市暴跌的风险，因为股市的涨跌要受政治、宏观经济、国际形势等多方面因素的影响，它是难以确定和把握的，特别是我国股市震荡起伏的频率和幅度很大，如果在某一点位上将全部资金倾囊而出，就有可能面临全部资金被套牢而难以自拔的危险局面。

3. 避免炒短线追求快速收益

股市上挂牌的股票繁多，各公司的股票也有各自的特点，且受各方面因素的影响，股价也总是处在不断变化之中。我国 A 股市场由于制度和投资者性质等问题，长期以炒短线为主，投资者的“羊群效应”十分明显。可能一些投资者看到股票涨涨跌跌，也就心猿意马，今天炒这个概念，明天追那个板块，其投资目标总是跟着市场变化，投资毫无理智和原则。如果盲目跟风炒作，一味地模仿他人，自己最终也难以逃脱亏损的命运。

投资新手缺乏强大的内心和丰富的经验技术，因此应尽量避免短线交易，而是进行价值投资。一方面，在股票投资中，我们必须具有理智，要克服自己的情绪冲动，避免受市场气氛和他人的干扰，切忌跟随他人追涨杀跌。另一方面，可以避开投机性强的领域，追随市场比较知名的行业龙头公司，基于基本面进行判断。同时，投资优质企业也是避免劣币驱逐良币的一种方式，有利于 A 股市场逐渐走向成熟。

4. 不要轻易择时

常言说“长线是金、短线是银”。对于股市来说，一年中最好的那些交易日和最差的交易日分布非常不均匀，而且与牛市还是熊市无关，一旦错过那些最好的交易日（单日暴涨），对于投资回报率来说就是致命的打击。短期来看，我们很难通过择时获得超额回报。投资市场提供的回报在时间分布上是非常不均匀的。对于普通投资者来说，仅仅根据自己的感觉，或者说对市场情绪的认知来进行择时，很有可能错过那些市场突然出现的回报非常好的时刻，最终大幅拉低自己的投资回报。当然，如果能回避掉一年中极端暴跌的日子，也能大幅提高收益率。而实际上，即便是在牛市，暴跌也不可避免，即便是如 2008 年这样的熊市里，暴涨的日子也有很多天。回避掉暴跌，踩中暴涨，这确实很难，就连顶级的基金公司也无法做到。因此，作为普通散户投资者，在进行投资时，不要轻易主动“择时”、频繁“择时”，而是要享受市场螺旋增长带来的红利，慢慢变富。

A 股市场有这样一句话，“七亏二平一赚”，即股市中有 70%的投资者是亏钱的，20%的投资者不赚不赔，仅有 10%的人在赚钱。那么，股市的钱到哪里去了？看起来股市投资像是一场零和博弈，那么我们应该如何选股进行投资才能给我们带来长期又安全可靠的回报呢？目前业界公认最可靠的股市投资方式是进行价值投资。

那么，什么是价值投资呢？这个概念最早可以追溯到 20 世纪 30 年代，由格雷厄姆最先形成的一套体系。现在，它的代表人物是沃伦•巴菲特和查理•芒格。价值投资定义比较广泛，普遍的说法是，价值投资是一种投资策略或者投资思维，即实业投资思维在股市上的应用，凡是买股票时把自己当成长期股东的都是价值投资者。价值投资的重点是透过基本分析中的概念，如高股息收益率、低市盈率和低股价/账面比率，去寻找并投资一些股价被低估了的股票。

价值投资者力求通过一定的方法测定股票的价值，股票价格长期来看有向其内在价值回归的趋势，当股票价格低于内在价值时，投资机会就来了，这就好比拿着五毛钱购买一元钱人民币。格雷厄姆率先提出的价值投资三条原则如下：其一，股市不是投机，不是赚取差价，而是购买好公司的一部分。拨开股市的表象，我们购买的不是投机品，而购买的是一家公司的一部分所有权。我们从中赚取的不是股价波动的差价，而是这家公司在经济增长过程中创造的价值。其二，市场是工具，不是博弈的对象。我们的博弈对象并不是市场。关于这只股票的真实价值，市场什么都不能告诉你，它只是一个服务的工具。其三，留出安全边际，长期持有价格低于价值的好公司。

12.5 有效市场假说

假设一个人去一个行人拥挤的地铁站里坐地铁。因为地铁有很多道门，因此他可以选择在任何一道门前排队等地铁。如果想快点进地铁，大致有两种策略。

第一种策略是主动寻找最短的队伍并且排在后面。在这种策略下，一般需要先望一眼，找到最短的队伍，然后在最短时间内跑过去排队。事实上大部分人确实都是这么做的。当然这种策略也有风险，最大的风险是找了半天，发现队伍都差不多长，而且因为寻找最短的队伍浪费了一些时间，到最后反而排在了更后面。还有一种风险是远远看去那个队伍比较短，但跑到时可能中途已经有人加入了队伍，或者走近一看才发现队伍原来并不是那么短，那么花额外的时间寻找并跑过去排入那样的队伍，对个人来说也是一笔成本。

第二种策略是就近选择队伍排队，而不去浪费任何时间寻找更短的队伍。这种策略是假定每当某个队伍比其他队伍短的时候，总有人会在最短的时间内把那个空给补上。在这种情况下，花时间去找更短的队伍其实是在浪费时间和精力，较为合理的策略是就近随机选择队伍，而不去浪费任何时间寻找更短的队伍。

如果市场是高度有效的，那么第二种策略要比第一种策略更优。因为在第一种策略下，乘客首先需要付出一定的成本（如花时间找、花力气跑来跑去等）去寻找最短的队伍。换句话说，在完全有效的市场下，是没有“免费”的午餐的。

12.5.1　有效市场假说的基本内容

有效市场假说（efficient market hypothesis，EMH）由芝加哥大学的金融学教授 Eugene Fama 提出。有效市场假说认为，在一个有效的资本市场中，有关某个投资品的全部信息都能够迅速、完整和准确地被某个关注它的投资者所获得，进而这个投资者可以据此判断该投资品的价值以做出买卖决策。有效市场假说主要包含如下内容。

1. 投资品价格迅速反映未预期的信息

在一个竞争性的证券市场中，当某一证券供求处于平衡状态时，该证券价格达到均衡点。当与该证券有关的未来预期信息出现时，它将改变投资者对其收益和风险的期望，使该证券价格发生变动，直至通过调整供求关系达到新的均衡点。可见，证券价格的变动由证券供求关系所决定，证券供求关系的变动又由市场吸收新信息引发，所有对市场有用的信息都将在证券价格中得到最终反映。

2. 投资品价格的随机变动

不同时期证券价格的变动是相互独立的，价格的上升和下降与历史价格变化没有关系，也不会对以后的价格变动产生影响。证券价格是对各种相关信息，包括政治、经济和人文等各方面信息做出反应的结果。证券价格的随机变动正说明了市场的信息效率和市场的有效性。

3. 投资者无法获得超额利润

超额利润是投资者实际获得的利润与预期风险收益的差额。当有效的证券市场对信息做出快速反应，使得投资者能够在获知有关信息后再做出买卖证券的决定时，该信息的作用已经反映到证券价格中了，所以试图利用公开信息在市场上获得超额利润的机会是不存在的。所有的投资者在市场上具有同等的获利机会，他们无法赚取超额利润。

12.5.2　有效市场假说成立的条件

当同时满足以下各项条件时，有效市场成立。①信息公开的有效性：有关证券的全部信息都能够充分、真实、及时地在市场中得到公开。②信息传递的效率：市场信息的交流是高效率的，所有与投资有关的信息都可以及时、无代价地被投资者获取。③市场价格的独立性：证券价格的形成不受个别人和个别交易的影响，市场的参与者是价格的接受者。④投资者对信息判断的理性化：所有的投资者都是理性追求个人利益最大化的市场参与者，每一个参与证券交易的投资人都能够根据所公开的信息做出一致的、合理的和及时的价值判断。

12.5.3 有效市场假说的现实约束

在现实经济社会中，有效市场假说面临存在种种约束条件的挑战。

1. 信息公开的数量、规模和时间的制约

第一，证券发行者为了卖出证券，本能地或有意地对投资品进行“包装”，夸大其优点，隐瞒其缺陷；第二，企业出于维护自身竞争地位的要求而对企业信息进行保密或延时公布；第三，信息公布会产生成本，包括信息的搜集、整理和发布等直接成本，以及信息公布以后给企业带来的负效应。

2. 信息传递的时效性

信息的传播范围和速度受信息传播程序、途径、载体与技术水平的影响，使得已公开的信息不能及时、全面地被投资者所接收。

3. 投资者实施投资决策的有效性约束

由于投资者的交易地点、交易手段、交易条件和交易技术不同，投资者实施交易所用的时间也不同，可能会丧失交易的时效性。

4. 投资者对信息判断存在个体差异

第一，风险厌恶导致了投资者对同一投资项目的不同价值判断；第二，投资者掌握信息的数量和时间上的差异使得投资者对投资项目的决策产生个体差异；第三，投资者知识、技能和社会背景等方面的差异使得他们在同时掌握等量信息的条件下做出不同的价值判断。

12.5.4 有效市场假说的三种形式

Fama 教授认为，当证券价格能够充分地反映投资者可以获得的信息时，证券市场就是有效的，即在有效市场中，无论随机选择何种证券，投资者都只能获得与投资风险相当的正常收益率。在有效市场假说中，Fama 教授根据投资者可以获得的信息种类，提出了三种有效程度不同的市场（图 12.1）。

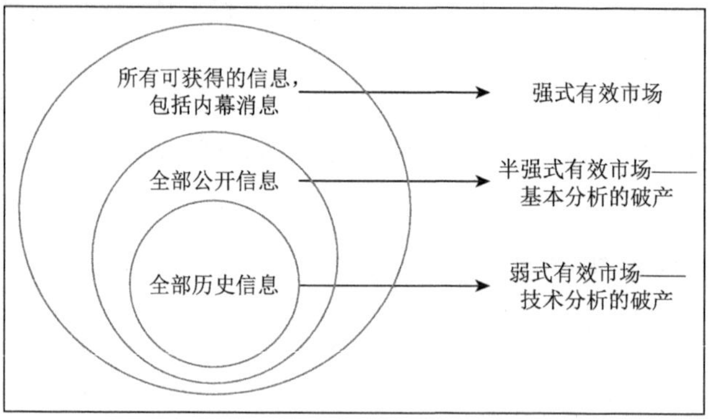

图 12.1 三种有效市场的关系

1. 弱式有效市场假说

弱式有效市场（weak-form market efficiency）假说认为，市场价格已充分反映出所有过去的历史的证券价格信息，包括股票的成交价、成交量，卖空金额、融资金额等。

如果弱式有效市场假说成立，则股票价格的技术分析失去作用，基本分析可能能帮助投资者获得超额利润。

2. 半强式有效市场假说

半强式有效市场（semi-strong-form market efficiency）假说认为，价格已充分反映出所有已公开的有关公司营运前景的信息。这些信息有成交价、成交量、盈利资料、盈利预测值、公司管理状况及其他公开披露的财务信息等。假如投资者能迅速获得这些信息，股价应迅速做出反应。如果半强式有效市场假说成立，则市场基本分析失去作用，内幕消息可能能帮助投资者获得超额利润。

3. 强式有效市场假说

强式有效市场（strong-form market efficiency）假说认为，价格已充分地反映了所有关于公司营运的信息，这些信息包括已公开的或未公开的内部信息。在强式有效市场中，没有任何方法能帮助投资者获得超额利润，即使基金和内幕消息也一样。

然而在现实世界中，虽然从长期来讲，股票市场总体上趋于有效，但市场并不能任何时候都维持完全有效的状态。由于信息不对称和投资者情绪等因素的影响，股票价格偏离其真实内在价值的情形会经常发生。股票价格也不一定能时刻反映出当前可获得信息下，风险和收益的理性权衡。首先，我们来看一个小故事。

一位相信有效市场假说的金融教授和学生一起散步。“地上是 10 美元钞票吗？”学生问。“不，那不可能是 10 美元钞票，如果有 10 美元，应该早就被人捡走了”教授说。教授走了，学生捡起钞票，去喝了杯咖啡。

从这个故事中，你有什么发现？也许你能从这个故事了解到，在现实中市场并非总是保持理性均衡，时刻都可能会出现偏离均衡的套利空间。但同时也应该进一步领悟到套利空间不会一直存在，它很快会在投资者的逐利竞争中被抹平，从而回归均衡状态。

我们再来看过去的金融学学者发现的几个经典的市场“异常”现象。

（1）小公司效应（small-firm effect）：1981 年，Benz 对所有在纽约证券交易所上市的股票收益情况进行了研究，他将公司按规模分成了五组，发现最小规模组的平均年收益率比那些最大规模组的公司要高 19.8%，而且无论是在风险调整之前还是调整之后，小规模组的公司股票的收益率都比较高。人们称这一现象为小公司效应。

（2）一月效应：Keim 等在 1983 年证明了小公司效应在一月份最明显，特别是在一月的头两个星期，称为一月效应。Keim 等将公司按规模分成 10 组，比较了每月最小规模和最大规模公司组的平均超额收益情况，结果显示 1963～1979 年，一月份小公司每日股价上升达 0.714%，一月份前五天的上升幅度超过了 7.16%。

（3）颠倒效应：1985 年，Debondt 等发现，在一段时间内，表现最好的股票接下来会表现得非常差。他们的研究表明，如果对股票业绩进行为期 5 年的排序，基期表现不好的股票组（含 35 种业绩最差的股票）在以后的 3 年中的平均累积收益，比基期表现最好的股票组（含 35 种业绩最好的股票）的平均累积收益高出 25%。这些企业本身的经营业绩并没有提高多少，而股价却上升不少。

结合上述案例，请你思考如下问题：你认为市场是有效的吗？该如何解释上述现象？你认为我国股票市场处于何种有效程度？能否说明你的理由。

12.6 基金投资

除股票外，在证券市场上，还有另一种投资品类——基金。基金投资是一种间接的证券投资方式。基金管理公司通过发行基金份额，集中投资者的资金，由基金托管人（即具有资格的银行）托管，由基金管理人管理和运用资金，从事股票、债券等金融工具投资，然后共担投资风险、分享收益。通俗来讲，证券投资基金是汇集众多投资者的资金，交给银行保管，由基金管理公司负责投资于股票和债券等证券，以实现保值增值目的的一种投资工具。表 12.2 详细比较了投资基金与投资股票或债券之间的差异。

表 12.2 投资基金与债券、股票间的差异

对比维度	基金	股票	债券
反映的经济关系	信托关系，是一种收益凭证，投资者购买基金份额后成为基金受益人，基金管理人只是替投资者管理资金，并不承担投资损失风险	所有权关系，是一种所有权凭证，投资者购买后成为公司股东	债权债务关系，是一种债权凭证，投资者购买后成为该公司债权人
所筹资金的投向	间接投资工具，主要投向股票、债券等有价证券	直接投资工具，主要投向实业领域	直接投资工具，主要投向实业领域
投资收益与风险大小	投资于众多有价证券，能有效分散风险，风险相对适中，收益相对稳健	价格波动性大，高风险、高收益	价格波动较股票小，低风险、低收益
收益来源	利息收入、股利收入、资本利得	股利收入、资本利得	利息收入、资本利得
投资渠道	基金管理公司及银行、证券公司等代销机构	证券公司	债券发行机构、证券公司及银行等代销机构

按照发行方式，基金可以分为封闭式基金和开放式基金两种：封闭式基金是指基金的发起人在设立基金时，限定了基金单位的发行总额，筹足总额后，基金即宣告成立，并进行封闭，在一定时期内不再接受新的投资；而开放式基金是指基金发起人在设立基金时，基金单位或者股份总规模不固定，可视投资者的需求，随时向投资者出售基金单位或者股份，并可以应投资者的要求赎回发行在外的基金单位或者股份的一种基金运作方式。

根据投资对象不同，基金可以分为如下几类。

一是股票基金。股票基金是以股票为投资对象的投资基金，且股票投资比重不能低于 80%。股票基金的主要功能是将大众投资者的小额投资集中为大额资金。它投资于不同的股票组合，是股票市场的主要机构投资者。与个人投资相比，股票基金一般具有更强的专业能力和信息优势，同时股票基金可以利用资金规模优势提高股票组合的分散化程度，从而降低投资风险。平均而言，在承担同等风险的情况下，股票基金的预期汇报比散户投资者更高。或者说在同等期望回报水平下，股票基金可以通过分散化组合投资承担比散户投资者更低的投资风险。

二是债券基金。债券基金是以债券为主要投资标的的共同基金。除了债券之外，尚可投资于金融债券、债券附买回、定存、短期票券等。债券基金绝大多数以开放式基金形态发行，并采取不分配收益方式，合法节税。根据中国证监会的要求，基金资产 80%

以上投资于债券的为债券基金。目前国内大部分债券基金属性偏向于收益型债券基金，以获得稳定的利息为主，因此，收益普遍呈现稳定增长。

三是货币市场基金。货币市场基金是指仅投资于货币市场上短期有价证券的一种基金。该基金资产主要投资于短期货币工具如国债、商业票据、银行定期存单、政府短期债券、企业债券等短期有价证券。货币市场基金投资于货币市场工具的比例为 100%。货币市场基金的收益率较低，但流动性好、资本安全性高、风险低、投资成本低。货币市场基金均为开放式基金。

四是混合基金。混合基金同时投资于股票、债券和货币市场工具，其股票投资和债券投资的比例不符合股票基金和债券基金规定。

12.7 基金定投

我们先来进行一笔计算。假设 A 基金的单位净值第一天 1 元，第二天 0.8 元，第三天 0.5 元，第四天涨到 0.9 元。如果小明一次性拿出 3000 元购买 A 基金，那么第二天账面亏损 600 元，第三天账面亏损 1500 元，忍住不割，第四天亏损 300 元，盈利–10%。

小强用 3000 元分三次购买 A 基金，每次买入 1000 元，第一天 1000 份，第二天 1250 份，第三天 2000 份，合计 4250 份，到第四天时，账面已经是 3825 元，盈利 27.5%。

小强的做法避开了一次性投资的风险，避免了亏损。在市场情况不好时，投资基金也有可能亏损。华尔街流传有一句话：要在市场中准确地踩点入市，比在空中接住一把飞刀更难，因此诞生了定投。基金定投是定期定额投资基金的简称，是指在固定的时间以固定的金额投资到指定的开放式基金中，类似于银行的零存整取方式。基金定投的本质是均摊成本，拉低均价，低价位吸筹，高价位获利；对于存不下钱的也可以当作强制储蓄，使自己在投资中保值增值。

也许有同学会问：基金定投一定比一次性投资获利高吗？假设有另外一个 B 基金，第一天 1 元钱，第二天 1.2 元，第三天 1.5 元，第四天 2 元。小明一次性购入 3000 元，第四天时，账面是 6000 元，盈利 100%。小强分三次购买，第一天 1000 份，第二天 833.33 份，第三天 666.67 份，合计 2500 份。第四天账面是 5000 元，盈利 66.7%。

可以看出，基金定投不一定比一次性投资获利更高。但是，我们需要明白，低点买入是可遇不可求的，影响证券市场的因素众多且复杂，难以预测，因此，采用定投的方式，一方面利用时间烫平波动，另一方面分批投资均衡成本，对于风险规避型的投资者是一个很好的选择。

对基金定投的理解存在几个常见的误区。①等市场明朗时再进场。很多投资者想在底部出现或者市场明朗时再进场投资，但是市场中的机会转瞬即逝，当你看明白时，机会已经过去了。②任何基金都适合定投。债券基金收益一般较稳定，选择定投反而可能会闲置资金，损失资金的时间价值；而股票基金波动较大，更适合用定投来均衡成本和风险。③已买基金就不必定投。我们可将闲置资金分为现有资金、每月节余两部分，节余部分投资定投是一种不错的选择。④弱市中停止基金定投。基金定投正是依据牛市、熊市交替出现产生的一种投资策略，同样的资金在牛市获得较少的筹码，在熊市获得较多的筹码，从而实现成本均摊，获取平均收益。

综上所述，基金定投的优点可以总结为：分批投资，摊低成本，降低风险；长期投资，复利增长，积少成多；自动扣款，方便快捷，省心省力。它尤其适合符合如下特征的投资者：一是没有大量闲置资金在手；二是有定期收入来源；三是有中长期财务需求；四是没有时间投资理财；五是风险规避型理财者；六是愿意进行投资但无法把握投资时点的人。

【案例一：“股神”巴菲特的投资守则】

巴菲特被世人称为“股神”。从 1957 年到 2002 年，巴菲特创立并掌管的伯克希尔-哈撒韦公司的年均复利投资回报率为 24.7%，比同期年均复利回报率为 9.8%的标普 500 指数高出约 15 个百分点。在巴菲特最初接掌伯克希尔-哈撒韦公司的时候，公司的每股账面价值只有 19 美元，而经过半个世纪，伯克希尔-哈撒韦公司董事会主席巴菲特和副主席查理·芒格联手缔造了全世界最大的投资公司，总资产超过 5000 亿美元，回报率高达 18 261 倍。而和巴菲特吃一顿饭需要多少钱呢？2019 年的巴菲特午餐已经高达 456 万美元。除此之外，巴菲特累计捐款达 340 亿美元。

1998 年 5 月，巴菲特在华盛顿大学商学院与学生对话时，有一段精彩的论述：“成功就是获得了你想得到的东西，而幸福就是追求你想得到的东西。当你们走出校门时，我建议你们去为敬仰的人做事，这样你将来就会像他们一样。”这段话是巴菲特对自己经历的切身体会。

巴菲特 17 岁进入内布拉斯加州大学学习企业管理。大四时，他读到了格雷厄姆的《智能投资家》，如获至宝，于是大学一毕业，他便投身于格雷厄姆的门下。格雷厄姆被称为“投资证券分析之父”，其投资理论的精髓，就是强调了解一系列企业实质投资价值的重要性。他告诉巴菲特，投资者的注意力不要老放在行情显示屏上，而应关注发行股票的公司。投资者应了解的是公司营利、资产负债情况及未来发展前景等，只有透过上述分析，才能发现或计算出一只股票的“真正价值”或“内在价值”。他认为投资者之所以能够在股票市场上获利，是因为他们发现并买进了低于其真正价值的股票。

格雷厄姆“严禁损失”的投资哲学，更成为日后巴菲特奉行的准则。巴菲特进而将其概括为自己恪守的法则：第一条法则是切莫蚀掉老本；第二条法则是永远记住第一条法则。巴菲特自称有两位精神之父，除了格雷厄姆之外，另一位就是菲利普·费希尔。费希尔主张应尽可能地获取投资成长率高于平均水准、利润相对成长以及拥有卓越管理阶层的企业的第一手信息。巴菲特的高明之处在于他并非仅仅停留在老师的理论上，他还在一定程度上发展、建立了自己的投资理论和原则。“以真正价值为选择投资对象的标准，而非以是不是热门股作为投资选择的标准。”他着眼于企业的长期发展，而不在乎每日的市场行情。他认为：一旦看到市场波动而认为有利可图，投资就变成了投机，没有什么比赌博心态更影响投资。

案例思考：

你觉得巴菲特成为股神是因为“运气”好还是“技术”好？你觉得通过努力学习和钻研股票市场的相关知识，可以复制巴菲特的成功吗？

【案例二：巴菲特投资美国运通】

美国运通，现在已经是国际上最大的旅游服务、金融投资及信息处理的环球公司。美国运通是通过快递业务发家的，1891 年，发行了全球第一张旅行支票。由于美国当时还没有全国性的银行，所以这个运通卡可以在旅行过程中，充当货币的形式实现资金转移。

随着欧洲网络的发展，国内外旅行人数的增多，1955 年，运通已经为客户提供了125 亿美元的旅行支票，占据了全世界旅行支票行业市场份额的 75%。

但是，1963 年美国运通公司底下的一个子公司，出现了一个很大的问题。仓库里存储的大豆油，竟然被人换成了海水，然后造假者拿着他们公司的担保凭证，去银行贷款。

这对于运通简直是一场致命的灾难，以“信用”著称的运通，却在信用上出了这样的大问题，作为担保人的运通不得不承担 1.5 亿美元的巨额赔偿。

这场大豆油丑闻的消息不胫而走，美国运通可能要面临破产倒闭，公司股票交易价格从丑闻之前的 60 美元，下跌至 35 美元，几乎腰斩！

巴菲特却嗅到了潜在的机会，这时候“当别人恐惧时，我贪婪”，非常恰当地总结了巴菲特的行为。

首先，巴菲特选择去实地调查市场的情绪和反应。他跑到餐厅、银行、超市、药店和旅行社进行观察，发现人们依然会使用旅行支票来支付，还和美国运通公司的竞争对手交谈。

经过多地调查，巴菲特得出了两个结论：第一，美国运通并没有衰败；第二，他依然是世界上畅通无阻的品牌。所以巴菲特认为，这场危机并没有撼动美国运通的地位，人们依旧很信任这个品牌。

其次，巴菲特花了大量时间跟踪公司的财务报表数据，评估美国运通和竞争对手表现的差距及美国运通旅行支票和信用卡的使用率是否下降，最后整理成了一英尺（1 英尺≈0.3048 米）高的调查报告。

在 1964 年，美国运通跌了一半，华尔街的经纪人在不断卖出，而巴菲特却在不断买入。1966 年，巴菲特已经持有了 1300 万美元的股票了，已经占了美国运通整个公司的 5%。

随着丑闻的影响慢慢消退，1967 年股价飙升到 180 美元，当年投资的 1300 万美元，轻松地赚到了 2000 万美元的利润。那一年他的合伙公司的利润率高达 36%，高出道琼斯指数17 个百分点，而当时华尔街的大多数公司，利润率都没有道琼斯指数高。

美国运通可以说是巴菲特早期投资中最重要的一环，不仅获得了丰厚的回报，扩大了自己的资本，还为巴菲特的投资帝国打下了坚实的基础。

案例思考：

从巴菲特的投资案例中，你学到了哪些投资成功需具备的理念和做法呢？如果让你分析一只股票是否值得投资，你会如何分析和决策呢？

课后测试

一、选择题

1. 以下说法不正确的是______。

A. 基金投资于股票市场时，上市公司的股价不但受其自身业绩、所属行业的影响，更会受到政府的经济政策、经济周期、利率水平等宏观因素的影响从而使股票的价格表现出一种不确定性

B. 基金投资于国债市场时，国债的价格也会随着利率的变动而大幅波动，当利率上升时国债价格会下降

C. 即使基金具有分散风险的功能，但由于股票债券等市场存在固有的风险，投资于股票、债券的基金也难免会面临风险

D. 市场风险是投资风险中的一种

2. 下列有关市盈率的说法中，错误的有______。

A. 市盈率是每股市价与每股收益的比率

B. 市盈率反映了普通股股东为获取 1 元净利润所愿意支付的股票价格

C. 如果公司目前的市盈率较高，则不值得投资者进行投资

D. 公司的市盈率与利率水平有关

3. 就投资风险大小比较而言，以下表述正确的是______。

A. 股票基金＞货基＞债券基金　　B. 股票基金＜货基＜债券基金

C. 股票基金＞债券基金＞货基　　D. 股票基金＜债券基金＜货基

4. 按照基金规模是否固定，证券投资基金可以划分为______。

A. 私募基金和公募基金　　B. 上市基金和不上市基金

C. 开放式基金和封闭式基金　　D. 契约型基金和公司型基金

5. 某证券投资基金的资产 80%投资于可流通的国债、地方债券和公司债券，20%投资于金融债券，该基金属于______基金。

A. 货币市场　　B. 债券

C. 期货　　D. 股票

二、简答题

1. 股票市场中有财务业绩很好的绩优股也有财务绩效很差的垃圾股，你觉得投资绩优股预期回报率更高还是投资垃圾股回报率会更高？请说明你的理由。如果你有 100 万元闲置资金可以投资于股票和基金，你将如何配置这 100 万元的投资？为什么？

2. 既然股票价格走势难以预测，为什么市场上还有那么多股评家和分析师？他们存在的意义是什么？你觉得听从他们的建议能帮助你赚取超额收益吗？

第13章

外 汇 投 资

课程目标

- □了解外汇基础知识
- □了解外汇投资的魅力
- □了解汇率波动的风险
- □理解外汇投资的要点的基本理念
- □了解外汇交易类型
- □了解生活中如何运用外汇知识

随着中国金融市场逐渐开放，人民币国际化的步伐加快，越来越多的国人开始跟外汇打交道，包括出国留学、旅游、考试缴费等。市场上也涌现出越来越多的国际型理财产品，我国参与外汇交易的投资者数量呈逐年上升趋势。在国际贸易和跨国支付的过程中，外汇风险是必须要考虑的因素。而与其他类型的投资相比，外汇投资具有公平透明、每天 24 小时运行、投资标的相对较少、易学难精等特点；相较于其他投资风险，外汇风险更加复杂，包含外汇交易风险、外汇折算风险、经济风险和国家风险等。同时，由于外汇交易有其特殊的规则和金融工具，普通中国家庭在开展外汇投资理财时，必须要注意相关风险。本章将为大家详细介绍外汇投资中的机会与风险、投资中的要点和原则、外汇交易种类，并对留学购汇、外汇常见骗局进行简要介绍。

课前小测

一、案例分析题

情景一：留学交学费

小张同学通过申请获得自费前往美国大学深造的机会，但是每年需要缴纳 4 万美元学费，且缴费时间比较集中。小张同学对交学费的事情十分苦恼，因为他需要用人民币去银行兑换美元，虽然需要的美元的金额是固定的，但是每次兑换需要的人民币金额却有显著差异，有时兑换 4 万美元需要 26 万元人民币，但过一年或者两年后再兑换 4 万美元就需要 27 万元人民币，整整多出 1 万元。

小张同学知道人民币兑换美元的汇率会存在波动，但没有想到会对自己影响这么大。那么，汇率波动会受到什么因素影响？小张能否根据环境变化对汇率波动进行有效预测，进而控制汇率风险，降低汇率波动对自身造成的损失呢？

情景二：出境旅游

随着人们生活水平和消费水平的提高，越来越多的中国人选择境外旅游，体验异国风光。对旅游目的地国家的选择会受到很多因素的影响，其中货币兑换问题是重要因素之一。在国外消费需要当地流通的货币，除了东南亚一些国家外，在大多数国家，人民币是不能自由支付交易的，因此出境旅游会涉及货币兑换问题。但是人民币兑换不同货币的比例是不同的，不同汇率情况下，出境旅游的成本存在显著差异。2019 年 8 月 7 日，某网站发布的“汇率旅游排行榜”如表 13.1 所示。由于阿根廷货币阿根廷比索大幅贬值，相同数量的人民币可以兑换更多的阿根廷比索，大大降低了去阿根廷旅游的成本。

表 13.1 汇率旅游排行榜

排名	出发国家	币种	汇率涨幅	出行人数同比	人均消费/元
1	阿根廷	阿根廷比索	−37.74%	13%	10 281.98
2	冰岛	冰岛克朗	−9.55%	60%	13 764.96
3	澳大利亚	澳元	−7.24%	24%	4401.78
4	斯里兰卡	斯里兰卡卢比	−6.98%	−72%	2857.86
5	挪威	挪威克朗	−5.03%	84%	9482.81

排除其他因素影响，汇率波动会对出境旅游产生哪些方面的影响？如何兑换不同国家的货币？兑换外汇和将没有用完的外币换回人民币时的汇率会存在什么样的差异？出境旅游更适合兑换现钞还是现汇？

二、简答题

1. 汇率的波动受什么因素的影响？
2. 外汇风险的存在对投资一定是不利的吗？
3. 汇率波动中存在哪些机会和风险？
4. 你进行外汇投资的目的是什么？

13.1 外汇基础知识

外汇交易市场具有非常庞大的交易量，对居民生活、企业经营甚至国家稳定具有十分重要的影响。在决定是否涉入某类投资之前，我们首先需要明白这项投资本身是何种性质、遵循何种游戏法则、其机会与风险的分布如何。本节我们将为您具体讲解外汇投资市场里最基础的游戏规则，包括什么是外汇、外汇的汇兑关系以及外汇交易的价格。

13.1.1 什么是外汇

外汇（foreign exchange）是国外汇兑的简称，“汇”表示用外币或该国货币兑换的票据，而“兑”有凭票支付或领取现款之意。根据现行的《中华人民共和国外汇管理条例》，外汇是指以外币表示的可以用作国际清偿的支付手段和资产。因此，外汇不仅是指外国的纸币，如美元、英镑等，外币支付凭证、外币有价证券等也属于外汇。

按照国际惯例，各个国家或地区的货币名称通常用三个英文字母表示，如人民币为 CNY（Chinese Yuan），而非 RMB。另外，美元为 USD（United States Dollar），英镑为 GBP（Great Britain Pound），日元为 JPY（Janpanese Yen）等（表 13.2）。

表 13.2 主要国家和地区货币名称和标准代码

国家/地区	货币名称	货币代码	货币符号
中国内地（大陆）	人民币	CNY	￥
中国香港	香港元（港币）	HKD	HK$
中国澳门	澳门元	MOP	MOP$
中国台湾	新台币	TWD	NT$
美国	美元	USD	US$
英国	英镑	GBP	£
欧盟	欧元	EUR	€

13.1.2 外汇的汇兑关系

外汇是国际贸易的产物，商品买卖是以货币购买商品，而外汇交易则是以一种货币购买另一种货币，这就产生了一国货币可兑换多少外币的问题。一国货币同另一国货币的兑换比率就叫作汇率。如果把外国货币当作商品，那么汇率就是买卖外汇的价格。

以人民币对美元为例，2020 年 9 月 30 日，人民币对美元的中间价就表示为 6.8101 元，即 1 美元可以兑换 6.8101 元人民币。汇率中最小的波动单位被称为汇价基点，简称“基点”或“点”，一般是 0.0001。当欧元对美元汇率由 1.2800 升至 1.2900 时，通常就称作欧元对美元上涨 100 点或美元下跌 100 点。

确定不同货币的比价首先需要确定用哪个国家的货币作为标准，目前国际上有三种标价法，分别为直接标价法、间接标价法和美元标价法。直接标价法，是为了购买一单位外币所应当支付的本币的数量，包括中国在内的大多数国家目前都在采用此种方法。与之相对应，间接标价法，就是卖出一单位的本国货币应当收回的国外货币单位数。少数发达国家和地区如美国、英国、澳大利亚、欧盟地区等采用间接标价法。美元标价法是以一单位的美元为基准折合的其他国家货币单位的计价方法。由于美元在国际贸易计价、国际储备、交易货币、存放款等各方面有重要作用，因此该方法也是目前国际金融市场上通行的标价法。

不同汇率标价情况下，汇率的大小意义也不同。例如，直接标价法下，2020 年 9 月 30 日人民币对美元汇率是 1 美元 = 6.8101 元人民币，汇率增加意味着人民币的贬值，美元的升值；而间接标价法下，人民币对美元汇率是 1 元人民币 = 0.1468 美元，汇率上升则表示人民币升值，美元贬值。表 13.3 展示了不同标价法下，2020 年 9 月 30 日人民币兑换其他货币的汇率水平。

表 13.3 人民币兑换外币的汇率表

币种	直接标价法	间接标价法
美元	6.8101	0.1468
欧元	7.9941	0.1251
100 日元	6.4429	0.1552
港元	0.8787	1.1380
英镑	8.7577	0.1142
韩元	0.0058	171.63
泰铢	0.2154	4.6428
100 越南盾	0.0294	34.027

13.1.3 外汇交易的价格

在外汇市场中进行交易时，通常采用双向报价法。一般是银行或经纪商担当报价者（quoting party），同时向客户报出买入汇率（bid rate）和卖出汇率（offer rate）。买入汇率也称买入价，是指银行向同业或客户买入外汇时所使用的汇率；卖出汇率也称卖出价，是指银行向同业或客户卖出外汇时所使用的汇率。

这里买入和卖出都是从银行的角度出发的，银行会以便宜的价格买入外汇，以较高的价格卖出外汇，差价就是银行买卖外币的收益。因此，在直接标价法下，买入汇率要低于卖出汇率。中间汇率是银行买入汇率与卖出汇率之间的平均汇率，常用于汇率分析，报刊、电视报道汇率也常常使用的是中间汇率。表 13.3 中的汇率数值就是中间汇率。

13.2 外汇的魅力及风险

作为当前世界上流动性最强的投资市场，外汇投资究竟存在怎样的魅力？外汇投资的特点包括哪些？外汇市场中的参与者又有多少类型？其背后隐藏的风险又是怎样的？本节内容将为您介绍外汇的魅力与风险，以及如何对这种风险进行控制。

13.2.1 外汇的魅力

从外汇市场基本的经济功能来看，主要包括国际清算、兑换功能、授信、套期保值和投机。国际清算是企业或者个人正常的跨国经济和交易过程中的货币往来，是外汇市场的最基本作用。兑换功能就是用一种货币去购买另外一种货币，汇率的区别表现为不同货币在购买力上的差异。授信是指银行经营外汇业务，可以利用跨国交易收支的时间差，为交易商提供贷款。套期保值是利用金融衍生品市场对冲外汇风险的重要手段，在后文会重点讲授外汇期权和期货的套期保值原理。外汇投机是指以赚取利润为目的的外汇交易，投机者利用汇率差异，贱买贵卖，从中赚取差价。外汇市场的投机成分，来自汇率的波动，在一定程度上也可以说是由于外汇市场本身并不创造价值引起的。

外汇市场上有一个小故事，讲的是一个住在美国和墨西哥交界处的农民，手头仅有

100 美元的积蓄，早上他花费 10 美元在美国的餐馆里享受了一份早餐，拿着剩余的 90 美元前往墨西哥的银行按照 1∶3 的汇率换取 270 个比索，然后拿出 30 比索解决自己的午餐，晚上他拿着剩下的 240 个比索回到美国，再以 1∶2.4 的比率换取 100 美元。由于汇率的波动，主人公利用 100 美元可以免费享用早餐和午餐。

这个故事有些理想，因为美元的汇率相对稳定，不会在一天内发生大幅度波动。故事中汇率从 3.0000 变成 2.4000，美元贬值的幅度高达 6000 点，现实中如果发生这种情况，不知道有多少企业和个人要破产。而且汇率的波动也未必总是朝向有利于农夫的一面进行，美元也可能忽然升值导致主人公晚上 240 比索只能换到 70 美元。

虽然故事比较理想，但是它告诉了我们通过外汇获利的基本原理，就是在本币升值时卖出本币换外币，等到本币贬值时，再用外币换回本币，通过外汇买卖赚利差。图 13.1 展示了 2021 年 5 月 3 日至 6 月 30 日，人民币对美元汇率波动状况。如果在 2021 年 5 月 3 日，以 6.4734 的汇率卖出 1 万美元，再以 5 月 31 日 6.3701 的汇率买入 1 万美元，中间可以赚的差价为（6.4734–6.3701）×10 000 = 1033（元）；但是，如果能在 6 月 30 日以 6.4567 的汇率买入 1 万美元，就只能赚得差价 167 元。

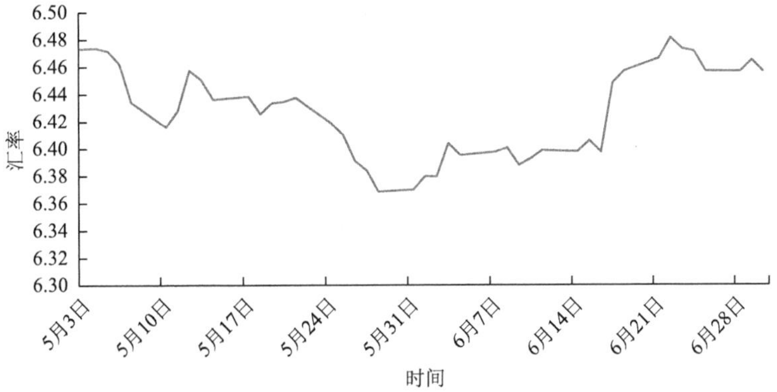

图 13.1　2021 年 5～6 月人民币对美元汇率波动图

外汇作为一种双边交易，当货币处于高位时先卖出货币再在低位买入可以获利，在货币处于低位时买入再在高位时卖出也可获利。也就是说，只要投资者掌握好货币变动的方向，那么无论市场是涨还是跌都是可以赚钱的，汇率波动会产生汇率间的差价，有差价就会带来获利空间。

13.2.2　外汇投资的特点

首先，外汇市场交易规模庞大，投资交易公开透明。与股票、债券等其他投资市场相比，外汇市场的流动性更强。外汇市场属于全球性的资本市场，各国中央银行和大大小小的金融机构都参与其中，现实中还没有哪个财团和机构具有可以操纵外汇市场的实力，因此不用担心外汇价格被机构操纵。索罗斯的名言就是“赚钱的道理，就是要建立在别人的谬误上”。无论是谁只要能准确预测外汇波动方向就可以获利，因此外汇投资越来越受机构和个人投资者喜爱，外汇市场影响力也不断扩大。

其次，与企业项目投资和个人证券投资不同，外汇投资可以 24 小时连续交易。外汇市场具有时间上的连续性和空间上的无约束性，投资者可以真正实现“随时”“随地”地参与外汇投资。时间的连续性表现在主要外汇市场交易时间能够实现外汇交易 24 小时不间断。表 13.4 展示了主要外汇市场交易时间（北京时间）。在全球各个外汇交易市场 24 小时连续运行下，投资者几乎可在任何时刻，随时根据新的走势变化，进行外汇的买卖操作，投资者几乎每日都有获利机会。

表 13.4 主要外汇市场交易时间（北京时间）

市场名称	夏令时	冬令时
新西兰惠灵顿外汇市场	05:00～13:00	04:00~12:00
澳大利亚悉尼外汇市场	07:00~15:00	06:00~14:00
日本东京外汇市场	08:00~14:30	08:00~14:30
德国法兰克福外汇市场	15:00~22:00	16:00~23:00
英国伦敦外汇市场	16:30~23:30	17:30~00:30
美国纽约外汇市场	20:00~03:00	21:00~04:00

再次，外汇交易投资标的相对较少。全球超过 170 种不同货币组成一个庞大的外汇市场，但外汇投资标的主要集中于几大货币，投资者只需要在不同市场背景下关注对应货币即可。一般来说，美元是全球硬通货，全世界中央银行主要的外汇储备还是美元，全球的主要商品几乎都以美元计价，大多数国际贸易都是以美元进行交易的，当资金寻求安全避风港时，美元也通常是首选。因此，投资者需要集中精力和时间，关注美元的波动和变化。

最后，外汇投资属于“易学难精”的投资活动。外汇投资是一个门槛低，但同时门槛又高的投资领域。外汇投资门槛低是指，投资者仅需要数百美元即可交易，不需要额外的资格认证，操作外汇买卖比较容易上手；同时，货币作为一种常见的“生活必需品”，投资者对货币升值和贬值的影响因素相对比较了解；外汇交易的理论知识也并不复杂，外汇风险和风险管理的手段也是有限的，并不是很难学习和理解。外汇投资门槛高是指，在外汇交易市场上充斥着各种专家和专业的投资机构，想从他们手上分一杯羹，获得外汇交易的利差是有些困难的。而且影响外汇波动的因素纷繁复杂，即使是金融专家、投资大师也不能预判准确，尤其是一些突发性事件，很多大公司和个人钻研一生都不敢说在外汇市场上能够游刃有余，稳赚不赔。

13.2.3 外汇交易的参与者

外汇交易市场上买卖外汇的参与者非常复杂，各种有外汇需求的个人、机构和政府，都在市场上 24 小时不停歇地进行着外汇交易。参与者包括各国的商业银行、中央银行，各种类型的金融机构，进出口贸易商，企业的投资部门，基金公司甚至个人。不同参与者在交易动机、交易金额、交易风险以及交易能力等方面存在显著差异。

第一类参与者是基于自身短期需求购买外汇，如出国留学、跨境旅游和缴费的个人及组织，他们是临时性地需要外汇。单个交易者的交易量相对较小，交易过程相对简单，面临的外汇风险也相对较小，并不需要交易者具备丰富的交易经验和专业技巧。但是这类参与者在人数上却是最多的。数据显示，2019 年中国公民出境旅游数量达 1.55 亿人次，主要出境前往的国家包括韩国、日本、越南和泰国；2018 年我国出国留学人员总数达到 66.21 万人，较 2017 年增加 5.37 万人，同比增长 8.83%，2019 年全年我国出国留学人员总数突破 70 万人。

第二类参与者是因有正常生产和交易需要而开展外汇交易，主要是开展跨国投资和跨国贸易的公司。当企业发展到一定规模时，国内市场已经无法满足其盈利需求，会积极开展跨国投资和跨国贸易。企业开展跨国投资和跨国贸易过程中需要的外汇数量是巨大的。跨国投资中，并购是资金需要量相对较多的投资方式。2015 年，我国企业海外并购数量和交易金额均创历史新高，涉及中国企业的并购交易总额达 3053 亿美元。当然，更高的外汇需求也意味着面临更大的外汇风险。

第三类参与者是通过外汇波动获利的投资机构。在中国，有很多专业的外汇投资机构，专门为客户提供外汇投资理财服务；巴菲特、索罗斯、罗杰斯等管理的基金公司都参与外汇投资，并从中获利颇丰。

第四类参与者为各国政府，各国政府也有外汇交易和投资的需求，一国的外汇储备情况是衡量政府国际影响力、经济实力、调节国际收支能力和抗风险能力的重要指标。根据国际货币基金的结算数据，中国外汇储备居世界第一且遥遥领先于排名第二的日本。为了有效管理和经营外汇储备，中国政府在 2007 年 9 月 29 日成立中国投资有限责任公司，专门运营外汇资产，并斥资 30 亿美元购买国际金融巨鳄黑石集团接近 10%的股权。

13.2.4　外汇风险的构成因素和种类

外汇风险又叫汇率风险，是指在不同货币的兑换或折算中，因汇率在一定时间内发生变动导致的收益或损失的可能性。前文提到，投资者可以通过外汇波动获利，但是一旦外汇波动朝着对投资者不利的方向波动就会出现损失，这种收益和损失的不确定性也就是外汇风险。从事对外经济贸易、投资的公司、组织、个人或是国家外汇储备管理机构，都持有大量外币表示的资产或负债等，在国际收付结算中可能会面临来自汇率变动带来的外汇风险。

在汇率波动的影响下，外币资产和外币负债的价值都存在变动的可能，企业不需要关注所有外币资产和外币负债面临的外汇风险。只有“超买超卖”的部分，即常被称为“敞口”“风险头寸”的部分才是真正的外汇风险对象。倘若某人某日需要支付一笔 1000 美元的订单，但同时另外有人支付给他一笔 1000 美元的货款，那么美元和人民币的汇率变动对他将不会产生任何影响。

根据外汇风险的作用对象及表现形式，可以将其划分为以下主要三类风险。第一类外汇风险是外汇交易风险。外汇交易风险是指对未了的债权、债务进行事后的交割清算时出现的风险。任何外汇交易或者支付，只要发生在未来，交易者就会面临在实际交易日外币升值或者贬值的可能性。留学生交学费也会有相应的交易风险，如美国高校要求在 9 月份交 4 万美元学费，如果在 9 月份才购买美元，就要承担相应的汇率波动的风险。

第二类外汇风险是外汇折算风险。跨国企业在海外子公司的收入是外币，但是由于汇率一直处于变化之中，子公司经济活动发生日与财务决算日的汇率发生变化，导致用不同时点的汇率折算子公司财务状况时，会产生差异较大的账面损益，这种汇率波动造成的会计账面损益被称为“外汇折算风险”。企业在填制财务报表时会采取不同汇率进行计算，包括现行汇率、历史汇率和平均汇率等，不同的会计计量方法计算出的金额也不同。外汇折算风险一般出现在跨国公司中。因为外国子公司或者附属公司平时会计计量都是用外币，母公司在将国外子公司以外币计价的财务报表改为以母公司所在国货币计价编制合并报表的过程中会产生相应的风险。

第三类外汇风险是经济风险。经济风险是指外汇汇率变动使企业在未来特定时期的收益发生变化的可能性。例如，100 美元的商品本来出口中国要卖 670 元人民币，但是一旦美元发生贬值，可能就只需要 650 元人民币，由于价格的下跌，在中国市场上的竞争力就会显现出来，可能刺激出口，使美国企业出口额增加而增加收入；反过来，美国企业需要进口中国原材料等商品，100 元人民币本来需要 14.925 美元就可以购买，但是由于美元贬值，导致需要 15.385 美元，增加了美国企业经营的成本。这种汇率波动会在一定程度上导致企业生产的产品在销售价格、生产成本上发生波动，进而影响企业的收益和现金流量。

13.2.5 如何控制外汇风险

尽管前文主要列举了三类主要的外汇风险，但毫无疑问，决定外汇价格的变量很多，这也决定了外汇市场是一个风险很大的市场。可以说，外汇行市的波动经常出乎投资者的意料。

对于外汇市场上的投资者来说，按照投资者的风险偏好及经济状况可分为以下两种策略：被动型外汇投资策略和主动型外汇投资策略。需要注意的是主动型投资和被动型投资没有好坏之分，也并没有哪一个更适合投资一说，有能力的投资者可以根据不同的市场行情选择不同的策略。倘若投资者无暇顾及外汇市场行情，可以选择优秀的被动型基金；倘若投资者认为自身投资水平够高则可以选择主动型基金。对于投资者来说，最重要的是根据自身情况选择投资。

被动型外汇投资策略就是借鉴国家管理外汇储备的经验，根据双边贸易量设置不同货币资产或者衍生品的权重，相关权重利用数学模型和追踪实际汇率篮子的比重进行估算。通过资产配置，使得投资者拥有的整个组合的货币配置更接近人民币汇率设定所参考的外币组合，从而被动地缓解人民币汇率波动对投资基金净值的影响。比较著名的是摩根士丹利公司所编制的证券指数，即 MSCI 全球指数，全球配置比重为美国占比 48%、欧洲占比 30%、日本占比 10%、新兴市场占比 8%、已开发亚洲（不包括日本）占比 4%。这对外汇资金管理的配比权重具有重要参考价值。全球资产管理人经常采用这种多种货币资产组合对冲汇率风险，降低各个资产的联动风险，有效提高投资组合的风险调整后预期年化收益。

主动型外汇投资策略，是指投资者自己选择买卖的币种、时间和金额，自己管理自己的头寸。尽管很多投资者带着满满的自信和满腔的赚钱欲望投入市场，但现实往往把很多人通过炒汇实现的财富自由梦想打翻在地。主动型外汇投资策略对投资者专业性要求较高。同证券市场一样，主动型投资者可分为基本面分析和技术面分析两大门派。购买力平价理论、国际收支模式、国际资本流动、资本市场模式以及种种可能影响外汇变动的因素都是基本面分析中常常用到的分析方法，而技术面分析者往往利用K线图、趋势线、趋向指标等判断外汇走势从而进行交易。

13.3 外汇投资理念

外汇市场充满机遇与风险，但是外汇市场是一个零和博弈的市场吗？我们应当如何正视外汇市场的机会与风险？如何进行资金的管理？本节内容将引领读者探索这些问题的答案。

13.3.1 “炒汇”还是“保汇”？

外汇市场交易是一场“零和游戏”，是财富在不同主体之间的转移。以全球外汇市场每日 4 万亿美元的交易量来说，涨跌 1%就意味着 400 亿美元从若干个口袋流出，再流进若干个另外的口袋，但总的价值量不会增加也不会减少。这种巨大的财富变化使得外汇市场每天上演一夜暴富或瞬间赤贫的场景。事实上，外汇投资在生活当中更多是作为投资组合为分散风险而进行资产配置、为手头的外汇资产或负债进行风险对冲的一种避险工具。下面我们将分别举例说明这两种情况。

第一种，作为全球资产配置的方式。全球资产配置优于单一国家市场配置，这已经被无数学术研究、行业实践所证实。从投资的角度来说，绝大部分中国人的资产和风险都集中在人民币，因此分散一部分资金在非人民币的资产中，是抵抗风险的有效手段。

第二种，作为手头的外汇资产或负债进行风险对冲。假设有一家国际贸易公司，下个月需要从美国采购一批物料，但是又预计下个月美元会上涨，那它要如何尽量避免这种可能因美元上涨带来的风险呢？这个时候，该公司就可以去外汇市场买入美元兑人民币的外汇期货合约，看涨美元期货。如果美元汇率上涨，需要支付更多的人民币兑换美元支付物料费用，但同时可以在外汇期货交易中获利。用外汇期货市场上的盈利弥补现货市场上的亏损，就是我们常说的风险对冲。这样这家贸易公司在外汇市场建立头寸的那一刻，就相当于已经确定了自己的汇率，不用担心汇率变化的问题。本质上，这家外贸公司把预测汇率的任务，外包给了外汇市场里专业的风险承担者。

13.3.2 如何做好资金管理

资金管理是每一个想要取得成功的交易者所必须跨越的一道门槛。如果把外汇投资视作一场资本市场上的调兵遣将，那么调拨多少兵力、如何部署、如何调整都是一位军事将领必须慎重考虑的事情。资金管理是指资金的配置问题，包括投资组合的设计、整体账户风险承受度、每笔交易初始风险承受度、交易规模的设定、如何进行仓位调整等各个方面。

同证券交易市场一样，人人都明白，投资的目的是通过挣更多的钱来提高我们的生活品质，所以不应该动用那些用来保障生活的钱，如每个月的生活费、养老储蓄，更不应借钱来进行外汇交易。交易者运作任何投资市场的资金时都不能有太大的压力，不能有只许胜不许败的紧迫感，必须能给账户一个比较宽松的空间和时间，只有这样才能为以后账户的操作奠定稳定的心态基础。

由于风险与收益是并存的，头寸规模在外汇交易中像一场拔河比赛，一边是风险，一边是利润。巧妙运用外汇头寸规模，可以控制天平倾斜的程度，帮助外汇投资者在最小的风险下获得最大化的收益。假设一个外汇投资者有 100 000 元的总资金，那么他每笔交易能承担的最大损失为 100 000×1% = 1000（元），也就是风险上限。在风险被确定在至多 1000 元的基础上可以适当增加头寸，从而达到整体最优的情况。

常见的仓位管理方法有金字塔形仓位管理法、漏斗形仓位管理法和矩形仓位管理法。金字塔形仓位管理法，顾名思义，就是初始进场的资金量比较大，后市如果行情按相反方向运行，则不再加仓，如果方向一致，则逐步加仓，加仓比例越来越小。投资者根据报酬率控制仓位，胜率越高，其动用仓位也就越高。运用趋势的持续性来增加仓位，在很大程度上降低了风险，投资者收益得到有效保证；不足之处就是在震荡市，较难获得收益。再加上刚开始的仓位过重，也就间接对第一次入场有很大要求。

漏斗形仓位管理法，初始进场资金量比较小，仓位较轻，若行情按相反方向运行，后市逐步加仓，进而摊薄成本，加仓比例越来越大。此方法的优势在于初始风险比较小，在不爆仓的情况下，漏斗越高，盈利越可观；不足之处则在于这种方法需建立在后市走势和判断一致的前提下，如果方向判断错误，或者方向的走势不能越过总成本位，将陷于无法获利出局的局面。当市场震荡不容易确定外汇走向时，可以先小量金额试探，一旦外汇波动走势与预测发生不同，可以充分利用资金优势摊薄交易资金成本。

矩形仓位管理法是指初次建仓时，确定进场的资金量占总资金的固定比例，若行情按相反方向发展，则以后逐步加仓，降低成本，且加仓都遵循这个固定比例。矩形仓位管理法的优点在于，每次只增加一定比例的仓位，持仓成本逐步抬高，对风险进行平均分摊，从而实现平均化管理。矩形仓位管理能够保证持仓的金额可以得到很好的控制，后市方向和判断一致的情况下，会获得丰厚的收益；缺点在于初始阶段，平均成本抬高较快，故而交易者很容易陷入被动局面，价格不能越过盈亏平衡点，处于被套局面。

13.4 外汇投资要点

个人也可以成为外汇市场上的投资者，展开投资，利用汇率的波动获利。假设投资者准备初探外汇市场，应该注意的要点有哪些呢？他该如何选择正规交易商？又该怎样选择合适杠杆？本节将带读者一探究竟。

13.4.1 外汇交易的合法性

外汇交易始终是高风险的交易活动，对于大企业是这样，对于资金额相对稀少的个人更是如此。如果在百度上以“炒外汇”“外汇投资”作为关键词进行搜索就会发现，网站将置顶提示“目前通过网络平台提供、参与外汇保证金交易均属非法。请提高防范意识，谨防财产损失”。

国家也在加强对外汇交易和投资活动的管控。2018 年 9 月 14 日，中国人民银行、中华人民共和国公安部、国家外汇管理局联合发布《防范外汇按金风险 谨防财产损失》的公告。公告提示，一些网络平台非法从事外汇按金（也称外汇保证金）活动，严重扰乱金融秩序，造成社会公众财产损失，影响恶劣，存在较大风险隐患。中国人民银行、银保监会、证监会、国家外汇管理局及其分支机构未批准任何机构在境内开展或代理开展外汇按金业务。

可能有人会质疑：既然外汇保证金交易非法，为何我国多个银行也开展了外汇买卖业务？事实上，截至目前，多家银行都推出了面向个人、适于大众投资者参与的个人外汇买卖业务，如中国银行的“外汇宝”、中国工商银行的“汇市通”等。但需要注意的是，该种外汇交易，是指个人委托银行，参照国际外汇市场实时汇率，将一种外币买卖成另一种外币的交易行为，因此也被称为实盘交易。我国银行交易不具备保证金交易的卖空机制和融资杠杆机制，再加上在每个人每年 5 万美元的额度限制，客户波动盈亏浮动也相对较小。

13.4.2 如何选择正规交易商

外汇交易商（foreign exchange dealer）是指买卖外国汇票的交易公司或个人，多数是信托公司、银行等兼营机构，也有专门经营这种业务的公司和个人。可以说，外汇交易商是外汇交易必不可少的元素，往往决定了投资人资金的安全，与投资人的利益直接挂钩。投资市场鱼龙混杂，一旦选择了不合规交易商，即使赚再多也无济于事。

那么如何甄选合规的外汇交易商呢？答案是查询监管号。合规的外汇交易商，也就是受监管的交易商，客户所交易的订单直接进入银行和市场。只要在正常受监管的交易商旗下进行交易，不管投资者属于哪个国家或者哪个地区，其交易的单子都是交易商所对应的银行订单，受监管和法律保护。只要向监管局递交投诉，投资者的正当权益都能够得到较好的保护。目前全球主要的外汇交易商受四大监管机构监管：英国金融服务监管局、美国商品期货交易委员会、美国全国期货协会和澳大利亚证券和投资委员会。

除此之外，平台成立年份及公司背景也可成为辅助我们判断的依据。一般来说，越悠久的平台，其经受住市场的考验越长久，也就越安全，而考察公司背景如大股东情况，也是为了确保该平台的资金充足，有足够的能力抵抗对赌风险。

13.4.3 理性选择杠杆大小

要明白杠杆的重要性和危险性，就要先回答三个问题。第一个问题，杠杆跟保证金的关系是怎样的？假设开立一个 2000 美元的账户，假设欧元兑换美元现价为 1.1073，200 倍杠杆和 400 倍杠杆下分别做一手（一张标准合约价值是 10 万美元，称为“一手”），前者需要保证金：1.1073×100 000/200＝553.65（美元）；后者需要保证金：1.1073×100 000/400＝276.825（美元）。也就是说，杠杆越大，占用保证金金额也就越小。

第二个问题，杠杆跟盈亏的关系。在外汇市场中，一张标准合约价值是 10 万美元，那么一个点的价值就是 100 000×0.0001＝10（美元），所以无论投资人是 200 倍杠杆还是 400 倍杠杆，1 张标准合约的 1 个点都是 10 美元，并不会随着杠杆的变化而变化。但不同杠杆下投资者初始可投入资金不同，杠杆越大，需要的初始资金越少，因而收益率（或亏损率）也就越大。

第三个问题，杠杆跟爆仓风险的关系。一个直观的感受是，杠杆越大，投资者面临的风险也就越大。这一点可以通过简单的计算进行判断：不同的交易商采取的强制平仓比例是不一样的，常见的是 100%，这意味着当可用保证金为零时，账户将被强制平仓。紧接前面的例子，200 倍杠杆和 400 倍杠杆下可用保证金分别为 2000–553.65＝1446.35（美元）和 2000–276.825＝1723.175（美元），这也是该投资者此时至多能够承受的亏损。试想一下，当欧元的走势与客户本身判断的趋势相反，或者说受到市场冲击较大时，投资者将面临爆仓的风险。此时，200 倍杠杆下能经受住 144 个点，而 400 倍杠杆下可以经受得住 172 个点。因此，在同等仓位的情况下，杠杆越大，保证金越低，面临的风险也就越低。

但是，由于在大杠杆下所需要的保证金少，在心理的作用下，投资者很容易加大仓位甚至是重仓进行交易。在资金情况相同的情况下，杠杆越大，投资人开设的仓位也就越多，也就更加容易爆仓，风险也就越大。

因此，并非杠杆越高对于客户越好，不同类型的投资者应当选择不同的杠杆，将自己的交易优势发挥出最大的效果。很多的外汇监管机构为了控制客户的亏损，已经对外汇杠杆有了要求。例如，美国全国期货协会规定，美国本土的外汇交易客户最大的杠杆不能超过 50 倍。

13.5 外汇交易的分类

与现货交易及金融衍生产品交易相类似，外汇交易按交易方式分类主要包括即期外汇交易、远期外汇、外汇期货、外汇期权等。事实上，外汇交易正是前者将标的资产具体化为货币的一种细分情况。本节将简洁地介绍这几类外汇交易。

13.5.1 即期外汇交易

即期外汇交易也称现汇交易，指的是外汇市场上买卖双方成交后，在当天或第二个营业日办理交割的外汇交易形式。它是外汇市场上最常用的一种交易方式，交易额也占到了外汇交易总额的大部分。就其本质而言，即期外汇交易就是以一种货币交换另一种货币。一方交付一定数量指定货币的同时，从另一方接受一定数量的另一指定货币。需要注意的是，“即期”不等于“即刻”，即期外汇交易并非即刻结算支付，而是根据双方约定的汇率在成交之后的两个工作日内结算。

即期外汇交易主要承担以下功能：一是可以满足客户临时性的支付需要。通过即期外汇买卖业务，客户可将手头上的一种外币兑换为另一种外币，用以支付进出口贸易、投标等外汇结算或归还外汇贷款。二是可以帮助客户调整手中外币的币种结构，从而帮助客户分担外汇风险。假如企业已知在两天后要支付一笔货款，可能面临较大的随着汇率上升带来的外汇风险，若企业判断汇率将大幅增长或企业为避免三天后汇率上升造成外汇损失，则可通过进行与现有敞口头寸数量相等，方向相反的即期外汇交易，锁定现有的汇率，从而消除两日内汇率波动给企业带来的损失。但同时我们也可以看到，由于即期外汇交易只是将第三天交割的汇率提前固定下来，它的避险作用十分有限。

13.5.2 远期外汇交易

相对于即期外汇交易，远期外汇交易完美解决了即期外汇交易两天内交割的局限。远期外汇交易双方在成交后并不立即办理交割，而是事先约定币种、金额、交割时间等交易条件，到期进行外汇交易。凡是交割日在成交两个营业日以后的外汇交易均属于远期外汇交易，最常见的远期外汇交易交割期限一般有1个月、2个月、3个月、6个月、12个月，1年期以上的则被称为超远期外汇交易。

根据期限的不同可将远期外汇交易分为固定交割日的远期外汇交易和选择交割日的远期外汇交易。前者又被称为标准交割日的远期外汇交易，它是最常见的外汇交易类型。这类交易的交割日为某一确定的日期，既不能提前，也不能推迟。到交割日，按对方的要求将货币交割到对方指定的银行账户内。即便一方提前交割，另一方既没有提前交割的义务，也无须因对方提前交割而支付利息。但若有一方推迟交割，则必须向对方缴纳支付利息。

选择交割日的远期外汇交易，顾名思义，就是具体交割的日期不确定，签订合同时只规定交易的数量和汇率。交易的一方可选择在自成交日第三天起的约定期限内任一个工作日，要求交易对方按照双方约定的远期汇率进行交割。

13.5.3 外汇期货交易

外汇期货交易是指交易双方在期货交易所内，通过公开叫价的方式，买卖在未来某一标准清算日期交割的一定数量外汇，并以标准化合约的方式交易。从本质上来说，外汇期货只是一种资产标的为外汇的期货，外汇期货合同跟远期外汇合同也很类似——双方约定在确定的日期按照确定的价格买进或卖出一定金额的指定货币。但是，两种产品在结构和组织上存在差别。期货合约在有组织的交易所通过公开竞价的方式集合交割，交易所接受美国商品期货交易委员会的监督；而远期合约是柜台交易，市场分散，监管方式多为自律形式，只受普通商业合同法和税法约束。这也就是为什么期货合约流动性大、交易范围广，而远期合约缺乏流动性、信用风险高。也正是由于此特性，期货通常不等交割便转手易人，赚取的是差价，而远期合约不易转手，其持有目的通常是最终的交付。

13.5.4 外汇期权交易

外汇期权的“权”，是一种选择的权利，指的是期权买方在支付一定数额的期权费后，有权在约定的到期日按照双方事先约定的协定汇率和金额同期权卖方买卖约定的货币，同时也有不执行上述买卖合约的权利。

显而易见，如若合同规定的汇率为2.5，到期时市场实际汇率只为2.3，不行权反而能够给期权买方带来更大的收益，此时卖方还可赚一笔期权费。若到期时市场汇率为2.7，那么买方行权，卖方就必须按照2.5的合同汇率向其支付，作为自己对于趋势错误判断和收取了期权费所应付出的代价。

因此，期权是指期权合约的买方具有在未来某一特定日期或未来一段时间内，以约定的价格向期权合约的卖方购买或出售约定数量的特定标的物的权利。买方拥有的是权利而不是义务，他可以行使或不行使合约所赋予的权利。

在金融市场中，以外汇汇率为标的资产的期权合约称为外汇期权合约。与上述例子相似，价值100万元的房产，类似外汇期权中的标的汇率；约定房产购买价格为100万元，在外汇期权中称为执行价格；为获取购买的权利所付的2万元，在外汇期权中称为期权费；支付2万元后拥有的按约定价格购买房产的权利，在外汇期权中称为看涨期权；购买的权利能在3个月后行使，在外汇期权中称为到期日。

13.6 外汇交易指南

本章的最后，我们为读者介绍购汇、购钞的相关内容，并为读者介绍生活中常见的外汇骗局，帮助读者了解生活中的外汇交易和可能存在的陷阱。

13.6.1 留学汇款持汇更划算

在日趋国际化的今天，有出国留学打算的同学不在少数。据了解，拿外钞现钞做出国留学汇款的家长不在少数。这主要是由于很多人不了解外汇与外钞的区别。根据国家外汇管理的有关规定，现钞是不能随意换成现汇的。现钞通常指外币的钞票或以钞票存入银行所生成的存款。现汇主要是指以支票、汇款、托收等结算方式取得并形成的银行存款。由于汇往国外需要的是现汇，在银行换汇得到的才是外汇。所以如果人们手上持有的是外钞现金，现钞汇款到国外，除了要收取手续费及电汇费用外，另还将按汇款的千分之一（上不封顶）向银行额外多交一笔汇买钞卖的手续费。

对于有购汇支付留学费用汇款国外的需求的客户来说，除了要注意通过正规渠道办理之外，还应知道的是，不同银行外汇牌价有固定、浮动之别。目前中国银行的外汇牌价是实时更新（9秒一变），分为买入价、卖出价和中间价，客户购汇的价格就是卖出价。如若牌价显示，澳元的最新卖出价是420.13元，那么也就是说，若周先生想购买100澳元，需要支付420.13元人民币，无须支付其他任何费用。但有的银行实行固定牌价制度，即每天早上给出一个固定牌价。浮动牌价与固定牌价各有利弊，如果当天外币汇价下跌，按浮动的牌价购汇可以省钱，如果当天外币汇价上涨，按固定的牌价购汇就更省钱。特别是购汇金额比较大时，换汇之前应该先了解趋势。一般来说，各家银行同一时间，同一个币种报价都有高低的差别，想换汇的客户可以平时多了解各家银行的报价，尽量选择报价低的银行办理换汇业务。

13.6.2 外汇常见骗局

由于外汇交易具有规模庞大、全球交易等特点，大多数投资者和没有投资经验的个人都听说或者了解过一些。另外，外汇交易可以以小博大，相对来说有较多创造财富神话的机会，同时外汇交易“易学”，导致很多个体容易对外汇交易存在不同程度的财富幻想。缺乏对外汇交易的完整认知就给很多外汇骗局创造了条件。但是，外汇交易涉及的金额相对较大，任何投资者都会谨慎对待，这也给外汇骗局的设计制造了不小的难度，包括基础的群骗局、庞氏骗局、赠送资金骗局等。

如果有20万元的存款，这时候有人跟你说投外汇，可以一年变40万元。你肯定觉得对方是骗子，不可能有这种事情发生。所以一般的外汇骗局不会显得这么急迫，可能会很耐心地说“不参与投资交易也可以”，就是来观看一下投资高手的操作，如果觉得可以就用小钱进行跟投，有的机构甚至会提供操作资金供用户练手。听到对方这样说，加上你可能想深入了解外汇交易、增加投资经验，就抱着试试看的态度进入对方的投资群。

被骗者入群后发现群里的“高手”的一切操作，都是透明的，资金是放在所谓的第三方资金平台，安全隔离，并受到某某国家外汇监管。一切都看起来很正规，每天都有群里大神发布投资交易信息，以及投资收益截图。一开始你也只是默默看着群里的信息，但是看到大家都获取了不小的投资回报，难免有些心动，就想操作一点儿玩玩。在“工作人员”的指引下，你开户、充钱交易。刚开始可能会赚钱，这时候发现外汇投资挺简单进而补入更多的资金。但后面投资会发生亏损，这时候又会有很多人来安慰你，讲述自己悲惨的投资经历，然后讲述自己是如何通过补仓资金操作实现翻倍的，目的是希望你能够投资更多的钱。这时候你可能只有一个想法就是回本，并为了回本而越陷越深，甚至不惜借钱、卖房等。等到你实在没有资金以后，没有价值的你就会被踢出群，所有“投资者”“客服”“导师”都不复存在。

在这个骗局中，整个平台的操作数据都是假的，与真实的外汇市场存在误差，在这个虚假数据中，一切盈亏都是人为控制的，被骗者的收益和亏损都是由骗子在后台操作的。另外，在所谓的投资群里，除了你一个人以外，其他都是骗子、托甚至是机器的自动回复，这是专门为了你而设置的“骗局群”。骗子为了攒局骗钱也是煞费苦心，很多没有经验或者心思单纯的人很容易被设计，进入骗子的套路。

对待这种骗局，首先要了解，国家明确规定不允许网络平台参与外汇保证金交易，因此在网上的所有的外汇公司，不管是搜索引擎搜出来的，还是邮箱里的广告全部都是非法。交易要选取正规合法的投资理财平台，绝不能道听途说，应该积极筛选信息，明确对方外汇投资的资质是否合格。其次，还要学习外汇投资的相关知识，对外汇投资有基本的认知，这样骗子说的很多交易就容易被识破。不要轻易加入投资群，也不能轻信投资群中的投资意见建议，应多通过其他渠道验证相关信息。如果外汇投资真如骗子所言，那么赚钱，骗子自己就可以找亲戚朋友借钱，为什么要找其他人一起投资？总之，不能相信“天上掉馅饼”的事情，也不要有利用外汇交易发家致富的想法。

课后测试

一、选择题

1. 外汇是国外汇兑的简称，以下关于外汇的表述错误的是______。

A. 外汇是国际贸易的产物

B. 外汇交易是以一种货币购买另一种货币

C. 人民币通常用 RMB 表示

D. 按照国际惯例，各个国家或地区的货币名称通常用三个英文字母表示

2. 中国采用的是哪一种外汇标价法______。

A. 直接标价法　　B. 间接标价法

C. 美元标价法　　D. 视情况而定

3. 外汇买卖业务，按照报价和交易的方向，汇率分为______。

A. 买入价和卖出价　　B. 最高价和最低价

C. 现钞价和现汇价　　D. 开盘价和收盘价

4. 外汇市场特点不包括______。

A. 公平透明　　B. 每天 24 小时运行

C. 投资标的相对较多　　D. 易学难精

5. 外汇投资低门槛主要表现在______。

A. 汇率波动较小　　B. 汇率投资仅需要数百美元即可交易

C. 汇率走势容易预测　　D. 汇率计算比较简单

6. 外汇折算风险是指______。

A. 对未了的债权债务进行事后的交割清算时出现的风险

B. 汇率波动造成的会计账面损益

C. 外汇汇率变动使企业在未来特定时期的收益发生变化

D. 国家外汇管制导致企业难以在外汇市场上进行外汇交易

7. 一张标准合约价值是 10 万美元，那么一个点的价值是______。

A. 1000 美元　　B. 100 美元

C. 10 美元　　D. 1 美元

8. 欧元/美元现在价格是 1.1073，那么购买一手欧元/美元的标准合约，在 100 倍的杠杆下需要的保证金金额为______。

A. 1000 美元　　B. 1107.30 美元

C. 553.65 美元　　D. 276.825 美元

二、判断题

1. 汇率中最小的波动单位被称为汇价基点，简称“基点”或“点”。

2. 投资者心理预期会影响外汇波动。

3. 大多数的国际贸易以美元进行交易，只有美元升值时外汇投资者才可以赚钱。

4. 与股票、期货等其他投资市场相比，外汇市场是当前世界上流动性最强的投资市场。

5. 企业或个人等持有的所有外币资产和负债都存在外汇风险。

6. 当一国货币贬值时，可能刺激出口使企业出口额增加而增加收入。

7. 金字塔形仓位管理法是初始进场资金量比较小，若行情朝着不利方向运行，再逐步加仓的仓位管理方法。

8. 外汇期权的买方拥有的是权利而不是义务，他可以履行或不履行合约所赋予的权利。

三、简答题

1. 外汇投资具有哪些优势？
2. 企业是否要注意持有的所有外币资产和外币负债的外汇风险？为什么？
3. 根据外汇风险的作用对象及表现形式，可以将其划分为哪几大类？
4. 外汇短线交易和长线交易的原则分别是什么？
5. 远期外汇交易和期货外汇交易的区别有哪些？

四、案例分析题

小张在华盛顿大学某校区上学，但是交学费一事令他头痛。每年需要缴纳4万美元学费，且缴费时间集中在8月份。但是，由于中美贸易摩擦、全球经济波动以及货币增发等因素的影响，人民币对美元的汇率也会存在较大的不稳定性。每年需要支付的人民币金额都不一样，有时候要凭空比以前多花上万元。小张听说通过外汇期货可以降低人民币贬值的风险，减少汇兑美元时的支出，他很开心地了解到了很多外汇期货的知识。但是由于期货交易比较专业，也有些复杂，因此他通过朋友介绍认识了一个可以代理期货交易的金融中介机构，据说可以免除手续费、免费帮忙操作外汇期货交易。小张很高兴地把28万元人民币打给金融中介机构。通过机构提供的软件，小张可以随时关注自己外汇期货账户的盈余状况。等到快8月份要交学费时，小张联系金融中介机构支付学费，机构服务人员称已经向小张提供的账户打入4万美元。但是，小张一直没有收到学校的学费到账通知。小张慌了，赶紧联系平台，对方一直说交易出现问题，再等几天，直到平台的联系电话再也打不通。最后，小张终于报警，发现所谓的金融中介机构是皮包公司，提供的外汇期货软件都是公司设置用来欺骗受害者的。

案例思考：

1. 去美国留学面临的外汇风险有哪些？
2. 小张在进行外汇风险管理时犯了什么错误？

第 14 章

保险与保值

课程目标

□熟悉主要保险类型，并说明这些保险的适用范围
□设定你的投保计划，包括投保类型和投保时间
□解释保险的优点
□了解金融衍生工具交易规则
□熟悉一些自己有可能使用到的衍生工具，并说明使用场景

人生的每个阶段都可能面临各种各样的风险，如疾病、事故、财产毁损、失业、投资损失等。这些风险会侵蚀我们的财富，影响我们的生活水平。如何尽可能规避风险，降低风险给我们生活带来的损失是与我们每个人都息息相关的重要课题。本章首先会全面介绍风险的特征和分类。其次介绍风险管理的基本方法，包括以控制风险为主的控制法和以财务手段转移风险为主的财务法。再次，在此基础上，介绍保险合同的特征，以及如何通过保险合同管理和控制风险。最后，介绍风险管理中的高级形式——金融衍生工具。通过本章的学习，读者将会了解如何利用保险工具和金融衍生工具来为自己的生活提供保障、规避风险。

课前小测

一、案例分析题

1. 设定投保目标

生活中存在很多保险公司，拥有各种类型的保险类型，如人身保险、财产保险等。为什么要投保？你生活中哪些东西值得你为之购买保险？你购买保险的目的是什么？请试着完成表 14.1。

表 14.1　设定投保目标

保险类型	保险对象	保险金额	投保时间

2. 觉察交易和投资风险

在你未来要做的交易中，如出国读书换汇等，以及正在或将要进行的投资中，存在着哪些风险？有什么工具可以帮助你降低这些投资风险或者对冲投资风险？

14.1　风险的基本特征与分类

风险的基本特征包括客观性、可测性和可变性。其中客观性是指，风险的存在是客观现象，主观上是无法避免和抗拒的，风险可以预防而不能被消灭。可测性是指风险发生的概率和程度是可以用概率论进行统计和分析的。可变性是指风险发生的可能性会随着环境的变化而变化，不是一成不变的。

按照风险发生可预见与否可以将风险分为纯粹风险和投机风险。纯粹风险是指难以预见的风险，包括自然灾害和意外事故等，如地震、洪水、火灾和车祸等。投机风险是指在生产经营中可以预料到的风险，如股票投资风险、企业经营风险等。

按照风险损害的对象进行分类，风险可以分为财产风险、人身风险、责任风险和信用风险等。其中，财产风险是指财产损失的不确定性，自然灾害和人为因素都有可能导致财产损失。人身风险是人的衰老、疾病、伤残和死亡等因素造成的损失。责任风险是指企业或个人因为承担责任可能面临的风险。信用风险是指在金融信用体系下存在的不确定性损失，如商业信用损失、银行信用损失等。

按照风险的影响范围，可以将风险分为基本风险和特定风险。基本风险主要是指宏观因素造成的风险，如通货膨胀、地震、洪水和战争等，其影响范围广，产生原因复杂，非个人所能左右。特定风险是因特定因素所造成的，如爆炸、盗窃等。

14.2　风险管理的基本方法

风险管理是专门研究风险规律，采取措施降低风险发生概率和风险发生造成的损失，通过科学严谨的对策控制和处理风险的科学。风险管理针对风险进行有效的识别和衡量，其目标是选择经济、有效的风险管理方法使风险成本最小，并对风险管理效果进行评估。

14.2.1　风险管理控制法和财务法

风险管理的方法有很多，有以控制风险为主的控制法和以财务手段转移风险为主的财务法，其中控制法又包括风险回避、损失控制和风险隔离等方法，财务法管理风险的主要途径有自留风险、保险和非保险方式转移风险等。

1. 控制法

首先，风险回避就是在充分评估风险的情况下，认为风险发生的可能性较高、发生后造成损失较大，为了避免因从事该活动造成的损失，而主动放弃某项活动。

其次，损失控制是指针对企业不愿意放弃的事项，需要通过降低损失发生的频率，控制损失成本。损失控制可以管理的风险的主要特征是，风险发生的可能性较大，但是风险发生后造成的损失有限，这种情况下企业不愿意丧失获利机会，需要积极主动地降低风险发生的可能性。

最后，风险隔离是指“化整为零”，将存在风险的项目单位进行分割，尽量减少某个风险发生后的传导性和复制性。风险隔离过程中需要减少对某个特殊设备、资产、技术以及个人的依赖，否则一旦环境出现变动，个别设备或者个人遭遇意外事故，就可能使项目整体产生风险。

2. 财务法

首先，如果企业经营活动中某些风险发生的可能性较低，即使风险发生，造成的企业损失也比较有限，就可以选择自留风险，通过财务手段做好相应的资金安排即可。

其次，通过购买保险的方式，将未来可能发生的风险损失进行财务转移。购买保险是常见的风险管理手段，能够利用小额的固定支出，换取对未来不确定性的巨大风险损失的补偿，消化和减轻风险损害对公司和个人的影响。

最后，除了保险合同，企业还有其他非保险的方式进行风险转移和管理，如合同、租赁和转移责任条款等，在合同中明确风险发生后的经济后果由谁来承担，通过契约的方式也可以有效地将风险转嫁给他人，从而实现自身风险控制的目的。

我们可以根据风险的发生概率和损失程度来选择不同的风险管理方法。具体方式可以参照表 14.2。需要说明的是，保险通常仅适用于发生可能性小、损失程度大的风险。如果发生可能性大、损失程度也大，保险公司一般不承保此类风险，这类风险就往往借助于金融产品规避。

表 14.2 风险管理方法选择参考

风险发生概率	损失程度	风险管理方法
低	小	自留风险
高	小	损失控制
低	大	保险
高	大	风险回避

14.2.2 可保风险

可保风险是保险市场可以接受的风险，或者说可以向保险公司转嫁的风险。但是并不是所有风险保险公司都会承保，因为保险公司也要考虑盈利等问题。那保险公司愿意保障的风险有什么特点呢？

首先，保险公司愿意保障的风险需要具有经济可行性。保险公司并不是社会福利机构，盈利是保险公司考虑可以承保什么项目时的重要因素。对于投保的个人和企业来说，当风险造成的损失自身可能无法承受时，需要通过购买保险的方式，由保险公司补偿可能发生的巨大损失。同样地，对于保险公司来说，只有损失发生的概率很低时，才能将巨大的风险损失进行有效的分散，实现自身的盈利。

其次，保险公司愿意保障的风险必须是大量的、同质的、可测的。只有风险发生的概率可以被准确预测，保险公司才能够计算风险发生后的损失，进而确定保险费用和承保的金额等。可承保的风险也要具有同质性和大量存在的特点，这样保险才能出售，利用更加广泛的保险金来共同承担某个或者某些公司发生风险后的损失。常见的交通工具意外保险就是典型的例子。乘坐某个交通工具发生意外的风险是可以预测的，同时也会大量人乘坐某个交通工具，这些乘客面临的意外风险是相同的。

最后，保险公司愿意保障的风险损失必须是客观上纯粹的意外，被保险人无法控制相关事情的发生与否，如自然灾害等事件，任何个人都无法控制其是否会发生。如果某个风险在预料之中必然发生，或者发生的可能性非常高，那么保险公司不会承保。事件面临的风险是在被保险人控制下发生的也是不可保的。

14.3 保险的基本常识

个人的财富积累并不容易，财富的增长过程中会面临各种风险，已经拥有的财富和未来可期的收入都有可能在不可预测的风险面前减少。如何保障自身财富的不断增长，降低因为意外的灾祸、生意失败、对手的陷阱等因素导致的人生困境？保险是一种花钱转移风险的双利投资理财工具。可以说，保险是一份真正的资产，是对现有资产的转移和保障，在遭遇不测的风险时，保单并不会受到影响，能够为个人或者企业保留一份保底资本，使辛苦积累的财产不至于一夜间化为乌有。

14.3.1 保险的种类

我们通常看到的保险都是以合同形式呈现的，是集合同类风险单位以分摊损失的经济制度。在广义上，保险包括社会保险和商业保险。其中社会保险，就是大家常说的“社保”，是在国家政策要求和指导下，由企业和员工共同承担保险费用，以应对员工在工作过程中和退休后最常见的几种风险，是对员工的保障性的待遇。常说的“五险”包括养老保险、医疗保险、失业保险、工伤保险、生育保险。与社会保险相对应的商业保险，是投保人与承保人（保险公司）自愿签订的合同契约，投保人缴纳保险费用获取相关保障权益，保险公司专业经营保险业务获取盈利。社会保险和商业保险主要在保险性质、实施方式、保费来源及保费负担、保障对象、保障程度和保障范围等方面有本质区别（表 14.3）。

表 14.3　社会保险与商业保险的区别

区别项	社会保险	商业保险
保险性质	社会保障	市场契约
实施方式	根据法律法规强制实施	根据保险合同自愿参与
保费来源及保费负担	国家、企业、个人三方面负担	投保单位或者个人
保障对象	广大的社会工作者	缴纳了保险费用以及符合相关条件的被保险人
保障程度	基本保障	协商确定、可高可低
保障范围	五险	财产、人身、责任等

第一，在保险性质方面，商业保险是一种契约经营获取利润的行为；社会保险是社会福利政策，不以营利为目的，更多的是关注员工与社会的稳定，是国家社会保障制度中重要的组成部分。

第二，在实施方式方面，商业保险遵循市场交易“自愿”“平等”的规则，根据保险合同规定的内容展开保险活动，而社会保险具有强制性，相关费用和保障的规定，都是根据国家或者地区规定执行。

第三，在保费来源及保费负担原则方面，商业保险的费用是由投保的单位或者个人承担的，与承保企业之间的权利和义务对等，双方的权益都受到法律保护；而社会保险的相关费用由国家、企业、个人三方面负担，并不强调权利和义务的对等，且具有转移分配的性质。

第四，在保障对象方面，商业保险只针对缴纳了保险费用以及符合相关条件的被保险人；社会保险则针对广大的社会工作者，甚至包括没有能力缴纳保险费用的国民。

第五，在保障程度方面，商业保险的保障程度根据保险合同规定执行，可高可低，如美国歌手玛丽亚·凯莉为自己的腿投保，投保金额高达 10 亿美元；社会保险是为了保障劳动者或者国民基本生活需要，所以保障程度相对较低，具体金额由国家事先规定。

第六，在保障范围方面，社会保险就是常见的“五险”，而商业保险主要包括财产保险、责任保险、人身保险等，也可以根据投保人要求制定私人的保险业务。

14.3.2 保险的作用

首先，分担风险是保险非常重要的作用，保险公司利用保险费组建保险基金，当投保人出现相关投保风险时，可以从基金中拿出钱予以补偿。保险的实质就是将风险分担到全部投保人身上，进而降低每个人发生风险的损失。对于漫长的人生来说，生活中的风险无处不有、无处不在，即使是小概率的意外，也有可能会发生。根据国际航空运输协会测算，每 440 万个飞机航班中会发生 1 起事故，概率非常低。但是，即使发生航空意外的可能性非常小，航空意外保险依然是非常热门和常见的保险品种。

其次，参与保险的成员发生保单中的意外事故或者自然灾害，保险公司会对其损失给予经济补偿，也就是我们常说的“保险理赔”。2009 年 6 月 1 日发生离奇的飞机失事事件，机上一名中国公民购买了中国人寿的年金保险产品，保险金额为 24 万元。根据保险条款，如果客户遭遇航空意外，可以获得 40 倍保险金额的赔付，因此该乘客保险合同上的受益人就可以获得 960 万元。保险公司支付的理赔资金是从参与保险的所有成员保费中支出的，一般保险公司会利用该资金展开投资活动，而特别大的保险业务，保险公司也会与其他保险公司展开联合投保，因而不会出现保险公司无法偿付的赔偿金额。

最后，保险公司可以利用投保金额展开资金融通功能，从事投资和资本运作获取收益。保险公司是现代金融体系的三大支柱之一，另外两个分别是银行和证券。保险公司将众多投保人的资金汇集在一起，拿这些资金去参加一些投资活动，让资金流动到市场中去。保险公司坐拥庞大的现金规模，不会置之不理，除了必要的理赔支出外，保险公司还会通过大额协议存款、权益类投资、参与国家重点工程和基础设施建设等方式展开投资。

14.4 保险合同

保险合同（insurance contract）也称保险契约，是保险关系双方当事人签订的具有法律约束力的协议，协议中明确了双方的权利和义务。保险合同中的条款是非常复杂多样的，不同目的的保险合同内容也会存在较大差别。既然保险有那么多功能，那我们就需要了解保险合同里面都约定了哪些内容，以便在购买保险时擦亮眼睛。

14.4.1 保险合同的各利益关系人

保险合同中的关联方有很多，主要包括保险人、投保人、被保险人和受益人。其中，保险人就是保险公司，是收取保险费用，同时承担赔偿或给付保险金义务的一方。

投保人是指与保险人签订保险合同，承担缴纳保险费义务的自然人或者法人。投保人需要具有民事权利能力和民事行为能力，同时要与保险标的有一定的经济利益关系。不同的保险合同对投保人的要求也不一样。投保人拥有请求保险人解释保险条款的权利，也有变更合同的权利。

被保险人是指受到保险合同保障的自然人或者法人，当被保险人发生保险合同中约定的意外时，保险人将保险补偿给予被保险人。被保险人可以是投保人，如财产保险中，自己给自己的财产安全投保，那么被保险人与投保人就是同一个人。如果小张给父母的财产办理保险，投保人就是小张，而被保险人就是小张父母。也就是说被保险人拥有保险金请求权，但不一定缴纳保险费。

受益人是指如果发生人身保险约定的保险事故，由投保人或被保险人指定的享有保险金请求权的人。受益人与投保人之间需要存在保险利益关系，如夫妻、父母与子女等。受益人在被保险人死亡后领取的保险金，不得作为死者生前清偿债务的遗产，受益人以外的其他人无权分享保险费。相对而言，被保险人的权益更多，可以决定保险合同是否有效，也可以指定或变更受益人，而这些权益都是受益人无权享有的。例如，张女士购买人寿保险，指定身故受益人是自己的丈夫，一旦张女士发生意外身故，丈夫就会得到合同约定的保险金。案例中张女士就是投保人，其丈夫就是受益人。

14.4.2 保险合同的基本特征

保险合同的基本特征包括保障合同、附合合同、射幸合同、双务合同和要式合同，保险合同受到相关法律的保护，可以保障合同的有效实施，形成诚实守信、重契约、守合同的市场风气，这对保险业务的展开具有极其重要的意义。

第一，合同一般分为交换合同和保障合同，交换合同是指签订合同的双方交易的价值是相近的，如买卖合同和租赁合同。而保险合同是保障合同，在一定时期内，当投保事件发生后，保险公司要依据合同给予被保险人经济补偿。而这个经济补偿会远高于投保时的保险费用，但是如果没有发生约定的事件，则保险公司不需要给予投保人任何费用。

第二，保险合同条款是格式化、标准化的，由保险公司拟定，投保人无法进行更改和协商，只能选择同意或者不同意，因此保险合同是附合合同。所以，在购买保险时，需要仔细阅读相关条款。根据《中华人民共和国保险法》第二章第十八条规定："保险合同应当包括下列事项：（一）保险人的名称和住所；（二）投保人、被保险人的姓名或者名称、住所，以及人身保险的受益人的姓名或者名称、住所；（三）保险标的；（四）保险责任和责任免除；（五）保险期间和保险责任开始时间；（六）保险金额；（七）保险费以及支付办法；（八）保险金赔偿或者给付办法；（九）违约责任和争议处理；（十）订立合同的年、月、日。"

第三，投保人与保险人约定的保险事故什么时候发生是不确定的，如人身伤害保险，具体什么时候被保险人会发生意外是不明确的，此类合同就是射幸合同。如果保险合同存续期间发生保险事故，被保险人可以获得远大于缴纳保险费总额的经济补偿，但是如果没有发生约定保险事故，被保险人不会得到任何经济补偿，投保人会损失保险费用。

第四，保险合同签订的双方都有其相应的权利和必须履行的义务，因此保险合同是双务合同。常见的双务合同还包括买卖合同、租赁合同、运送合同等。与双务合同相对应的是单务合同，指的是合同中的一方承担给付义务的合同，常见的单务合同是赠与合同，如张三要赠与李四一台电脑，双方签订赠与合同，合同中张三具有交付电脑的义务，而李四没有相关义务。保险合同中投保人具有按约定缴纳保险费的义务，保险人具有按约定给予经济补偿的义务，双方都有及时、主动告知义务。

第五，保险合同的履行要遵循特定程序，依据相关法律法规采用书面形式确定，属于要式合同。现实中的不动产合同、特殊动产合同、涉外合同等都是要式合同。与之相对应的是非要式合同，即并不要求必须具备一定形式和手续的合同。现实中，如果法律法规没有明确要求都可以是非要式合同。根据我国法律法规要求，保险合同需要采取书面形式明确权利、义务等。

14.4.3 保险合同的生效条件

保险合同会经历成立和生效两个阶段，当投保人和保险人就保险合同的主要条款达成一致后，合同即成立；合同条款对双方产生法律上的效力后，合同即生效。作为保险合同的当事人需要满足三个条件，包括具有相应的民事行为能力、意思表示真实、不违反社会公共利益以及法律法规，三点缺一不可，否则保险合同无效。

导致保险合同无效原因可能包括以下方面。首先，合同主体不合格。合同签订中，涉及保险人、投保人、被保险人、受益人等合同主体，每个合同主体的资格由相关法律规定，不同类型的保险合同主体具有不同的要求。例如，高危行业、身体健康状况以及年龄都是影响合同主体是否合格的主要因素，具体哪些群体可以投保，哪些不可以投保，需要看合同具体条款。

其次，合同客体不合法或者不合规也是无效合同。根据法律法规的要求，投保人或被保险人对保险标的存在保险利益才可以相互投保，还没有结婚的恋人无法互相投保。中国人寿曾经设计过"恋爱保险"，普通人购买价格为 299 元，如果投保人与指定对象在三年后顺利结婚登记，可以收到一万多朵玫瑰作为收益。这是针对年轻客户群体的创新型保险产品，属于人身意外保险的范畴。但是，2019 年 11 月，中国人寿官方称恋爱保险已经停售。

另外，当事人意思表示不真实的保险合同也是无效的。如果保险合同签订过程中，当事人一方存在欺诈、胁迫等行为，导致对方签订合同的意思表达并不真实，可以判定该合同无效。如果合同的内容与我国法律法规相违背，或者不符合社会公共利益，则此合同也是无效的。

14.5 常用的金融衍生工具

如果说保险可以帮助我们对冲掉重大的、难以预测的风险，那么金融衍生工具则可以帮助我们对冲掉一些可预见的但是难以掌控的风险。上一章讲到的外汇风险，以及外汇风险的对冲其实是金融衍生工具应用的一种情况。本节我们将带领大家了解一些常见的金融衍生工具及其通常的用途。首先，请大家假设以下几种情景，然后分析这些情景下的风险，以及如何应对。

情景一：假如你计划寒假去美国游玩，预计这次旅行将会花费 1000 美元。然而在当前中美贸易摩擦持续进行的期间里，你无法预计未来美元的价格是否会发生剧烈波动。这种情况下，你能够采取什么办法来规避汇率剧烈波动的风险？如果你现在没有足够的现金买入美元呢？

情景二：又到了一年“双十一”，你打算用你的奖学金在天猫上某知名护肤品牌旗舰店买入一套护肤品送给自己母亲。该旗舰店在“双十一”前推出优惠券套餐，即你可以花 5 元买入一张优惠券，该优惠券可以在“双十一”当天抵用 10 元。你是否会选择购买该优惠券？

14.5.1 金融衍生工具概述

1. 什么是金融衍生工具

金融衍生工具是指一种根据事先约定的事项进行支付的双边合约，其合约价格取决于或派生于原生金融工具的价格及其变化。金融衍生工具是相对于原生金融工具而言的。这些相关的或原生的金融工具一般指股票、债券、存单、货币等。常见的金融衍生工具包括远期合约、期货合约和期权合约。这四类金融衍生工具根据标的物的不同还可以进行进一步细分，接下来我们将详细介绍这三类衍生工具。

2. 金融衍生工具的应用

当风险来临时，有的人没有预料到，或者预料到也不知道如何规避，于是有人选择自己承担，有人则想办法把风险转嫁出去，这就是金融衍生工具诞生的基本原因——规避风险。换句话说，金融衍生工具就是转嫁风险的各种合约。

以王老板为例，王老板觉得某股月底要涨到 20 元/股，但手头紧，又担心有钱后 20 元买不到。于是跟李老板签了合约：我王老板保证，在 30 号以每股 20 元买入 10 手股票。然后交了保证金，到了 30 号，该股涨到了 25 元。但按合约规定，王老板可以每股 20 元买入 10 手。这就是王老板利用期货合约规避股价上涨风险的故事。也许有同学会问，李老板是雷锋吗，居然肯帮王老板承担风险？其实每个人风险承受能力并不一样，对李老板来说，他担心的是股票价格下跌，而与王老板签订了该合约后，他不仅可以收取好处费（手续费），也将股价下跌的风险转嫁给了王老板。

3. 金融衍生工具的作用

金融衍生工具最主要的作用是套期保值和投机交易。

从王老板和李老板的交易中我们可以发现，两位老板签订合约的目的都是转嫁风险给对方，只是二者对于风险发展的方向的判断不一致，导致了对双方而言不同的交易结果。由此，金融衍生工具的最基本作用也就显示出来了——套期保值，即规避资产随着时间变化而价值发生变动的风险。

然而王老板和李老板也可能出于投机目的来进行交易。投机便是金融衍生工具的第二个作用。当股价升到 30 元，王老板觉得太高，要跌到 25 元才合理，于是又跟李老板签了合约，交了保证金后，借了 10 手股票在 30 元卖出。但卖出后该股噌噌往上涨，李老板也不是吃素的，所以等待王老板的可能是强行平仓。

14.5.2 远期合约

远期合约是在未来某一约定时刻以约定的价格买卖某产品的合约。远期合约可以帮助交易者锁定未来的价格，规避价格波动的风险。比如，牧羊人和羊毛厂可以签订羊毛销售的远期合约，约定在未来等到羊毛长长后以一个商量好的价格来剪羊毛。这样牧羊人就可以规避未来羊毛价格下跌的风险，而羊毛厂也可以规避未来羊毛价格上涨的风险。这时，交易的双方都能获利。

常见的远期合约有远期外汇合约，也就是约定未来外汇买卖的价格。例如，某企业未来 10 月份有一笔美元现金的收入，但是担心美元贬值，所以跟银行签订远期外汇合约，约定 10 月份以 6.8 的汇率水平汇兑美元收入。这样就锁定了外汇波动的风险，不管未来汇率如何波动，企业都能以约定的远期汇率水平兑换人民币。等企业收到美元收入后，就可以按照约定远期汇率 6.8 与银行办理汇兑结算业务。如果当时的美元确实贬值了，那么企业可以规避汇率风险，而如果美元升值了，那么银行可以获得额外的收益。

远期利率合同也就是约定未来借款的利率。例如，某企业需要在 10 月份借入 1000 万元进行投资，但是担心到 10 月份时借款利率会发生波动，增加借款成本。于是与银行签订远期利率合同，约定在 10 月份银行以 8%的利率借款 1000 万元给企业，这样就将企业未来借款面临的利率波动风险锁死。而未来利率波动是不确定的，等到 10 月份时，实际借款利率可能高于 8%，也可能低于 8%，这就是风险的表现形式。但是，只要企业签订了远期利率合同，就不用担心受到利率波动的影响了。

远期合约交易具有非标准、场外交易、交易信息不对称、流动性较差的特点。首先，由于远期合约是交易双方根据自身需求签订的，并非提前规定好的，所以没有标准化的模板。其次，场外是指交易所之外，通常远期合约的交易并不在规范的交易市场中进行，而股票交易、期权期货交易都是在交易所中展开，属于场内交易。再次，交易双方信息不对称，而且远期合约交易不需要交保证金，违约风险较大。最后，远期合约因为其交易标的物的特殊性，以及场外交易因素的影响，通常很难找到买卖双方以外的第三人转让交易。通常远期合约都是由交易双方直接签订的，在合约内容和形式上相对随意，由双方商量决定。这种情况下，远期合约一般很难转让给第三方，因为合约体现的是交易双方的需要，这种需要往往很难和第三人的需求匹配。

14.5.3 期货合约

前面我们提到远期合约是交易双方根据需求进行设计的，并且在场外进行，因此很难找到第三人转让交易。那么有没有可能很多人对同一种商品有着大量的交易需求呢？比如大豆、贵金属、石油等产品，往往同质化严重，并且在全球范围内总是存在着交易需求。对于这类商品，我们要想办法解决它们流通困难的问题，于是期货合约应运而生。

期货合约是在期货交易所内进行交易的标准化合约，合约的主要内容是约定在未来某一时刻交易合约中规定的特定数量的商品。但是与远期合约不同的是，远期合约是交易双方直接进行交易的，而期货合约是在交易所内进行交易的，因此交易双方没必要知道交易的对手方是谁。同时，合约的内容是标准化的，也就是每份合约对交易标的物、交易时间、交易价格和交易数量都进行了严格的规定。期货合约的买卖双方无法自行决定每份合约的交易数量等内容，但交易双方可以根据需求买入或卖出特定数量的期货合约。

期货交易为场内交易，也就是在期货交易所内进行交易。我国有四大期货交易所，分别是郑州商品交易所、大连商品交易所、上海期货交易所和中国金融期货交易所。四大期货交易所的交易商品范围各有侧重。

期货是在期货市场中进行交易的，每次完整的期货交易均有交易所、清算所、经纪商、交易者等参与方。交易所负责提供交易场所、设施，制定交易制度并组织与管理交易。清算所的作用重要且特殊，负责日常清算、监管、交割，充当买卖中间人，保证合约履行。经纪商则接受委托，为非会员投资者买卖中介。交易者是参与期货交易的买方或卖方。根据参与交易的目的不同可以分为套期者、套利者和投机者。利用期货市场转移金融风险者是套期者，同时买进卖出合约赚取价差收益者是套利者，低价买进高价卖出获取收益者是投机者。相应地，不同交易者面临的交易收益和风险也存在较大差异，套期者获得的收益少但是面临大额损失的可能性也小，一般是企业为了对冲现货市场波动的风险而参与其中；而投机者投资期货就是为了以小博大，可能获得数倍的收益，但是也有可能遭受数倍的损失。

期货交易的特征主要表现在合约标准化、保证金制度和每日结算无负债制度。合约标准化是期货交易区别于现货、远期交易的显著、重要的特征。合约除价格外的其他要素都是标准化的，由交易所事先统一确定好，交易时无须再商定。交易双方唯一要做的就是选择适合的合约，并就价格进行竞争。一般有七个方面的标准化条款，包括交易单位、最小变动价位、每日价格波动限制、合约月份、交易时间、最后交易日、交割。

期货交易买方与卖方都要缴纳保证金。期货保证金与证券现货保证金性质完全不同，现货保证金是定金，是价款的一部分。期货保证金是双方的履约保证，是用于承担价格变动风险的资金。期货交易保证金有三种形式：初始保证金、维持保证金、追加保证金。初始保证金是下单时按规定存入的保证金。维持保证金是保证金账户中需维持最低余额。追加保证金指保证金余额低于维持保证金时，必须追加补交的保证金。

当缴足初始保证金，展开期货合约买卖后，清算所逐日比照每天公布的结算价对未平仓合约进行盈亏核算，并逐项增减其保证金余额，也叫逐日盯市。保证金账户余额超过初始保证金的部分可自行取走。当有亏损时，第二天须补交追加保证金，否则交易所会强行平仓。对冲平仓制度是指在期货交割日之前，采取与前一个操作相反的交易，以清结手中持有的所有期货，避免实物交割。例如，之前购入了一定数量的期货产品，在期货交割日之前，将全部持有期货卖出去就实现了对冲平仓。对冲平仓是了结期货头寸的常用手段，通常实物交割不到2%。

14.5.4 期权合约

1. 什么是期权

简单来讲，期权是一种选择权利，而非义务，并且这种权利是有价值的，而期权合约就是规定了这一权利所属及价格的合约。

期权合约的交易最早出现在《圣经》中。为了娶到舅舅拉班的女儿利亚，雅各和舅舅拉班签订了一个“期权”协议——如果雅各为拉班工作 7 年，那么他有权娶利亚。雅各支付的期权费为 7 年劳动的价值。

有记载的最早利用期权进行投机的是古希腊天文学家、哲学家泰利斯。根据亚里士多德记载，泰利斯凭借自己星相方面的知识在冬天就知道来年的橄榄会丰收。他大量买进橄榄压榨设备的使用权，当时没有人与他竞争，因此价格非常低。第二年，橄榄果然大获丰收，对橄榄压榨设备的需求迅速上升，泰利斯通过出售期权合约获得丰厚利润。

郁金香事件——17 世纪，在荷兰的贵族阶层中，郁金香是身份的象征。当时，郁金香批发商普遍采用期权合约控制风险，许多批发商从花农手里购买期权，这些期权实际上就是买权——保证批发商在未来某一段时间内有权按照既定的价格从花农手中购买郁金香。当时郁金香现货价格急剧波动，但许多批发商凭借期权得以维持经营。那些没有采用期权管理价格风险的批发商大多在价格的暴涨暴跌中破产。

2. 期权的主要类型

根据合约的内容，期权可以分为看涨期权和看跌期权。

如果你在本年度校园歌手大赛中获得一等奖，被某知名娱乐公司星探发掘，邀请你去他们公司做艺人。该娱乐公司给你提供一份两年期合同，每年支付给你佣金 100 万元。同时，提供一份附加合同，内容为：额外支付 20 万元，你需要承诺在本合同结束后，愿意以每年 110 万元的价格续约两年。

在这个场景中，该娱乐公司为你提供的附加合同，就是一份期权合同。这份合同的标的物是，未来以 110 万元/年的价格与你续约两年的权利，而这个续约的权利标价为 20 万元。在这次交易中，娱乐公司是合约的买方，而你是合约的卖方。你可以根据自己的实际情况选择是否以20万元的价格卖掉未来为该娱乐公司以每年110万元的价格服务两年的义务。

为什么娱乐公司要邀请你签署这样一份额外的合同呢？这是因为娱乐公司认为你两年后的身价会上涨，超过 110 万元/年。娱乐公司提前用 20 万元向你买下一项选择权，这样在两年后，如果你的身价超过了 110 万元/年，娱乐公司就会选择行使要求你以 110 万元/年的薪资继续为其服务的权利。但是如果你两年后的身价低于 110 万元/年，娱乐公司就可以选择放弃这项权利，这样你就不能以 110 万元/年的薪酬为娱乐公司服务了。

而你何时会选择接受这份合约呢？如果你认为自己两年后会大红特红，身价超过 120 万元/年（不考虑货币的时间价值），显然理性的你不应该接受这份附加合约，因为接受这份合约意味着你未来可能损失更高额的报酬。但是如果你觉得自己两年后身价达不到 110 万元/年呢？这个时候选择接受这份合约则对你来说更有优势。因为如果两年后你真的没能达到 110 万元/年，该娱乐公司会选择不与你续约，而你可以白拿 20 万元的期权费。

在这份合约中，娱乐公司提出的用 20 万元买入未来续约的权利，是基于看好你的未来发展的基础上进行的，即娱乐公司对你的身价是看涨的。这就是一份看涨合约，又称买方期权，即买方享有购买选择权。合约各方关系如表 14.4 所示。

表 14.4 看涨期权各方关系

项目	具体内容
买方	娱乐公司
卖方	你
期权费	20 万元人民币
标的物	要求两年后以 110 万元/年与你续约 2 年的权利
拥有权利方	娱乐公司
具有义务方	你

同样是你获得了校园歌手大赛第一名，一家知名娱乐公司与你签约两年，每年薪酬为 100 万元。但是由于你致力于进军娱乐圈，希望能够在这个圈里面得到长期发展，因此你与娱乐公司进行谈判。你愿意降低每年的薪酬到 90 万元/年，但是两年合约期结束后，你有权利要求娱乐公司以 110 万元/年的价格再与你续约两年，即你希望与娱乐公司签订一份额外的合同，愿意以 20 万元的价格买入一项权利——两年后以 110 万元/年的价格与该娱乐公司续约两年的权利。

这个合约同样是一份期权合约，与上份期权合约不同的是，这次你是合约的买方，而娱乐公司是合约的卖方。合约的费用为 20 万元，合约的标的为你要求该娱乐公司两年后以 110 万元/年与你续约两年的权利。

这个时候娱乐公司会与你续约吗？这取决于娱乐公司对你未来身价的判断。如果娱乐公司认为你未来身价将超过 110 万元/年，娱乐公司将很愿意与你订立这份合约。但是，如果娱乐公司认为你未来身价不会超过 110 万元/年，娱乐公司一定不会愿意与你订立这份合约。

而你又是出于什么考虑提出与娱乐公司订立这份期权的呢？我们要明确，在这份期权合约中你具有选择权，即如果两年后你的身价没有超过 110 万元/年，你有权要求娱乐公司按照约定价格续约。而如果你两年后的身价超过了 110 万元/年，你也可以选择放弃行使这项权利。因为，显然此时用市场价来定义自己更有利可图。由此可见，你提出购买的此项选择权是出于一种“保底”考虑，即你对未来自己身价的预期并非 100%看好的，而是有一部分看跌的。这种卖方出于对未来不好的预期而购买未来以特定价格卖出标的物的期权就叫作看跌期权，又称卖方期权，即卖方享有购买选择权。这份合约的关系如表 14.5 所示。

表 14.5　看跌期权各方关系

项目	具体内容
买方	你
卖方	娱乐公司
期权费	20 万元人民币
标的物	要求娱乐公司两年后以 110 万元/年与你续约 2 年的权利。
拥有权利方	你
具有义务方	娱乐公司

3. 期权需要具备哪些要素

买方：也称期权的多头方、持有方，是支付期权费，获得权利的一方。

卖方：也称期权的立权者，是出售权利，得到期权费的一方，该方只有接受买方选择、交付或接受交付的义务。

期权费：又称期权市值、保险金、权利金、期权成本等，是买方支付给卖方购买权利的费用，期权合约中唯一的变量，即期权合约的价格。期权费多少取决于合约的性质、到期月份、敲定价格等因素。

协定价格：也称敲定价格，即事先确定的标的资产或期货合约的交易价格。场内场外交易协定价格确定方式不同。

到期日：也叫最后交易日，期权购买者在该日再不做对冲交易，则他要么放弃期权，要么在规定的时间内执行期权。与现货期权不同，期货期权的到期日应先于其标的期货合约的最后交易日。

履约日：是由期权合约所规定的期权购买者可以实际执行该期权的日期。期权有欧式期权和美式期权之分，欧式期权的履约日与到期日一致。

注意，期权费是权利的价格，协定价格是合约标的物的交易价格，二者的区别十分明显。

4. 期权可以用来干什么

期权具有套期保值功能。期货可以通过付出一部分的对价（期权费）来消除未来的不利风险，保留未来的有利风险。这一点和保险有一些类似。

期货还具有投机功能。期权是用期权费购入一项选择权，而期权费往往仅占期货标的总价值的很小一部分。投入的期权费很容易全部亏损，也可能盈利极大。

5. 期权交易有什么规则

（1）合约的标准化。期权也属于场内交易的衍生工具，凡是在集中性的市场上上市的金融期权合约都是标准化的合约。在这些标准化合约中，交易单位、最小价格变动单位、每日价格波动限制、协定价格、合约月份、最后交易日、履约日等都由交易所做统一的规定。

（2）限制（头寸限制）。限制（头寸限制）是指交易所对每一账户所持有的期权合约头寸的最高限额，是为了防止某一投资者承受过高的风险或对市场有过大的操纵能力而设计。不同的交易所有不同的部位限制。有的限制持有合约的数量，有的限制合约的总值。

（3）最后到期日与履约日。欧式期权到期日可以理解为履约日，美式期权履约日是有效期内任一营业日，到期日为期权有效期的最后期限。

（4）保证金制度。有保护的看涨期权卖出方不需交初始保证金。卖出看涨期权者，若手上持有股票、票据、证券或同时持有同种股票的看涨期权，可用这些标的物保证卖权的兑现，属于有保护的看涨期权；卖出看跌期权者，持有相同或更晚到期同种股票看跌期权，其敲定价高于或等于他卖出期权的敲定价，属于有保护的卖权。

课后测试

一、选择题

1. 以下哪个不属于风险的基本特征______。

A. 客观性　　B. 不可预测

C. 可变性　　D. 发生概率可以测算

2. 古人云：君子不立于危墙之下。这体现了哪种风险管理的基本方法______。

A. 风险回避　　B. 损失控制

C. 风险隔离　　D. 保险

3. 面临风险的企业或单位自己承担风险，并做好相应的资金安排的风险管理策略是______。

A. 风险回避　　B. 损失控制

C. 风险隔离　　D. 自留风险

4. 风险管理中的非保险方式不包括______。

A. 风险转移合同　　B. 租赁

C. 风险隔离　　D. 转移责任条款

5. 当企业面临的风险发生概率较低，但是风险发生后的损失程度较高时，应该采取的风险管理方法是______。

A. 风险回避　　B. 损失控制

C. 购买保险　　D. 自留风险

6. 以下哪个不是保险公司愿意保障的风险特点______。

A. 经济可行性　　B. 风险异质性

C. 风险可测性　　D. 损失可测性

7. 关于保险合同特征表述错误的是______。

A. 保险合同是保障合同　　B. 保险合同是附合合同

C. 保险合同是射幸合同　　D. 保险合同是单务合同

8. 在人身保险合同中，由投保人或被保险人指定的享有保险金请求权的人，是保险合同中的哪类利益关系人______。

A. 保险人　　B. 投保人

C. 被保险人　　D. 受益人

9. 根据业务性质保险合同可以分为______。

A. 补偿性合同和给付性合同　　B. 定值合同和不定值合同

C. 个人合同与团体合同　　D. 商业合同和非商业合同

10. 以下哪个不是常见的金融衍生产品______。

A. 远期外汇合同　　B. 期权

C. 期货　　D. 外汇交换合同

11. 远期合约交易的特点不包括______。

A. 非标准　　B. 场外交易

C. 保证金交易　　D. 流动性较差

12. 以下表述正确的是______。

A. 期货交易买方亏损有限，盈利可能无限

B. 期货套期保值将不利与有利风险都转移出去

C. 期货是场外交易

D. 期货合约的买方在到期日或到期前有买入标的资产的权利

二、判断题

1. 各种自然灾害属于按照自然规律运行的客观现象，是人类不可抗拒的风险。

2. 根据风险损害的对象进行分类，风险可以分为财产风险、人身风险、责任风险和信用风险等。

3. 风险回避的风险管理办法需要尽量减少经济单位对某种特殊资产、设备或个人的依赖性。

4. 可保风险是保险市场可以接受的风险，必须是纯粹风险。

5. 保险是一份真正的资产，可以避税，具有转移和保有财产的作用。

6. 保险是集合同类风险单位以分摊损失的一项经济制度，被保险人与保险人之间是国民收入再分配关系。

7. 商业保险，是指通过自愿订立保险合同建立保险关系，由专门的保险企业经营，以盈利为目的的保险形式。

8. 在签订保险合同时，需要确定保险合同的效果。

9. 金融衍生工具是指一种根据事先约定的事项进行支付的双边合约。

10. 远期合约交易需要交保证金，违约风险较小。

11. 对冲平仓制度是指在交割日之前，采取与前一个操作相反的交易，以确保手中持有的所有期货出清，避免实物交割。

三、案例分析题

1. 2005 年 8 月，刘先生向某人寿保险公司投保了一份重大疾病险，保险金为 10 万元。填写投保单时，刘先生没有在该投保单上的告知事项中表明自己有既往疾病，8 月底，保险公司签发了保险单。2008 年 10 月，刘先生因左肾多囊出血住院治疗，2009 年 1 月，经医治无效死亡。2009 年 3 月，受益人提出理赔。保险公司在理赔查勘的过程中发现，刘先生在 2004 年曾因肾病（肾病属于该重大疾病险承保的疾病）做过检查。于是，保险公司以刘先生在投保时未告知既往肾病病情，没有履行如实告知义务、带病投保为由拒赔，并解除合同。刘先生家人起诉保险公司，要求法院判决其支付保险金 10 万元。

案例思考：

你认为刘先生家人是否能够胜诉？为什么？

2. 小张马上要毕业了，面临就业选择的问题，主要是纠结于两家企业。一家是大型企业，工作比较稳定，入职工资在 8000 元左右，但是升值空间不大，每隔五年才有可能升职加薪。另外一家是成立不到五年的创新企业，企业正处于发展期，每个月工资 5000 元左右，但是企业发展较快，工作也相对较忙，职位和薪酬也跟个人绩效挂钩。除此之外，该创新企业还在实行员工期权计划，即本公司员工可以以 2 元/股的价格在五年后认购公司股票，但参与这项期权计划需要支付 1 元/股。

案例思考：

（1）公司实行员工期权计划的目的和作用是什么？

（2）小张决定是否参与该期权计划时需要考虑哪些因素？

跋

财经素养包含财经观念、知识、能力及风险防范等，是当代中国大学生必备的综合素质。我国对财经素养通识教育的重视程度、投入力度与经济社会发展不适应，与学生综合素质发展需求有差距。因此，确立财经教育理念、构建完备课程体系、强化专业师资建设、创新财经教育方式，成为新时代“大学生财经素养教育”的使命和任务。

自2009年始，以马克思主义财经观和全人教育思想为指导，以“明财德、启财思、育财商”为培养目标，基于对大学生财经素养状况的持续调查与分析，我们从财经素养通识课程建设入手，提出财经素养教育理念，创新财经素养教育模式，改进财经素养教育评价，在培养学生树立正确财经价值观、掌握财经知识技能、规范财经行为、防范财经风险等方面成效显著，开创了财经素养通识教育的典型范式。

一、理论创新

教育理念。财经素养教育，是重塑学生知识结构、观念意识、精神品质、心理素质和实践能力的过程，是培养学生掌握财经知识、培养财经动机、提高财经技能、梳理财经信心、构建财富人生的能力过程，依托全新“四化”教育理念，既是必然规律，也可事半功倍。“四化”教育理念包括：情景化，依托场景模拟拓展学生素养；故事化，通过角色扮演，强化学生能力；生活化，运用现实案例，注重实践价值；实践化，争取行知合一、道育英才。

培养模式。依据“做法随学法、学法从教法”教学规律，从“产—教—学、学—训—练、练—知—行”路径，形成“全程—多维—立体—系统”的人才培养模式。将财经素养教育全程分基础教育、提升教育、拓展教育三个阶段，穿插贯通到大学生学习生涯中；利用传统课堂教学、新颖在线慕课、创新情景剧集多个维度，打造财经素养金课；从制度保障、课程保障、评价保障等多维度，构建立体保障体系；从目标、制度、课程、师资、实践、服务等多维度，构建培养财经素养教育模式。

评价体系。立足财经素养教育的人才培养目标，从制度、教学、机制、实效四个视角，运用PDCA循环[①]改进理念，通过学生、教师、雇主、家长多方反馈，对

---

① PDCA即按照计划（plan）、执行（do）、检查（check）、调整（action）的顺序进行质量管理，并且循环不止地进行下去的科学程序。

培养模式进行循环改进，并使用数据挖掘形成对应的教学评价方法，从而对改进实效进行评估。

二、实践创新

四个创新实践。创新创业教育实践方面，我们做到“全方位、过程更、全覆盖、个性化”四个创新。具体来说，教学模式上，倡导活动式教学，以比赛带动课程学习，用角色顶岗方式促进自主学习；教学内容上，采用实时案例和热点事件，以动态演进的方式不断进行内容更新；教学方法上，坚持启发式、开放式、探究式的问题导向法，坚持贯通式、嵌入式、情景式的目标导向追求；教学评价上，采用全方位、大数据、多维多层的动态考评方式；教学环境上，突破校园、教室边界，追求大教育观，结合教室、实验室、证券所，实行大教室观，将课堂搬到社会，把社会带入课程，始终坚持双向驱动；教学管理上，是考态度、考进步的全景式、全流程管理；选用前沿的科研人员进课堂、搞教学，追求教研同行、教研合一。

三级培养目标。面向大学生的现实问题与未来发展，为树立正确的财经素养观，提出不入财务困境、实现财务独立、力争财务自由的三级培养目标。“不入财务困境”，引领学生制定财务目标与预算，从而平衡收支，在生活消费中获取最大边际效益；“实现财务独立”，引导学生利用自己的收入，针对购买房屋、购买汽车等较大额资金决策，发挥现有资金的最大效用；“力争财务自由”，针对创新创业过程中，学生应如何平衡成本与收益等问题，引导学生在推动社会进步中实现自己的最大收益。

比赛竞赛实训。聚焦课程各主题单元的财经素养和科学素养的培育，在课程、活动和教师培训等方面开展实践研究。以创新与创业金融实验室为载体，将财经素养特色课程作为大学各学段衔接的纽带，让学生了解财经通识和理财方式，能尝试管理和计划自己及家庭的财经事务，尝试组织参与创新创业比赛，共同培养富有创造力、判断力及组织力的学生。以不同学段的财经专业与非财经专业学生混合组队的方式，举行社会财经研究课题实践大赛，比赛形式以课题探究和展示为主，在研究型学习的过程中培育财经素养，给大学生以财经类专业教育接触的机会。

分层分类实践。在创新与创业金融实验室，学生通过虚拟资金建立公司，引导学生模拟实践在企业遭遇危机时，如何迎接挑战、渡过难关。将财经素养培育的内涵融入学生培养目标，通过财经素养这个教育支点，撬起学生全面素质的提升，培养诚信意识、规则意识，在满足学生共性发展的基础上，实现个性特色发展。由于课程主要涉及财经历史、银行实务、个人理财等方面，根据不同层次学生发展需求，对财经专业、商学非财经专业、其他专业进行 A、B、C 分层分类，达到“普及—提高—拔尖”不同发展需求。创新与创业金融实验室在线平台的建立，尤其是虚拟交易所、3D 金融银行、知识竞赛和财经慕课等实践体验，在财经文化氛围中，鼓励学生开展各类财经文化活动，组建财经社团和财经课题研究。

三、应用创新

开设财经课程。从 2018 年 3 月开始，课程组率先在四川大学循环开设大学生财经素养教育通识课程，每学期循环开设三期，每期学生 100 名。经过全院到全校的试讲，并以多种方式在理论拓展和实践探索中不断修正和完善各个主题的财经素养教育内容，课程得到了学生的高度评价。2020 年，教务处支持我们面向全校本科生开设“财富的理性本质”通识核心课程，对课程质量提升、教改项目立项提供了支持和指导，课程建设整体提速、成效显著。基于核心通识课建设的在线开放课程“大学生财经素养”，在爱课程平台上线，将吸引更多对提升自身财经素养有需求和兴趣的同学参与课程学习。

开讲财经讲座。在我的带动下，至今，李小平、牛永革、应千伟、胡知能、卢毅等团队核心成员以“新时代大学生的财经素养”“开启独立生活的钥匙——大学生财经素养教育”等为主题，针对中学生、本科生、研究生、EDP（executive development programs，高层管理培训项目）学员进行了十余次讲座，近 2000 名同学参加讲座。针对社会各类群体开展公益专题讲座，通过网络直播向全社会开放，听众覆盖高中生、本科生、研究生、学生家长、学校教师、职场员工等多个群体，累计达 1.5 万余人，得到了封面新闻、每日经济新闻、搜狐网、腾讯网、新浪网、凤凰网、网易新闻等各大媒体的纷纷报道。

举办高峰论坛。2017 年 5 月 22 日，以团队成员为筹备组主力，四川大学成功举办了第二届中国财经素养教育高峰论坛。与会嘉宾围绕“财经素养教育与一带一路倡议”和“财经素养教育与教育‘十三五’规划”进行了深入的分享和探讨，从实践探索的角度展开了对话，新华网、中国新闻网、中证网等进行了专门报道。截至目前，举办的财经素养教育类论坛、消费管理类论坛、财务投资类论坛，以及综合提升类论坛等各类财经素养教育高峰论坛，参会人数累积达 42 000 余人，向全国 100 余所高校推广成果。

组办省级比赛。2018 年至 2020 年，四川大学商学院连续举办四川省大学生财经素养大赛，共计吸引 21 所高校、1193 支团队，覆盖 5006 名大学生，受到成都日报、四川新闻网、四川封面新闻等媒体报道，引起广泛关注。2021 年的竞赛共吸引 27 所高校、1329 支队伍、5189 名大学生参赛，再创新高。

引领教学改革。研究成果为重庆大学、西北大学、西南财经大学、成都理工大学、四川农业大学、成都师范学院、成都锦城学院、广西科技大学、西北民族大学等高校经管类学院的财经素养教育教学改革工作，提供了重要的实践与研究参考价值。举办的“2019 年大学生财经素养教育实践研讨暨师资培训会议”吸引了来自全国 15 所高校的 35 名教师参加，为西南财经大学、重庆工商大学等多所高校的教学改革工作提供了实践与研究参考。

成果以多种形式推广至各层次群体，发挥示范引领作用，共享社会各界，多次受到新华社、人民网、中国教育报、封面新闻、每日经济新闻、搜狐网、腾讯网、新浪网、凤凰网、网易新闻、四川电视台、成都日报、四川新闻网等权威、主流媒体的专门报道，并在微博、B 站引发热议，可统计的媒体浏览量达 300 余万，在社会上形成广泛影响。2021 年 7 月出版的《中国大学生财经素养状况蓝皮书》，全面刻画了中国大学生财经素养现状，唤起了社会对大学生财经素养问题的关注、共鸣和思考，助力更大范围、更高质量地开展财经素养教育。

四、教材编撰

本书是由四川大学“中国大学生财经素养专题研究团队”在以上所有理论创新、实践创新和应用创新的基础上，历时三年时间协同攻关、集体编写而来的。编写小组采取“边研究、边咨询、边修改”的合作联动方式，通过开展文献整理、国际比较、通信咨询、问卷调查、座谈研讨等多种方法，展开理论与实证研究，最终完成了《大学生财经素养教育》的编撰工作。

编写小组由我牵头，核心成员包括牛永革、应千伟、李小平、卢毅、刘海月。经过数次集中研讨，我提出核心思想、撰写思路，划定篇章结构、人员分工。初稿阶段，确定本书分两部分、共 14 章。其中，从第 1 章至第 10 章为第一部分，以独立生活为主题，由牛永革起草初稿；第 11 章至第 14 章为第二部分，以投资理财为主题，由应千伟起草初稿。修订阶段，在对书稿做深加工过程中，我又组织财经素养教育课程组的骨干教师，结合授课内容和学生反馈，对书稿做全面修缮。第 1 章、第 2 章由牛永革负责；第 3 章、第 4 章由鲁力负责；第 5 章由吴邦刚负责；第 6 章、第 7 章由孟致毅负责；第 8 章、第 9 章由张攀负责；第 10 章由李小平负责；第 11 章由刘海月负责；第 12 章由应千伟负责；第 13 章、第 14 章由贾西猛负责。胡知能、吴鹏、郑洪燕也参与了书稿部分章节的编写与修订工作。在形成初稿和修订稿件过程中，我们持续召开了 18 次撰稿会和审稿会。由李小平和卢毅对书稿的思路脉络进行梳理，对框架结构进行调整，对内容文字进行打磨；由刘海月负责书稿的排版校对和后期统筹；由王凤娟和刘丽颖做会议记录，并协助搜集素材、整理资料。在撰稿和审稿过程中，我们还请来科学出版社副总经理兼副总编陈亮，中汇会计师事务所合伙人、成都分所所长刘彬文，对书稿进行全面审核。他们建议，添加典型案例、精简常识内容，体现互联网的特征和大学生的需要。他们还给编写小组提出许多宝贵意见。例如，建立财经素养教育网展示成熟资源、开设互动专栏、打通线上线下教育；设财经素养夏令营，分设中小学、大学生、研究生三个层次，向学生传输财经素养的知识、方法与价值观；举办教材出版书评会，由科学出版社、中国高等教育学会等联合举办新书出版新闻发布会，扩大教材影响。

自 2018 年 3 月开设大学生财经素养教育通识课程以来，通过编写课程讲义，在学校多轮试讲，并广泛征求意见，同时，先后就财经素养教育主题进行了座谈和问卷调查，并以多种方式在理论拓展和实践探索中，不断修正和完善各个主题的财经素养教育内容。经过教研组成员的前期调研、文献阅读以及课堂教学反馈，我们修改完善了本书内容。财经素养教育是国民素质教育，涉及面广、内涵丰富，非一本教材能完全覆盖，如有不足，恳请广大读者批评指正，提出宝贵修改意见。

徐玖平

2021 年 11 月